Democracia al borde del caos.
Ensayo contra la autoflagelación

BIBLIOTECA UNIVERSITARIA
Ciencias Sociales y Humanidades

Filosofía política y del derecho

Democracia al borde del caos. Ensayo contra la autoflagelación

Boaventura de Sousa Santos

Segunda edición actualizada con un nuevo prefacio,
una entrevista sobre la democracia revolucionaria
y las *Once cartas a las izquierdas*

Siglo del Hombre Editores

XXI Siglo Veintiuno Editores

Santos, Boaventura De Sousa, 1940-
   Democracia al borde del caos: ensayo contra la autoflagelación / Boaventura de Sousa
Santos; traductor Jineth Ardila Ariza. – Bogotá: Siglo del Hombre Editores y Siglo XXI Editores,
2014.
   368 p.; 21 cm. – (Biblioteca universitaria de ciencias sociales y humanidades)
   Incluye bibliografía.

   1. Ensayos portugueses 2. Democracia 3. Desigualdad social 4. Derechos económicos
y sociales I. Ardila Ariza, Jineth, tr. I. Tít. II. Serie.

869.4 cd 21 ed.
A1436011

            CEP-Banco de la República-Biblioteca Luis Ángel Arango

La publicación de este libro contó con el apoyo del Governo de Portugal Secretario
de Estado Da Cultura Direcão-Geral Do Livro, Dos Arquivos E Das Bibliotecas

Título original de "Ensayo contra la autoflagelación" y "Diario de la crisis":
Boaventura de Sousa Santos (2011), *Portugal. Ensaio contra a autoflagelação*,
Ediciones Almedina, Coimbra.

La presente edición, 2014

© De la traducción de "Prefacio de la edición colombiana", "Prefacio de la segunda edición
portuguesa", "Prefacio de la primera edición portuguesa" "Prefacio de la edición brasileña",
"Ensayo contra la autoflagelación" y "Diario de la crisis": Jineth Ardila Ariza

© De la traducción de "Politizar la política y democratizar la democracia": Antoni Jesús Aguiló

© De la traducción de "Once cartas a las izquierdas": la primera, segunda y octava, Javier Lorca;
la tercera, cuarta, quinta y sexta, Antoni Jesús Aguiló; la séptima y novena, Antoni Jesús Aguiló
y José Luis Exeni Rodríguez; la décima y la undécima, Antoni Jesús Aguiló.

© Siglo del Hombre Editores
www.siglodelhombre.com

© Siglo XXI Editores
www.sigloxxieditores.com.mx

Carátula
Alejandro Ospina
Armada electrónica
Ángel David Reyes Durán

ISBN: 978-958-665-273-5

Impresión
Panamericana Formas e Impresos S. A.
Calle 65 n.º 95-28, Bogotá, D. C.

Impreso en Colombia-Printed in Colombia

ÍNDICE

Parte II
DIARIO DE LA CRISIS

Parte III
POLITIZAR LA POLÍTICA Y DEMOCRATIZAR
LA DEMOCRACIA

Parte IV
ONCE CARTAS A LAS IZQUIERDAS

PREFACIO A LA EDICIÓN COLOMBIANA

La composición de este libro es heterogénea, aunque tiene más coherencia de lo que podría parecer a simple vista. Esta obra nació de la necesidad de una intervención política en una coyuntura particularmente difícil en el sur de Europa y, sobre todo, en Portugal. La crisis estalló a mediados de 2011 con la intervención del Fondo Monetario Internacional (FMI), el Banco Central Europeo y la Comisión Europea —la llamada *Troika*— como condición para la concesión de un préstamo de 78 mil millones de euros a Portugal, un país al borde de la insolvencia, situación provocada en buena medida por la especulación que siguió a la crisis financiera en Grecia. Se discutía entonces si había alternativas a la intervención de la Troika, si las condicionalidades podían negociarse y sobre las consecuencias que a corto y medio plazo tendría la sujeción a la tutela extranjera para uno de los países más antiguos de Europa. No era la primera vez que el FMI intervenía en Portugal. Lo había hecho dos veces tras la Revolución del 25 de abril de 1974, el movimiento de los capitanes que puso fin a 48 años de dictadura. Pero en tales ocasiones Portugal tenía plena independencia y moneda propia. En 2011 todo era diferente: Portugal era miembro de la Unión Europea y había adoptado el euro como moneda, una moneda sobre la que no tenía control alguno.

Para mí, después de muchos años de investigación en América Latina, lo que sucedía en Portugal y en todo el sur de Europa no era más que la entrada del neoliberalismo en el bloque económico más fuerte de la economía mundial después de Estados Unidos. Tras someter las periferias del sistema mundial a sus recetas destructoras de la cohesión social y de las aspiraciones más moderadas de las clases trabajadoras, esta forma de capitalismo global (la más antisocial y antidemocrática de todas las experimentadas tras la Segunda Guerra Mundial) hacía su entrada en el centro del sistema, usando como vía de acceso los eslabones más débiles: los países menos desarrollados de la Unión Europea, los países del sur de Europa.

El presente libro es una reflexión sobre este proceso y sobre la necesidad de aprender de la historia. Es, ante todo, una alerta sobre las consecuencias devastadoras de las políticas de austeridad propuestas y una llamada a la desobediencia y a la resistencia contra la dictadura neoliberal. Países como Ecuador, durante la primera presidencia de Rafael Correa, han ofrecido ejemplos de coraje y esperanza. El caso portugués sirve, de este modo, como pretexto para discutir temas de relevancia global que rebasan la coyuntura portuguesa. Dos de ellos me han ocupado y preocupado mucho, por lo que han sido objeto de varios escritos: la democracia y la izquierda, omnipresentes en la versión original de este libro.

La traducción del libro al español fue realizada por Jineth Ardila, a quien agradezco por su competente y cuidado trabajo. Mi agradecimiento especial a José Luis Exeni, quien revisó la traducción.

Sin embargo, para beneficio de los lectores latinoamericanos (si no es mucha arrogancia presuponer el beneficio), decidí incorporar a esta versión dos escritos no disponibles en portugués y que en español han tenido una circulación restringida. El primero aborda el problema de la democracia. Se trata de una extensa entrevista que me hizo mi colega Antoni Aguiló y que se publicó en 2010 en la *Revista Internacional de Filosofía Política*. Agradezco a los editores de la revista el permiso para reproducirla en este libro, y le doy las gracias en especial a Antoni Aguiló por la lucidez de las preguntas y la paciencia con la que ha esperado las respuestas y las ha traducido al español.

El segundo texto se centra en el tema de las izquierdas. Durante los últimos años he venido publicando en periódicos europeos y latinoamericanos varias *Cartas a las izquierdas*. Se trata de un ajuste de cuentas conmigo mismo y con quienes han compartido conmigo las luchas por una sociedad mejor y más justa en las que nos hemos involucrado a lo largo del tiempo. Publicadas por separado y de manera irregular, han sido objeto de mucha atención y debate. Ahora, el conjunto de cartas (once hasta la fecha) se publica por primera vez. Quiero expresar mi más sincero agradecimiento a mis colegas Antoni Aguiló y José Luis Exeni, quienes, además de llevar a cabo la traducción de algunas de ellas, me animaron a publicar las cartas en español para darlas a conocer a un público más amplio. Muchas gracias.

PREFACIO A LA SEGUNDA EDICIÓN PORTUGUESA

Este libro ha sido bien recibido por el público y las Ediciones Almedina me solicitaron la preparación de una nueva edición. Actualicé el texto en función de los acontecimientos que siguieron a la publicación de la primera edición del libro (mayo de 2011) y agregué un nuevo capítulo, titulado *Diario de la Crisis.* Lejos de ser una cronología de la crisis, este nuevo capítulo consta de un conjunto de artículos de opinión sobre el desarrollo de la crisis, que fui publicando a lo largo de los últimos meses en la prensa portuguesa e internacional. Algunos de estos textos preceden a la publicación del libro, y algunos de ellos fueron traducidos a español, italiano, inglés y griego, y publicados en diferentes órganos de comunicación social. Las fechas de publicación son cruciales para entender el modo como he venido reflexionando sobre la crisis en la medida en que la crisis ha venido reflejándose en mí, en mis convicciones, en mis solidaridades, en los caminos insondables de la búsqueda de objetividad sin neutralidad.

Adjunto el prefacio de la edición brasileña. El editor brasileño de mis obras (Cortez Editora, de São Paulo) mostró interés en publicar este libro, a pesar de ser muy diferente —tanto en el tema como en la estrategia analítica y narrativa— de los que publicó anteriormente. El prefacio es mi modo de explicar el contexto del texto a los lectores de un país extranjero pero hermano, que comparte con nosotros, para bien y para mal, una larga historia. En esa medida puede también tener interés para los lectores portugueses.

Los tiempos de crisis transforman a los científicos sociales en seres particularmente divididos. Basados en el conocimiento que han ido acumulando, escriben sobre la probable agudización de la crisis, pero lo hacen con la secreta esperanza de que no suceda. Hacen propuestas sobre los caminos de solución que menos afecten la calidad de vida de la gran mayoría de los ciudadanos, pero lo hacen con el secreto temor de que aquellas no sean viables. O sea, ora quieren ser sorprendidos por la realidad y temen no serlo, ora no quieren ser sorprendidos por la realidad y temen serlo. Se exponen en la esfera pública y deben hacerlo con humildad, para no caer en alguna de las inútiles arrogancias en las que infelizmente es común caer: la arrogancia del "se lo dije" y la arrogancia del "no era previsible". Las crisis, cuando se profundizan, son un vértigo que se parece mucho al estancamiento. Lo que se deteriora aceleradamente hace todavía más ruidosa la inercia, la omisión, la renuncia, el agotamiento de los instrumentos y actores que podían impedir o minimizar el deterioro. Los ciudadanos son situados en la posición de ver pasar los trenes, sin que sepan si los trenes no los ven a ellos y por eso podrían despedazarlos en cualquier momento.

Los últimos meses confirmaron muchas de las previsiones que hice, e infelizmente hicieron más difíciles, por lo menos por ahora, las soluciones que propuse para minimizar los costos sociales de la salida de la crisis. Sobre todo, fueron meses que hicieron más transparentes los intereses que están en juego, los bloqueos institucionales e ideológicos que impiden soluciones y los riesgos que corremos. Paradójicamente, la construcción del tiempo en que vivimos se vuelve más visible entre los muchos andamios que la sustentan. Si detrás de los andamios hay de hecho una construcción es la pregunta que muchos hacen.

Veamos, pues, algunas de las dimensiones de la transparencia.

INSOSTENIBILIDAD DEL STATUS QUO

En el actual marco institucional europeo, y teniendo en cuenta la desregulación de los mercados financieros, el euro, este euro, es insostenible. Construido asimétricamente, a la medida de los intereses de los países más desarrollados del bloque europeo, y dominado por la ortodoxia económica del neoliberalismo, el euro tiende a provocar más desigualdad social entre los países europeos y dentro de cada uno de ellos. Los desequilibrios comerciales entre los países se acentuarán con los flujos financieros que circulan entre ellos. Internacionalmente, la fuerza del bloque europeo se medirá cada vez más por la fuerza de sus componentes más débiles. Por otro lado, al transformar los salarios, directos e indirectos, en la única variable de ajuste en el contexto de la crisis, se da origen a una irracionalidad a nivel europeo a partir de lo que se defiende como la solución racional a nivel de cada país: la reducción de los salarios reduce los costos y genera competitividad pero, como la vitalidad de la economía depende tanto de quien produce como de quien consume, con salarios más bajos los trabajadores consumirán menos y quien produce verá caer sus ganancias. Una crisis económica que ve su solución en la guerra contra los salarios trae consigo la injusticia social, el empobrecimiento global y la inestabilidad social y política. En el último texto del *Diario de la Crisis* presento dos escenarios de solución de la crisis, ambos basados en la insostenibilidad del *status quo*.

¿QUIÉN MANDA EN EL MUNDO?

Los movimientos de los indignados se rebelan contra la concentración de la riqueza y el poder que ella tiene para influenciar la política. Los movimientos de *Occupy Wall Street* en Nueva York y otras ciudades de Estados Unidos y del mundo dicen hablar en nombre del 99% contra el 1% que concentra la riqueza y el poder. Todo esto parece ser ideología poco consistente, teoría de la conspiración infundada, *slogans* para movilizar a las masas sin una pizca de verdad. Ahora bien, la verdad es que la ciencia parece empeñada en comprobar científicamente el grito de la calle. Está causando algún furor en los medios científicos un estudio de especialistas en teorías de sistemas de la Universidad Técnica de Zürich sobre la red del poder global de las grandes empresas trasnacionales (Vitali, Glattfelder y Battiston, 2011). Partiendo de las bases de datos sobre la propiedad de las acciones de 43.060 empresas trasnacionales en 2007 y recurriendo a metodologías altamente sofisticadas, estos autores analizaron la red de relaciones de propiedad entre ellas y llegaron a la conclusión de que un pequeño grupo de 147 empresas (a las que llaman "superentidad") controla el 40% de la riqueza global de la red. Lo hacen a través de lo que llaman interconectividad intensa, o sea, el control de redes de inversión que abarcan un número inmenso de empresas e inversionistas activos en muchos países. La interconectividad permite generar ganancias mientras todo transcurre "normalmente". Sin embargo, si ocurre una falla sistémica (una crisis, en lenguaje común), por más pequeña que sea, el efecto cascada que tiende a producir puede ser devastador. Las 147 empresas son menos del 1% denunciado por el movimiento de los *okupas*. Entre las 20 más importantes, hay empresas que no son conocidas por el gran público, pero allí están Barclays, JP Morgan, UBS, Merril Lynch, Deutsche Bank, Goldman Sachs.

¿Alguien se puede sentir sorprendido por el hecho de que los tres tecnócratas recientemente llamados a resolver la crisis financiera de Europa —Lucas Papademos (Grecia), Mario Monti (Italia), Mario Draghi (Banco Central Europeo)— seán ex funcionarios de la Goldman Sachs? ¿Alguien de buena fe cree que estos señores, que pasaron toda la vida celando los intereses de los acreedores y sobre esa base construyeron brillantes carreras y jugosos ingresos, puedan ahora servir a los intereses de los deudores, o siquiera entender los intereses de ellos si estos no coincidieran con los de los acreedores?

¿CRISIS DE LA IZQUIERDA O CRISIS DE LA DEMOCRACIA?

Las elecciones en Portugal y en España significaron una gran derrota de las izquierdas en su conjunto, y especialmente de los partidos socialistas. Frente a esto, la mayoría de los comentarios políticos optó por la llamada crisis de la izquierda en Europa. Otros procesos electorales recientes (el más significativo de todos en Inglaterra) parecen confirmar este diagnóstico. A lo largo de este libro, analizo con algún detalle la trayectoria de la izquierda, sobre todo la social-democrática (Partido Socialista, PS), y concluyo que o esta se refunda en alianza con otras izquierdas a su izquierda o se vuelve irrelevante. Tal como existe, su declive comenzó simbólicamente con la caída del Muro de Berlín y es irreversible.

No obstante, en contra del pensamiento político dominante, no pienso que la crisis resida en las derrotas electorales o que estas sean un reflejo lineal de ella. Los ciudadanos europeos están pasando por un momento histórico que, a pesar de prolongado, es vivido como un estado de shock. ¿Estarán los países desarrollados entrando en un proceso de subdesarrollo? La lanza del progreso que Europa empuñó por todo el mundo durante siglos convenció a los europeos (los países no europeos fueron, cuando mucho, convencidos a la fuerza) de que después del subdesarrollo venía el desarrollo ¿Cómo entender lo que sucede? ¿Estará la lanza mal dirigida, ya que la dirección parece ser ahora del desarrollo hacia el subdesarrollo? Y, si así fuera, ¿qué viene después del subdesarrollo?

Ante el impacto que estas preguntas provocan los europeos están votando contra los gobiernos que dispusieron las medidas de austeridad. Lo hacen con la creencia, tal vez subconsciente, de que cambiando de gobierno se cambiará de política. Por esa razón es probable que Sarkozy sea castigado en las próximas elecciones. ¿Qué sucederá cuando los europeos lleguen a la conclusión de que el cambio de gobierno no trae un cambio de política? ¿Qué sucederá cuando concluyan que Papademos, Monti y Draghi tienen diferentes pasaportes pero de hecho tienen todos la misma nacionalidad, la de la Goldman Sachs? ¿Qué significado le atribuirán a la democracia cuando lleguen a esa conclusión? A lo largo del *Diario de la Crisis* sostengo que la existencia de mercados financieros no regulados es incompatible con la democracia. Sostengo que, a nivel nacional, las clases sociales dominantes y las élites políticas a su servicio utilizan la crisis para destruir el Estado social, desvalorizar los ingresos salariales y provocar la concentración de la riqueza. ¿Qué otra explicación puede existir para el hecho de que el Estado rescate bancos (y, de hecho, los nacionalice) y no asuma su dirección efectiva, poniéndolos al servicio de los empresarios y de los trabajadores que quieren crear riqueza real, la única que cuenta para el país? ¿Qué otra explicación puede existir para el hecho de que las privatizaciones se transformen en un acto de *privataria*:[1] la riqueza nacional vendida a precio de saldo, tal como sucedió en la Rusia pos-soviética, trayendo en su vientre una nueva mafia de súper ricos?

Hoy estoy convencido de que el futuro de la democracia europea (e incluso mundial) está en manos de los movimientos sociales que han venido indignándose contra este estado de cosas, ocupando las calles y las plazas, ante la constatación de que la democracia institucional está ocupada por intereses minoritarios y antidemocráticos, y exigiendo una democracia real y verdadera. Con el tipo de organicidad que escogieron y que probablemente mantendrán, no serán ellos mismos los que harán los cambios necesarios para refundar la democracia, pero sí serán, sin duda, el motor de aquellos. Fueron los movimientos sociales los que en la década de 2000 llevaron al poder a gobiernos progresistas en América Latina, gobiernos que le apostaron a crear mercados internos, promover alguna redistribución de la riqueza y, para eso, dispuestos a desobedecer las imposiciones de los mercados financieros y sus agencias. Europa no es América Latina y los europeos están marcados a hierro y fuego por el preconcepto histórico que el colonialismo les autoinfligió, el preconcepto que

---

[1]   *Privataria*: juego de palabras que une "privatización" y "piratería", creado por el periodista italo-brasileño Elio Gaspari. [Nota de la T.]

los lleva a menospreciar o ignorar todo lo que no cabe en la caja de herramientas de la misión civilizadora (ahora más cajón[2] que caja). Pero la crisis está mostrando que Europa se está encogiendo en la medida en que el mundo no europeo está creciendo. El provincianismo europeo consiste en que Europa todavía no se ha dado cuenta de que es una pequeña provincia del mundo.

---

[2] En portugués, coloquialmente *caixão*, 'cejón', significa 'ataúd'. [N. de la T.]

PREFACIO A LA PRIMERA EDICIÓN PORTUGUESA

El filósofo español Ortega y Gasset decía, hace cerca de un siglo, que el problema era España y la solución era Europa. Hoy no podemos decir lo mismo respecto a Portugal, pues si Portugal es el problema, Europa, esta Europa, tampoco es la solución.

Hace algunas décadas que el ser y el estar no nos eran tan problemáticos. Vivimos un intenso episodio de ser, que es también un episodio de no-ser. ¿Somos portugueses del mismo modo que somos europeos? Entre tanto, estamos, pero la inestabilidad de estar es tan grande que nos sentimos desinstalados. ¿Estamos en Portugal del mismo modo que estamos en Europa? Estamos siendo en múltiples desproporciones. ¿Estamos siendo una miniatura de la deuda externa o la deuda externa está siendo una miniatura de nosotros? ¿Estamos siendo los que regresaron a Europa, sin nunca haber salido de aquí, llegados repentina y atolondradamente al puente aéreo de las cotizaciones de bolsa y de las calificaciones de la deuda?

Aunque poco nos sirva de consuelo, este es un momento de peligro que compartimos con muchos otros dentro y fuera de Europa. Tal peligro tiene dimensiones urgentes y mucho más nuestras; a pesar de eso, su sentido pleno reside en un horizonte de dilemas y desafíos que nos superan en mucho, un horizonte en el que la urgencia de actuar se confunde con el imperativo de cambiar de civilización que, seguramente, no se cumplirá mañana.

Los agentes del miedo están en el terreno y hablan varias lenguas, incluso la nuestra, pero el discurso del terror varía poco. Somos ciudadanos precarios[1] antes y después de ser trabajadores precarios. Si otros pasan por dificultades semejantes a las nuestras, las causas de las dificultades por las que pasamos no pueden estar exclusivamente en nosotros. A pesar de eso, como se leerá más adelante, no es nuevo que Portugal sea el blanco fácil de críticas fáciles.

La precipitación del momento nos hace olvidar que las decisiones urgentes difícilmente son grandes decisiones. ¿Discutimos el proyecto de la casa o apenas el color de los azulejos de la cocina? ¿Estamos asistiendo a una destrucción o a una construcción? ¿Y con quién discutimos? ¿Con los bomberos o con los ingenieros civiles? ¿Discutimos entre nosotros y con otros o discutimos entre nosotros mientras otros discuten sobre nosotros? ¿Discutimos entre nosotros el color de los azulejos mientras otros discuten el proyecto de nuestra casa? ¿Y la casa será habitable?

No obstante el periodo colmado de urgencias que vivimos, merece la pena reflexionar dentro del momento, como si este tuviera ventanas, y osar hacer propuestas más allá de las imposiciones y contra ellas. Es mucho lo que está en juego.

Estamos asistiendo al desarrollo del subdesarrollo de nuestro país y aparentemente asistimos pasivamente, como si no nos sacudiera tanto como el reciente maremoto de Japón; como si el país fuera un lugar lejano, habitado por gente que conocemos mal, por la que no tenemos especial estima y que ciertamente merece el fardo que debe cargar. Oyendo o leyendo a algunos comentaristas, da la impresión de que son alemanes en su propio país. Disecan la realidad nacional como si fueran médicos legales, descuartizando el cadáver, como si no fueran parte de él. Otros,

---

[1]   Alude al concepto de precariedad laboral. [N. de la T.]

los súper ricos, a quienes el dinero les da título de sabiduría, se declaran revelados contra la pobreza y las pensiones de miseria, como si la pobreza fuera un pecado del cual su riqueza es inocente. Y casi todos flagelan al país, como si las causas de nuestra crisis financiera no fueran sistémicas y, por lo tanto, en parte ajenas a nuestra acción, por más desastrosa que haya sido.

La autoflagelación es la mala conciencia de la pasividad y no es fácil superarla en un contexto en el que la pasividad, cuando no es querida, es impuesta. Estamos siendo manipulados. El nuestro es apenas un nombre en nombre del cual otros actúan para el bien que solo sería nuestro si fuera también de ellos. Para que podamos actuar tenemos que desviar los ojos de este paisaje y caminar en la oscuridad por algunos momentos hasta llegar a la parte de atrás, para poder ver los andamiajes que lo sostienen, observar la correría que hay por allá e identificar los saltos al vacío a la espera de nuestra acción. El objetivo de este libro es identificar algunos de esos saltos y, con eso, reconstruir la esperanza a la que tenemos derecho. Esperar sin esperanza sería lo peor que nos podría suceder. Nuestro inconformismo ante tal escenario debe ser radical.

En el capítulo 1 hago breves precisiones conceptuales sobre las crisis y sus soluciones. En el capítulo 2 presento una reconstrucción histórica de algunas cuentas mal hechas en nuestra vida colectiva y en nuestras relaciones con Europa. En el capítulo 3 analizo el posible impacto de las medidas de austeridad recesiva en la vida de los portugueses. En el capítulo 4 propongo algunas medidas para que salgamos de la crisis con dignidad y con esperanza, tanto medidas de corto plazo como medidas de mediano plazo. En el capítulo 5 me centro en los desafíos que se presentan ante las soluciones que solo tienen sentido si son adoptadas a nivel europeo y mundial. El mayor de esos desafíos es frenar y si es posible echar para atrás la preocupante proliferación de lo que llamo fascismo social. En el capítulo 6 defiendo la necesidad y la posibilidad de otro proyecto europeo más inclusivo y solidario. Finalmente, en el capítulo 7 sostengo que la otra Europa posible solo se concretizará en la medida en que ella sea capaz de compartir los desafíos de la lucha por otro mundo muchísimo más amplio, y, tal como ella, posible y urgente.

Este libro no sería posible si no realizara mi investigación en el Centro de Estudios Sociales (CES) de la Facultad de Economía de la Universidad de Coímbra. Mucho de lo que sigue es el resultado del saber que viene siendo compartido hace muchos años. De manera más cercana, me ayudaron en la preparación de este libro António Casimiro Ferreira, Catarina Frade, Conceição Gomes, Hermes Costa, José Manuel Mendes, José Manuel Pureza, José Maria Castro Caldas, Margarida Gomes, Maria Irene Ramalho, Maria Paula Meneses, Paulo Peixoto, Pedro Hespanha, Sílvia Portugal y João Rodrigues. A todas y todos, mi agradecimiento. Un agradecimiento muy especial a tres colegas que leyeron y revisaron todo el manuscrito: José Manuel Mendes, José Maria Castro Caldas y Maria Irene Ramalho. Entre mis colegas de otros países, destaco la ayuda valiosa de Alberto Acosta, de Ecuador, Eric Toussaint, de Bélgica, Norma Giarracca y Miguel Teubal, de Argentina, y António M. Cunha, un trasmontano legítimo radicado en los Estados Unidos. Un agradecimiento vehemente a todos ellos. Sin el trabajo eficientísimo de mi asistente de investigación, Margarida Gomes, y el apoyo sin falta de Lassalete Simões, este manuscrito sería diferente y peor. Agradecerles es siempre reconocer menos de lo debido. El artista Carlos No, cedió gentilmente el motivo de la portada, lo cual agradezco mucho.

PREFACIO DE LA EDICIÓN BRASILEÑA

Este libro fue escrito para responder al desafío de entender la crisis financiera coyuntural y de corta duración, así se espera, que Portugal vive en este momento, y de analizarla a la luz de otras crisis estructurales y de más larga duración, algunas específicas del país, otras que engloban a Europa y otras también al mundo en su totalidad.

Lejos de ser un desafío de comprensión contemplativa, se trata de comprender para proponer alternativas al pensamiento único neoliberal que hoy domina en Europa más que en cualquier otra parte del mundo. Tal vez esta afirmación sorprenda a los lectores brasileños, habituados a imaginar a Europa como la madre del capitalismo socialmente responsable, capaz de combinar altos niveles de productividad con altos niveles de protección social, el continente de las clases medias amplias sustentadas en la redistribución social hecha posible por el modelo social europeo.

Pretendo mostrar a lo largo del libro que ese imaginario de Europa corresponde cada vez menos a la realidad; que los partidos de gobierno nacional —tanto de derecha como de izquierda— y las instancias de gobierno europeo se dejaron capturar por la voracidad del neoliberalismo y de su arma de destrucción masiva, el capital financiero, la forma de capital más hostil a la voluntad democrática y a la socialización de la economía.

Al leer este libro, los brasileños —tal como sucedería con los latinoamericanos en general, los asiáticos y los africanos— tendrán la sensación de un *dejá vu*, pues en décadas anteriores fueron ellos las víctimas privilegiadas del neoliberalismo y de su recetario destructivo de la soberanía y de la justicia social. Aun así, tal vez se sorprendan porque habrán imaginado que las agencias del neoliberalismo (Banco Mundial, Fondo Monetario Internacional) actuaban solo en los países en desarrollo y con el objetivo de disciplinarlos siguiendo las normas de los países desarrollados, los cuales, por definición, no tendrían que ser disciplinados. La verdad es, no obstante, más compleja. La crisis del *subprime* de 2008 en Estados Unidos y la "solución" que le fue dada revelaron, sin embargo, que el capital financiero había "disciplinado" al país más desarrollado del mundo. Faltaba disciplinar a Europa. Eso es lo que está en curso.

Sin querer de modo alguno disculpar los errores y las incompetencias del gobierno interno —y en el caso griego, la falsificación grave de las cuentas nacionales para entrar en la Unión Europea y para disfrazar la incapacidad de cumplir los criterios de convergencia—, hoy es evidente que las serias dificultades por las que pasan Grecia, Portugal e Irlanda, que no representan más del 6% del PIB europeo, serían fácilmente solucionables si el proyecto europeo todavía existiera en los términos en los que la gran mayoría de los ciudadanos lo imaginaba: como un espacio de integración económica y política y de cooperación intergubernamental pautada por los objetivos de cohesión social y convergencia real.

Se puede argumentar que tal imaginación se basaba más en el deseo que en la realidad, para lo cual basta tener en mente que el presupuesto comunitario no es más que el 1% del PIB del conjunto de los países que integran la Unión Europea. Pero, aun así, era imaginable que la fuerza económica de Europa en su conjunto fuera suficiente para, tomadas las medidas necesarias en los momentos exactos, ahorrarles a los países europeos menos desarrollados la voracidad de la especulación financiera y de las arbitrariedades de las agencias de *rating*. Difícilmente los europeos podían imaginar que el riesgo de la economía griega duplicara el riesgo de la economía pakistaní.

Minándolo por dentro, el neoliberalismo transformó el sueño europeo en una pesadilla, con el objetivo, cada vez más obvio, de borrar definitivamente del planeta el modelo de protección social universal y de alto nivel que Europa construyó a partir de las ruinas de la posguerra con base en las luchas sociales y para ganar la Guerra Fría. La crisis del sur de Europa, en la que ya está envuelta España, muestra que *este* proyecto europeo se terminó. En este libro sostengo que, en el contexto europeo, la salida progresista de la crisis no está en el retroceso hacia los nacionalismos defensivos, los cuales, además, serán siempre la imagen invertida de los nacionalismos agresivos. Reside, antes bien, en la refundación democrática del proyecto europeo.

Este libro fue pensado a lo largo de muchos años, pero fue escrito caminando sobre brasas vivas, intentando mantener la serenidad dentro del vértigo de los acontecimientos y ejercitar el análisis crítico dentro del compromiso político. La mirada calibrada para ver el país tuvo que ser constantemente recalibrada para ver a Europa y al mundo. El reconocimiento pleno de la fuerza avasalladora de las circunstancias no puede paralizar la lucha por la búsqueda de alternativas dignas. Lo ineluctable de la espera no oscureció el llamado inquebrantable de la esperanza.

En el prefacio a la edición portuguesa describo el complejo contexto portugués y presento el itinerario del libro. Al lector brasileño no se le escapará que este libro no sería el mismo si no tuviera en su bagaje una década de intenso compromiso con el proceso del Foro Social Mundial.

Parte I
ENSAYO CONTRA
LA AUTOFLAGELACIÓN[1]

---

[1]   La traducción del portugués al español fue realizada por Jineth Ardila Ariza y revisada por José Luis Exeni.

Capítulo 1
LAS IDENTIDADES DE LAS CRISIS

El modo como se defina una crisis y se identifiquen los factores que la causan tiene un papel decisivo en la elección de las medidas que la superen y en la distribución de los costos sociales que estas puedan causar. La lucha por la definición de la crisis es, así, un acto político, y para aclarar su naturaleza es necesario cierto esfuerzo analítico. Ante todo, hay que hacer algunas distinciones. La primera se refiere a los horizontes temporales de definición y de solución de la crisis. Portugal vive una crisis financiera de corto plazo, una crisis económica de mediano plazo y una crisis político-cultural de largo plazo. En el plano financiero, es la urgencia del financiamiento del Estado. En el plano económico, se trata de la falta de competitividad internacional de la economía portuguesa debido a la cualidad de su especialización (no es lo mismo vender zapatos que vender aviones) y al hecho de estar integrada en un bloque económico dotado de una moneda excesivamente fuerte que favorece a las economías más desarrolladas del mismo. En el plano político-cultural, se trata de un déficit histórico en la formación de las élites políticas, económicas y sociales, causado por un ciclo colonial excesivamente largo, que permitió durante demasiado tiempo encontrar soluciones fáciles para problemas difíciles y salidas ilusorias para bloqueos reales.

Como los tres tiempos están imbricados, y con ellos las crisis que les corresponden, darle atención exclusiva a una de las crisis puede hacer más difícil la solución de las otras. Eso es lo que ocurre actualmente: la solución de la crisis financiera agravará la crisis económica (imposibilidad de inversión y crecimiento) y prolongará la crisis político-cultural (la facilidad que nuestras élites tuvieron en tanto élites colonizadoras se reproduce ahora en la facilidad con la que asumen la condición de élites colonizadas por la Europa desarrollada).

Las crisis también tienen diferentes horizontes espaciales o escalas para su definición y para su superación: escalas nacionales, regionales y globales. El caso portugués ilustra ejemplarmente el modo como una crisis nacional, que aparentemente se está resolviendo a nivel regional (europeo), puede, de hecho, estar agravando una crisis regional que, por su parte, solo será solucionable a nivel global. En la medida en que las crisis financieras se extiendan a más países europeos será claro que la crisis es europea y que deriva en buena parte de un sistema financiero desregulado, controlado por los intereses del capital financiero norteamericano. Solo una regulación global, regional y nacional puede poner fin a una depredación financiera tan masiva y a una distribución de sus costos tan injusta.

Si tomamos el mundo como unidad de análisis, constatamos que las crisis están globalmente relacionadas, aunque presenten diferentes facetas e intensidades en diferentes países. Las facetas son tal vez más numerosas hoy que antes —crisis financiera, económica, política, ambiental, energética, alimentaria, civilizacional— y se presentan de modo distinto en las diversas regiones del mundo. Por ejemplo, Japón vive hoy una grave crisis energética y ambiental, tan profunda que apunta a convertirse en una crisis civilizacional que lo supera en mucho, mientras en África se vive intensamente la crisis ambiental y alimentaria, y una crisis política estremece profundamente a Túnez, Egipto y Libia. Dentro de cada país las crisis son vividas de modo distinto por las diferentes clases o grupos sociales. En África, en India y en América Latina los campesinos están viviendo una nueva dimensión de la crisis causada por el nuevo interés del capitalismo global en la compra de tierras. Se trata de la adquisición masiva de tierras por parte de empresas multinacionales, agentes financieros e incluso Estados extranjeros que hacen tabula rasa de los derechos ancestrales de los campesinos y los expulsan de su mundo rural. Por su parte, los pueblos indígenas de América Latina han contribuido decisivamente en las dos últimas décadas a darle visibilidad a la dimensión civilizacional de la crisis, o sea, a la concepción de la crisis global del capitalismo, no solo como crisis de un modo de producción sino, sobre todo, como crisis de un modo de vida, de convivencia y de relación con la naturaleza. También debemos tener presente que la eclosión o la intensificación de una cierta faceta de la crisis puede producir el ocultamiento de otras facetas. Por ejemplo, en la última década, Europa fue la parte del mundo desarrollado que más atención le dio a la crisis ambiental; en el momento en que estalló la crisis financiera nunca más se habló de crisis ambiental, y las propuestas de crecimiento económico que se hacen hoy contradicen lo que hace pocos años parecía evidente: que este tipo de crecimiento conduce a corto plazo (según la ONU, 2015) a un calentamiento global irreversible.

A ello se suma que, en cada país, la solución de la crisis para unos puede significar su agudización para otros. Debido a que la crisis es causada por el capital financiero, la transparencia en la distribución de los costos y de los beneficios de una solución determinada se hace particularmente evidente. Por ejemplo, el día siguiente al del pedido de ayuda financiera externa por parte del gobierno portugués, las cotizaciones de la bolsa de los bancos portugueses subieron, y con ellas las expectativas de ganancias del sector bancario. Esto ocurrió en el preciso momento en que se decretó el empobrecimiento de la gran mayoría de los portugueses.

La diversidad de las experiencias de crisis y de las soluciones propuestas se combina hoy con el hecho de que estamos viviendo en un mundo mucho más transparente para sí mismo. La revolución de las tecnologías de la información y de la comunicación hace posible un nivel de interconocimiento global que permite comparar experiencias y mostrar la relatividad de las soluciones adoptadas para resolver las crisis. Así, las soluciones que se presentan como pretendidamente únicas en un país o en una región pueden ser puestas en duda por soluciones opuestas que, para crisis afines, son propuestas en otro país o región, y algunas veces igualmente presentadas como únicas. Un ejemplo: mientras en el Brasil de hoy los gastos en políticas sociales (educación, salud, protección social) son considerados como una inversión que propicia el crecimiento,[2] en Europa tales gastos son sentidos como un costo que impide el crecimiento, y como tal deben ser reducidos a lo mínimo. Frente a esta paradoja podemos preguntarnos si estamos ante dos mundos diferentes o si la social-democracia desertó de Europa y emigró a Brasil. ¿Quién está equivocado? ¿Pueden los dos estar en lo cierto? Pero, en ese caso, ¿por qué no escoger la solución que crea bienestar para las grandes mayorías en lugar de la que crea malestar?

Esta diversidad muestra que todas las soluciones tienen alternativas y que toda ausencia de alternativa es producto de una decisión política. Además, la misma relatividad de las soluciones se evidencia si, en vez de ensanchar el espacio de análisis, alargamos el tiempo de análisis. Ejemplo: a partir de la década de 1930, el Estado aumentó exponencialmente su intervención en la economía para garantizar la eficiencia y la estabilidad que los mercados por sí mismos no lograban garantizar, como quedó demostrado en la Gran Depresión de 1929. Cincuenta años después, con el surgimiento del neoliberalismo, pasó a fortalecerse, con el mismo grado de evidencia, la ortodoxia opuesta de que son los mercados los que garantizan la eficiencia y la estabilidad y es el Estado el que las impide. ¿El Estado y los mercados pueden ser simultáneamente los causantes de las crisis y de sus soluciones? A fin de cuentas, ¿crisis de qué y de quién, soluciones para qué y para quién?

---

[2] El Comunicado 75 del prestigioso IPEA (Instituto de Investigación Económica Aplicada) del 3 de febrero de 2011 muestra de modo convincente que la inversión en políticas sociales ha sido una palanca para el crecimiento con distribución del ingreso.

Estas mismas precisiones analíticas se deben hacer con respecto a las soluciones de las crisis. Las escalas y los tiempos de las crisis determinan las escalas y los tiempos de las soluciones, pero la determinación es compleja. Por ejemplo, la crisis ambiental, que es global y de largo plazo, es vivida a nivel local; y es a ese nivel que van surgiendo soluciones innovadoras para resolverla, aunque sepamos que acabarán por ser ineficaces si entre tanto no se toman medidas de ámbito global. Por otro lado, la crisis ambiental, una crisis de largo plazo, que apunta a transformaciones civilizacionales, hoy es vivida con un carácter de urgencia cuya solución implica medidas inmediatas, como son las que reducen las emisiones de dióxido de carbono.

Cuando eclosiona una crisis, ni el momento ni los términos de la crisis son fortuitos. En las sociedades capitalistas contemporáneas, atravesadas por profundas asimetrías y contradicciones, quien causa una crisis dada tiene normalmente poder para definir sus términos y consecuentemente para identificar, como únicas posibles, las soluciones que le permitan sobrevivir a la crisis y perpetuar su poder. Fue esto lo que sucedió cuando en 2008 explotó la crisis financiera en Estados Unidos, cuyas repercusiones continuamos viviendo. Al contrario de los que vieron en la crisis el fin del neoliberalismo y de la supremacía del capital financiero sobre el capital productivo, esta ha venido a ser "resuelta" por el mismo capital financiero que la provocó, y su motor principal, Wall Street, es hoy más fuerte y arrogante que antes. La lucha política de los próximos años será una lucha por la redefinición de los términos de la crisis, y solo en la medida en que esta ocurra será posible castigar, en vez de recompensar, a quien la provocó, y encontrar soluciones que efectivamente la superen. Se trata de una lucha de contornos imprevisibles; cuando mucho, es posible identificar sus horizontes de posibilidades y sus condiciones. Tal lucha ocurrirá en dos niveles: en la definición de los contenidos e implicaciones sociales de las soluciones y en la definición de las dinámicas e instrumentos de intervención que serán movilizados.

En lo que respecta a los contenidos y significados políticos, las crisis pueden ser resueltas mediante *correctivos eficaces* que, sin poner en duda la lógica del sistema que provocó la crisis, consiguen minimizar los ritmos y los costos sociales de esta; o por vía de transformaciones profundas que pretenden cambiar la lógica del sistema y crear un nuevo paradigma de organización social y política. A partir de la obra fundamental de Marx y de las contribuciones, tan diversas entre sí, de Schumpeter (1942) y de Karl Polanyi (1944), hoy es consensual entre los economistas y sociólogos políticos que el capitalismo necesita adversarios creíbles que actúen como correctivos de su tendencia a la irracionalidad y a la autodestrucción, la cual le adviene de la pulsión para instrumentalizar o destruir todo lo que puede interponerse en su inexorable camino hacia la acumulación infinita de riqueza, por más antisociales e injustas que sean las consecuencias. Durante el siglo XX, ese correctivo fue la amenaza del comunismo, y fue a partir de ella que en Europa se construyó la socialdemocracia (el modelo social europeo, el Estado de Bienestar y el derecho laboral). Curiosamente, la corrección del capitalismo fue posible debido a la existencia, en el horizonte de posibilidades, de un paradigma alternativo de sociedad, el del comunismo y el socialismo. La amenaza creíble de que aquel pudiese venir a suplantar al capitalismo obligó a mantener algún nivel de racionalidad, sobre todo en el centro del sistema mundial. Extinguida esa amenaza, no ha sido posible hasta hoy construir otro adversario creíble a nivel global. En Europa, la socialdemocracia comenzó a desmoronarse el día en que cayó el Muro de Berlín.

En los últimos treinta años, el FMI, el Banco Mundial, las agencias de *rating* y la desregulación de los mercados financieros han sido las manifestaciones más agresivas de la pulsión irracional del capitalismo. Han surgido adversarios creíbles a nivel nacional (en muchos países de América Latina) y, siempre que eso ocurre, el capitalismo retrocede, recupera alguna racionalidad y reorienta su pulsión irracional hacia otros espacios. En Europa, la llamada Tercera Vía[3] fue un acto de rendición al neoliberalismo y una re-

---

[3]   Después de que subió al poder en 1997, Tony Blair apostó por una reforma, conocida como Tercera Vía, que prometía, por un lado, una actualización de la

nuncia a buscar correctivos eficaces contra la pulsión destructiva del capitalismo. Esto explica en parte que los gobiernos socialistas de tres de los países en crisis en Europa (Grecia, Portugal y España) no tuvieran ninguna defensa contra los ataques del capitalismo financiero de los que fueron blanco sus economías, ni nada qué proponer más allá de la lógica depredadora que les subyace. Además, el fin de la Tercera Vía es uno de los significados más subrayados de la actual crisis de Europa. Fracasada la tentativa de civilizar el capitalismo, vuelve a abrirse la opción de una transformación civilizacional, que englobe por igual la crítica al socialismo y al comunismo, tal como los conocemos.

En lo que respecta a las dinámicas e instrumentos de intervención, hay que distinguir entre *soluciones institucionales* y *soluciones extrainstitucionales*. Las primeras son las que tienen lugar en el ámbito del sistema político vigente y de las instituciones administrativas del Estado sin alterar su normal funcionamiento. Las segundas desafían el marco institucional existente, operan por fuera de él con el objetivo de transformarlo profundamente o apenas de forzarlo a tomar medidas que de otro modo no tomaría. En este último caso, las soluciones extrainstitucionales son un híbrido entre lo institucional y lo no-institucional y tal vez fuera mejor llamarlas parainstitucionales. Mientras las soluciones institucionales operan en el interior de las instituciones y siguiendo

---

social-democracia y la superación de las visiones de izquierda del socialismo/comunismo agotadas tras el colapso de la URSS y el fin de la Guerra Fría y, por otro, una "humanización" del neoliberalismo de derecha, remanente de la era de Margaret Thatcher de 1979 a 1990 (que tuvo continuidad en la gestión de John Major, de 1990 a 1997). Con raíces teórico-ideológicas en el conocido sociólogo Anthony Giddens, el objetivo era conferirle un carácter social al neoliberalismo, atenuando la desigualdad social que él agravara por causa de la desregulación económica y financiera, de las privatizaciones, y de los recortes en la inversión social, y promoviendo nuevas articulaciones entre lo público y lo privado mercantil y no mercantil (este último, llamado tercer sector). Desvalorizaba la polaridad entre izquierda y derecha, hacía la apología del cosmopolitismo centrado en la globalización y preconizaba una mezcla universalizadora de valores y derechos, con respeto por las diferencias de cada sociedad que, en el caso específico del Reino Unido, significaba articular las lealtades atlánticas con las de la Unión Europea.

las lógicas procedimentales que las caracterizan, las soluciones extrainstitucionales operan en el espacio público, en la calle, aun cuando su objetivo sea apenas presionar y no cambiar profundamente el marco institucional vigente. Las soluciones extrainstitucionales son socialmente más dramáticas y políticamente más turbulentas, y se recurre a ellas, en general, después de que las soluciones institucionales han fracasado. Las periferias de Europa ilustran hoy el recurso a los diferentes tipos de soluciones. Hablo de periferias en plural porque históricamente Europa tiene dos periferias, unidas por el Mediterráneo: la periferia interna, que va de Grecia a Irlanda, pasando por Italia, Portugal y España; y la periferia externa, que va de Marruecos a Egipto, pasando por Argelia, Túnez y Libia. Ambas periferias atraviesan hoy periodos de gran crisis. En este momento, la periferia interna trata de resolver las crisis por vía de soluciones institucionales, mientras la periferia externa recurre a soluciones extrainstitucionales en la búsqueda de una nueva institucionalidad.

Existe una relación no trivial entre los contenidos de las soluciones y los tipos de acción política colectiva movilizada para promoverlas. Las soluciones institucionales, por ser sistémicas, tienden a privilegiar ajustes o correcciones, mientras que las soluciones extrainstitucionales, por ser (en grado variable) antisistémicas, tienden a apuntar a transformaciones más profundas.

También hay que mencionar las situaciones particularmente complejas e innovadoras en las que las movilizaciones extrainstitucionales presionan y, de algún modo, revitalizan las instituciones existentes, llevándolas a tomar decisiones que de otro modo no serían posibles. A título de ejemplo analizaré, en el capítulo 4, tres casos recientes y particularmente relevantes para el contexto en que vivimos.

Tener en mente la pluralidad de las concepciones, dimensiones y soluciones de las crisis es particularmente importante en un momento en que la tendencia dominante será que le atribuyamos a la situación que Portugal vive un carácter tan específico que la vuelva incomparable con la de otros países, y que nos resignemos ante las soluciones que nos sean impuestas por ser las únicas que se adecúan a nuestro caso. Obviamente, cada país y cada contexto tiene su propia especificidad, pero en el mundo crecientemente globalizado en que vivimos no es creíble que lo que sucede intramuros se explique totalmente por dinámicas internas, ni que estas determinen exclusivamente las soluciones para las crisis. En los capítulos siguientes analizo las especificidades del caso portugués, pero lo hago contextualizando nuestra posición en el espacio europeo y mundial. Ese contexto nos ayuda a dilucidar los riesgos que corremos y las oportunidades que tenemos. El modo de evitar los primeros y aprovechar las segundas es la justa medida de la especificidad que debemos tener en cuenta y aun reivindicar.

Capítulo 2
UN DIAGNÓSTICO PORTUGUÉS

En 1994, escribí lo siguiente sobre Portugal:

> Portugal es una sociedad de desarrollo intermedio. Algunas características sociales (tasa de crecimiento poblacional, leyes e instituciones, algunas prácticas de consumo, etc.) la aproximan a las sociedades más desarrolladas, mientras otras (ineficiencia del Estado, deficiencia de las políticas sociales, especialización industrial, etc.) la aproximan a las sociedades menos desarrolladas. Ahora bien, las teorías y las categorías analíticas utilizadas por las ciencias sociales para caracterizar los procesos y estructuras sociales fueron creados teniendo en cuenta, o bien a las sociedades centrales más desarrolladas (el llamado primer mundo), o bien a las sociedades periféricas (el llamado tercer mundo), y se adecúan mal a caracterizar sociedades intermedias, como Portugal. Si tenemos en cuenta los indicadores sociales normalmente utilizados para contrastar el primer y el tercer mundo (clases sociales y estratificación social, relaciones capital/trabajo, relaciones Estado/sociedad civil, estadísticas sociales, modelos de consumo o de reproducción social, etc.) se concluye fácilmente que Portugal no pertenece a ninguno de esos mundos.

En ausencia de una adecuada innovación teórica, se corre el riesgo de analizar la sociedad portuguesa por lo negativo, por aquello que ella no tiene cuando es comparada, o con las sociedades centrales, o con las sociedades periféricas. Tal negatividad es otra forma de desconocimiento y por eso también campo fértil para análisis míticos y catalogaciones de exotismo, que son, en este caso, efectos de la inadecuación de los instrumentos analíticos. La innovación teórica pretende captar la especificidad de nuestras prácticas sociales, económicas, políticas y culturales de molde para convertirlas en potencialidades universalizantes en un sistema mundial caracterizado por la competencia interestatal.

No se trata de insuflar nacionalismos reactivos o reaccionarios, sino de medir riesgos e identificar —si no incluso inventar— oportunidades en una dinámica trasnacional cada vez más volátil. En 1762 Rousseau criticaba, en *El contrato social*, a Pedro El Grande de Rusia por no respetar la identidad nacional rusa: "quiso formar alemanes, ingleses, cuando era necesario comenzar a formar rusos; impidió que sus súbditos se convirtieran alguna vez en lo que ellos podrían ser, convenciéndolos de que eran lo que no son" (1968: 125). Es conocida la reacción encolerizada que esta apreciación de Rousseau suscitó en Voltaire. Entre las posiciones de estos dos ilustres *philosophes*, es necesario identificar la dialéctica de lo nacional y de lo trasnacional, de lo local y de lo universal. Finalmente Afonso Duarte la vislumbró en dos versos lapidarios:

Quiero ser europeo: quiero ser europeo
En cualquier esquina de Portugal.

El carácter semiperiférico del desarrollo portugués tiene una larga duración histórica. Durante muchos siglos, Portugal fue simultáneamente el centro de un gran imperio colonial y la periferia de Europa. Aquí reside el elemento básico estructurante de nuestra existencia colectiva. Portugal fue el único país colonizador que era considerado por otros países colonizadores como un país nativo o salvaje. Al mismo tiempo que nuestros viajeros diplomáticos y militares describían los curiosos hábitos y modos de vida de los pueblos salvajes con los cuales tenían contacto en el proceso de construcción del imperio, viajeros diplomáticos y militares de Inglaterra o de Francia describían, ora con curiosidad, ora con desdén, los hábitos y modos de vida de los portugueses, para ellos tan extraños al punto de parecerles poco menos que salvajes.[1] Si los misterios del "carácter nacional" fueran susceptibles de develamiento, sería bueno buscar en esta duplicidad de imágenes y de representaciones la llave para la alegada plasticidad, ambigüedad e indefinición que los discursos mítico y psicoanalítico le atribuyen al "carácter del hombre portugués".

Llegado a su fin el ciclo del imperio, Portugal está renegociando su posición en el sistema mundial. No es posible que en un futuro cercano sea ascendido al centro del sistema (que pase a ser un país desarrollado) o degradado hacia su periferia (que pase a ser un país subdesarrollado). Es más probable que su posición intermedia se consolide con nuevas bases.

La sociedad portuguesa tiene el estatuto de sociedad de desarrollo intermedio o semiperiférico en el contexto europeo, un estatuto que comparte con Grecia, Irlanda y, hasta cierto punto, con España. Las sociedades de desarrollo intermedio ejercen una función de intermediación en el sistema mundial, sirviendo simultáneamente de puente y de tapón entre los países centrales y los países periféricos. Su modelo de especialización, por ejemplo, tiende a estar dominado por producciones que se desvalorizan en el plano internacional y que, por lo tanto, les dejan de interesar a los países centrales, como puede ser paradigmáticamente ilustrado con el caso de la producción textil en los últimos cincuenta años.

En el caso de Portugal, la función de intermediación se basó durante cinco siglos en el imperio colonial. Portugal era el centro en relación con sus colonias y la periferia en relación con Inglaterra. En

---

[1] Este asunto es tratado con detalle en Santos, 2006: 211-249.

sentido menos técnico se puede decir que durante mucho tiempo fue un país simultáneamente colonizador y colonizado. El 25 de Abril de 1974, Portugal era el país menos desarrollado de Europa y, al mismo tiempo, el único dueño del mayor y más duradero imperio colonial europeo.

El fin del imperio colonial no determinó el fin del carácter intermedio de la sociedad portuguesa, pues estaba inscrito en la matriz de las estructuras y de las prácticas sociales, dotadas de fuerte resistencia e inercia. Pero el fin de la función de intermediación de base colonial hizo que el carácter intermedio que se apoyaba en parte en ella quedara de algún modo suspendido, a la espera de una base alternativa. Esa suspensión social permitió que en el pos-25 de Abril (entre 1974 y 1976) fuera socialmente creíble la pretensión de Portugal de equipararse con los países centrales, e incluso, en algunos aspectos, de asumir posiciones más avanzadas. En 1978, el FMI destruyó la credibilidad de esa pretensión. Desde entonces Portugal entró en un periodo de renegociación de su posición en el sistema mundial, buscando una base capaz de llenar el vacío dejado por la caída del imperio. Al comienzo de la década de los ochenta ya era claro que esa base tendría como elemento fundamental la integración en la comunidad europea.

Puesto que la UE es el centro de una de las tres grandes regiones del sistema mundial —los centros de las otras regiones son Estados Unidos, Japón y, crecientemente, China[2]— la integración en la UE tiende a crear la ilusión aceptable de que Portugal, por integrarse al centro, pasa a ser central, y el discurso político dominante ha sido el gran agente de la inculcación social de la imaginación del centro: estar con Europa es ser como Europa. Con todo, cuando se analiza detalladamente el interior del centro, es fácil verificar que la realidad sigue un camino diferente del de los discursos. En

---

[2] Este sistema multipolar en términos económicos (y unipolar en términos militares) está volviéndose más complejo con el surgimiento del G-20 y de los llamados BRIC (Brasil, Rusia, India y China).

los últimos diez años, la diferencia entre los ingresos nacionales máximos y mínimos en el interior de la comunidad no se atenuó y, con respecto a algunos índices, aumentó incluso la distancia social entre las regiones más desarrolladas y las menos desarrolladas de la comunidad. El modelo de desarrollo seguido en Portugal en los últimos diez años tiene un mayor potencial periferizante que centralizador. Se basa en la desvalorización internacional del trabajo portugués al optar por privilegiar, entre los sectores de exportación, aquellos que se encuentran en creciente proceso de desvalorización internacional, como, por ejemplo, el sector textil. En consecuencia, el patrón de especialización productiva de nuestra economía bajó en los últimos diez años mientras que el modelo español aumentó. Portugal tiene hoy una de las tasas más bajas de desempleo de Europa,[3] pero también tiene una de las más degradadas relaciones salariales. O sea, se privilegió la cantidad del empleo en detrimento de la calidad del empleo, lo que sucede muchas veces en los países periféricos.

En suma, las señales de degradación social son más fuertes que las señales de ascenso. En este contexto las relaciones entre Portugal y España asumen una agudeza especial. Tal como el ascenso de Brasil en el sistema mundial corrió a la par con la degradación de Argentina, es de preguntarse si el ascenso indudable de España, al que algunos (el sociólogo Salvador Giner, entre otros) ya consideran como un país central, no acarreará la degradación de Portugal. Aquí reside ciertamente una de las bases sociológicas del más reciente arranque de iberismo (Natália Correia, Eduardo

---

[3]   Así era en 1994. Hoy, los datos de la OCDE revelan que la tasa de desempleo en Portugal ha venido sufriendo aumentos continuos. En marzo y abril de 2011 subió al 12,6%, en contracorriente con la tendencia de la zona euro, que se mantuvo estable en el 9,9%, y el valor registrado entre las 34 economías de la OCDE, que bajó al 8,1%. En términos de desempleo, Portugal presenta en este momento el valor más elevado de la zona euro (dado que no se encuentran todavía disponibles los datos referentes a Grecia y a Estonia). España, Irlanda y Eslovaquia tienen tasas de desempleo más elevadas que Portugal. La tasa de desempleo española es la más elevada de la zona euro y de la Unión Europea, pues quedó en el 20,7%.

Lourenço, Vasco Pulido Valente, João Palma Ferreira, entre otros). El "federalismo ibérico" está, de hecho, en curso, pero no por vía de renacidas creencias en hispanidades míticas. Procede, eso sí, en buena medida, de la actuación de las grandes multinacionales, que establecen sus cuarteles generales en Madrid o Barcelona y toman como unidad de acción la península ibérica.

Es probable que la integración en la UE mantenga dentro de ciertos límites la degradación de Portugal, pero no es menos probable que para eso Europa se desarrolle a tres velocidades: países centrales; España; Irlanda, Portugal y Grecia. Si así fuera, Portugal consolidará en una nueva base su posición semiperiférica en el sistema mundial.

Esta era, en mi análisis, la situación en 1994. Lo que está en discusión en este momento es saber si la intervención externa de la Troika (UE-BCE-FMI) va o no a mantener dentro de ciertos límites la degradación de Portugal. Está fuera de discusión que aquella pudiera contribuir a su ascenso al estatuto de país europeo desarrollado.

Antes de analizar el impacto previsible de las medidas de austeridad recesiva de los próximos tiempos, y para entender la magnitud de los desafíos que la sociedad portuguesa enfrenta, conviene tener una perspectiva más amplia, tal vez más inquietante, pero también más serena, de lo que está en juego en un país con una historia muy diferente de la de otros países europeos y que siempre mantuvo con Europa una relación tensa, no solo en el plano económico, sino también en el plano político y cultural. Con esto procuro contextualizar la crisis de corto plazo, insertándola en la crisis de mediano y largo plazo.

EL PROBLEMA DEL PASADO COMO EXCESO
DE DIAGNÓSTICO

¿Cuánto pesa el pasado en el presente y en el futuro de Portugal? Este no es un problema específicamente portugués. Es un problema de todos los países periféricos y semiperiféricos en el sistema mundial. La concepción del tiempo lineal que domina la modernidad occidental, esto es, la idea de que la historia tiene una dirección y un sentido únicos, hace que los países centrales o desarrollados, ubicados por esa razón en la punta de la flecha del tiempo, definan como atrasado todo lo que es asimétrico de ellos (Wallerstein, 1984; Santos, 2006: 87-154). Por eso, solo en ellos el pasado no es problemático, ya que justifica y ratifica el éxito del presente.[4]

El problema del pasado puede, pues, definirse como el conjunto de representaciones sobre las condiciones históricas que en una sociedad dada explican las deficiencias del presente, formuladas como atrasos en relación con el presente de los países más desarrollados, y que, por su duración histórica, hacen prever dificultades en la superación de tales deficiencias en el futuro inmediato. En las condiciones del sistema mundial moderno, en la forma como lo conciben las ciencias sociales occidentales, el problema del pasado tiende a ser tanto mayor: a) cuanto más difundida es la percepción social de la distancia entre el país en cuestión y los países más desarrollados que le sirven como referencia; b) cuanto más hegemónica es la representación de que tal distancia podía y debía ser menor; c) cuanto más creíble es la idea de que tal distancia menor no ha sido hasta ahora posible por causas o condiciones internas.

A la luz de estos factores, el problema del pasado en Portugal tenderá a ser grave. Por haber sido uno de los primeros protagonistas de los procesos que condujeron al desarrollo de los países desarrollados de hoy —la expansión europea—, es comprensible que la distancia que ha separado a Portugal de los países más desarrollados en los últimos tres siglos sea considerada excesiva o

---

[4] Dejo aquí de lado la posible excepción de Alemania, un país central cuyo pasado reciente aún hoy es problemático para los propios alemanes y para sus vecinos. El futuro dirá si el modo como Alemania ha venido tratando la crisis financiera de los países del sur de Europa es síntoma de un nuevo nacionalismo imperial alemán y qué consecuencias tendrá para la propia Alemania y para Europa en su conjunto.

inmerecida, que se piense que tal distancia podía hoy ser mucho menor y que, si no es así, es debido a causas internas.

El problema del pasado se manifiesta como exceso de diagnóstico (Santos, 1994: 49-67; Santos, 2001a). El exceso de diagnóstico consiste en la reiteración de las mismas razones para explicar el atraso en muchos y diferentes tiempos y contextos históricos. Veamos algunos ejemplos.

Sobre la emigración:

> Otros se pasan a reinos extraños, principalmente a los de Castilla, por la facilidad de vecindad donde antes de la Aclamación había tantos portugueses que muchas personas afirmaban que la cuarta parte de los moradores de Sevilla eran nacidos en Portugal [...] y por toda Castilla la Vieja y Extremadura es notorio que los más de los trabajadores mecánicos eran naturales de este reino, los cuales por no tener acá en que trabajar se iban allá a ganarse la vida. (Manuel Severim de Faria, 1665: 129)

Sobre el déficit comercial (más importaciones que exportaciones), debido a la debilidad de nuestra producción:

> ¿Quién hay de nosotros que traiga consigo alguna cosa hecha en Portugal? Encontraremos (y ni siquiera todos nosotros) que solo el pañuelo y los zapatos son obras nuestras. (Duarte Ribeiro de Macedo, 1675: 174)

Sobre la discrepancia entre el país oficial y el país real:

> Es preciso que el país de la realidad, el país de las parejas, de las aldeas, de los pueblos, de las ciudades, de las provincias, acabe con el país nominal, inventado en las oficinas, en los cuarteles, en los clubes, en los periódicos, y constituido por las diversas capas del funcionalismo que es y del funcionalismo que se quiere y ha de ser. (Alexandre Herculano, 1982 [1858])

Sobre el modo arbitrario y ligero como se hacen nombramientos para cargos públicos:

Lástima es que para escoger un melón se hagan más pruebas y diligencias sobre su bondad que para escoger un consejero o un ministro. (D. Francisco Manuel de Melo, publicado póstumamente en 1721: 104)

Sobre la construcción de vías de comunicación por fuera del marco de un proyecto de refuerzo de la producción nacional:

Cuando nosotros en Portugal despertamos a la vida económica, nos despertó de nuestro sueño histórico el silbido agudo de la locomotora; y aturdidos por él, supusimos que todo el progreso económico estaba en construir caminos y carrileras. Olvidamos todo lo demás. No pensamos que las facilidades de transporte, si favorecían la corriente de salida de los productos nativos, favorecían igualmente la corriente de entrada de los extranjeros, determinando internacionalmente condiciones de competencia para las que no estábamos preparados y para las que no supimos prepararnos. (Oliveira Martins, 1887: 89)

Sobre la opinión pública y su relación con la democracia:

Si la democracia [...] es el control del gobierno por la opinión pública, la primera esencial condición para la existencia de la democracia será la existencia de la opinión pública consciente y organizada, cosa que en Portugal no se divisa. (António Sérgio, 1920: 252)

Treinta años después del establecimiento de la democracia, ¿cómo funciona el espacio público en Portugal? La constatación inmediata es que no existe. Está por hacerse la historia del que, en ese plano, se abrió y casi se formó durante los años "revolucionarios" del pos-25 de Abril, para después cerrarse, desaparecer y ser sustituido por el espacio de los medios que, en Portugal, no constituye un espacio público. (José Gil, 2004: 25)

Sobre las élites políticas:

En todos los campos de la actividad humana son pequeñas las élites de Portugal: en ningún ámbito, sin embargo, nos encontramos tan pobres como en el político. Además se nota mucho. No hubo de parte de diversos partidos la menor consideración por los valores mentales, el menor interés por nuestros jóvenes. Por eso, lo que hay de más brillante en el pensamiento portugués, de más sano e idealista en las aspiraciones populares, se dispersa por ahí impotente y vago, como simple nebulosa que no toma cuerpo, que no influye en los hechos, que no llega a actuar. (António Sérgio, 1932: 27)

Y todo se desarrolla sin que los conflictos revienten, sin que las conciencias griten, porque todo entra en la impunidad del tiempo —como si el tiempo trajera, inmediatamente, al presente, el olvido de lo que está a la vista, presente. ¿Cómo es posible todo esto? Es posible porque las conciencias viven entre la niebla. (José Gil, 2004: 18)

Lo que es sorprendente en estos pasajes es que los diferentes diagnósticos hechos a lo largo de quinientos años se adecúen, de manera intrigante, a la sociedad portuguesa de hoy. Pero obviamente no cuentan toda la historia. De hecho, la sociedad portuguesa es hoy, como es sabido, muy diferente de lo que era hace quinientos o hace cien años. De ahí una de dos: o los diagnósticos hechos en cada época por las élites culturales portuguesas han sido sistemáticamente errados o, en el mejor de los casos, sistemáticamente parciales y, si encajan, dicen más sobre las élites que sobre el país. O la sociedad portuguesa se ha transformado a través de las condiciones identificadas en los diagnósticos o a pesar de ellas. Esta disyuntiva es todavía más clara cuando consideramos los diagnósticos hechos a lo largo de los siglos por observadores extranjeros que ora contradicen ora corroboran los diagnósticos hechos por los portugueses.

Sospecho que no tenemos condiciones para afirmar cuál de las alternativas es la correcta. Una cosa es cierta: la rectificación posible de algunos de los diagnósticos impide la rectificación posible de otros. Por ejemplo, si es verdad que generalmente las élites están distantes del pueblo, lo que ocasiona su imposibilidad para imaginar o formular una idea coherente del país, no hay ninguna razón para pensar que las élites culturales que hacen este análisis estén más cerca del pueblo que las élites que son objeto de análisis.

En estas circunstancias, el diagnóstico del problema se transforma fácilmente en el problema del diagnóstico. El problema del diagnóstico no es que sea falso o verdadero, sino que esté hecho a partir de las representaciones dominantes sobre una sociedad dada, y como tal las exprese. El problema de la tradición es la tradición que se crea sobre ella. Cuanto más se afirme como *longue durée,* más tenderá a convertirse en exceso de diagnóstico. En el caso portugués, el problema del diagnóstico es particularmente importante porque involucra a otras sociedades que comparten en condiciones desiguales una vasta y multisecular zona de contacto, la zona colonial (Santos, 2001a; Santos, 2006; Santos y Meneses, 2006). ¿En qué medida fueron incorporadas en estos diagnósticos? ¿Cuáles son las consecuencias de tal incorporación? ¿Sufrieron más las consecuencias de los problemas diagnosticados o las consecuencias del problema del diagnóstico? ¿En qué medida unas interfirieron con las otras? ¿Hasta qué punto esa incorporación y ese diagnóstico se alojaron en las realidades de esas sociedades? ¿En qué medida afectaron y afectan su autorrepresentación en el periodo inmediatamente posterior a la liberación del colonialismo portugués? En otras palabras, ¿cuál es el significado poscolonial de los problemas diagnosticados y del problema del diagnóstico?[5]

---

5   Preguntar por el significado poscolonial implica cuestionar hasta qué punto, en los países liberados del colonialismo político, el colonialismo, en tanto forma

Las respuestas a estas y otras preguntas deben tener en cuenta algunos hechos inquietantes. Primero, del vasto espacio geopolítico del imperio portugués no emergió ningún país desarrollado al nivel de los países centrales del sistema mundial moderno. Ni Portugal se convirtió en Inglaterra ni Brasil se convirtió en Estados Unidos. Ambos países son semiperiféricos o de desarrollo intermedio, uno, en el contexto europeo, y otro, en el contexto americano. Segundo, en este espacio geopolítico están localizados algunos de los países más injustos o desiguales del mundo, y ocupan los últimos lugares en la escala de desarrollo humano. Portugal es uno de los países más desiguales de Europa (ver abajo) y Brasil es uno de los países más desiguales del mundo. Por su parte, en la escala de desarrollo humano de la ONU, Guinea-Bissau ocupa el 164.° lugar entre un total de 169 países; Mozambique, el 125.° lugar; Angola, el 146.°; Timor Oriental, el 120.°; Santo Tomás y Príncipe, el 127.°; Cabo Verde, el 118.°; Brasil, el 73.° y Portugal, el 40.° Si comparamos esta última posición con la de las principales potencias coloniales europeas el resultado es el siguiente: Holanda, el 7.°; Francia, el 14.°; España, el 20.°; Inglaterra, el 26.° (PNUD, 2010).

Sin pretender responder a las preguntas arriba formuladas, me propongo reflexionar acerca de los problemas de los que derivan. El problema del diagnóstico se manifiesta en la coexistencia de representaciones contradictorias de rápida transformación y de total inmovilidad. Esta coexistencia resulta de la inserción específica de Portugal —un país semiperiférico— en el moderno sistema-mundo y también afecta a las sociedades que estuvieron sujetas al colonialismo portugués (Santos, 1994; Santos, 2006: 211-255). Debido a esta larga duración, tal inserción creó un complejo palimpsesto de temporalidades e interidentidades que involucran tanto a la zona europea como a la zona colonial. Existen, sin embargo, ciertos momentos históricos en los que

---

de dominación social, continuó fortaleciéndose, no solo en las relaciones con la antigua potencia colonizadora, sino sobre todo en las relaciones internas entre diferentes grupos y clases sociales y entre los ciudadanos y el Estado.

las contradicciones contenidas en este palimpsesto emergen con especial intensidad y se transforman en una cuestión política. En los últimos cien años distingo tres de estos momentos, a los que denomino *gran momento de rechazo, gran momento de aceptación* y *gran momento de tolerancia, o sea, de rechazo disfrazado de aceptación.*

REPRESENTACIONES DESGOBERNADAS: PORTUGAL EN SENTIDO AMPLIO Y PORTUGAL EN SENTIDO RESTRINGIDO

Desde el siglo XV Portugal ha vivido un haz de representaciones sociales en dos zonas o espacios-tiempo: la zona europea y la zona colonial.[6] La idea de zona pretende significar que desde esa época Portugal habita física y simbólicamente espacios-tiempo mucho más vastos que sus límites territoriales y muy diferentes de las realidades que son observables en esos límites. Hay así un Portugal en sentido amplio y un Portugal en sentido restringido.[7] Esta discrepancia está en el origen del exceso de diagnóstico: fue siempre a partir del Portugal en sentido amplio que se diagnosticó el Portugal en sentido restringido. A través de Portugal y de España, la zona europea creó la zona colonial, pero estos países solo muy brevemente fueron centrales en Europa, y esta solo asumió plenamente la importancia de la zona colonial en el siglo XIX, en el momento en que Portugal y España eran muy periféricos en la zona europea. De aquí resulta que Portugal vivió la mayor parte de la edad moderna (la segunda modernidad europea) periféricamente, siempre por fuera del centro o de la zona europea (porque fue central en la zona colonial en un tiem-

---

[6] Me refiero aquí a la Europa occidental que protagonizó la expansión. En su sentido más amplio (incluyendo a Europa central y oriental), la zona europea tuvo su propia zona colonial interna.

[7] Estas categorías se refieren a las representaciones sociales dominantes y por eso no dan cuenta de que el Portugal en sentido amplio incluía vastas poblaciones que no eran portuguesas, que no querían ser portuguesas, y que, cuando querían usufructuar los beneficios de la ciudadanía portuguesa, eran rechazadas y relegadas a categorías subalternas.

po en que esta era periférica para Europa en su totalidad) o de la zona colonial (porque no supo mantener en ella una posición central en el momento en que ella se volvió central para Europa en su totalidad).[8] En el caso de la zona colonial, no solo Portugal vivió en ella por fuera del centro sino durante mucho más tiempo que Europa. La zona colonial en la que vivió Portugal, además de muy vasta, duró mucho tiempo. Permitió que en ella se sedimentara una enorme variedad de relaciones, muchas de las cuales difícilmente se pueden enmarcar en lo que a partir del siglo XIX (y hasta hoy) pasó a llamarse colonialismo europeo. Por habitar esas zonas periféricamente, Portugal nunca pudo asumir la monocultura del tiempo lineal típica de la zona europea. Esta concepción implica dos consecuencias importantes: primera, solo en los países más desarrollados el presente ratifica el pasado y lo vuelve no-problemático, tan poco problemático como el futuro, dado que están reunidas todas las condiciones para que el éxito continúe: quien va al frente, y precisamente por ir al frente, tiene, en principio, la capacidad de impedir que otros más atrasados ocupen su lugar. La segunda consecuencia consiste en el descompás o asincronía entre acontecimientos y ritmos en los países centrales y en los periféricos o semiperiféricos.

Estas asincronías hacen que acontecimientos simultáneos puedan no ser contemporáneos. En el caso de Portugal, no estar en el centro significó ir atrás, e ir atrás implica tener el pasado como problema. Pero más que eso, implica no poder liberarse plenamente del pasado. Por lo tanto, en estas condiciones, la evolución histórica asume la forma de un palimpsesto (Santos, 2001b), en el que los diferentes periodos se van acomodando en diferentes e impredecibles formas, pero siempre sin desaparecer. El palimpsesto se ofrece a lecturas superficiales de rupturas y de continuidades.

---

[8] En el contexto colonial, una presencia fuerte implica un colonialismo con colonos, presencia militar efectiva, o intensa reproducción de las "pequeñas Europas", en el sentido de Edward Said (1978).

EL PALIMPSESTO TEJIDO EN LA DANZA LOCA
DE LAS RUPTURAS Y CONTINUIDADES

Las sociedades son redes complejas de vasos comunicantes donde todo tiene relación con todo. Las infinitas y tantas veces caóticas interacciones entre las diferentes dinámicas, ritmos, impulsos y resistencias en los múltiples campos sociales van definiendo relaciones y articulaciones entre sí que, al estabilizarse, confieren una lógica —una medida— a la sociedad en su conjunto. Es esa medida la que nos permite hablar de sociedades desarrolladas, dinámicas o progresistas, o, por el contrario, de sociedades subdesarrolladas, estancadas o conservadoras. En todos estos tipos de sociedad hay movimientos y transformaciones. Lo que varía es el ritmo y la dirección. Mientras en algunas todos los movimientos convergen con alguna coherencia alrededor de un modelo, en otras hay movimientos y contramovimientos que se neutralizan mutuamente, transformaciones aceleradas al lado de resistencias fuertes al cambio.

En las últimas tres décadas, la sociedad portuguesa pasó por varios procesos acelerados y turbulentos de transformación social que tuvieron impactos intensos, selectivos y contradictorios en diferentes campos de la vida social, y que hasta ahora no se han sedimentado en una nueva medida, o sea, en una nueva imagen coherente de la sociedad en la que los portugueses se redescubran de manera consensual. Esos procesos fueron casi todos de ruptura: de la Revolución de los Claveles a la descolonización, de la transición hacia el socialismo a la transición hacia la democracia, de la intervención del Fondo Monetario Internacional a la integración en la Unión Europea y, ahora, de la intervención de la UE-BCE-FMI hacia un futuro más incierto que antes.

Si nos atenemos a un periodo más corto, el de la posentrada en la Unión Europea, y a las consecuentes transformaciones sectoriales, la imagen de transformación es igualmente fuerte. He aquí un elenco posible de los principales cambios, sin orden de precedencia: de enviar trabajadores emigrantes al extranjero pasamos a recibirlos, venidos de diferentes países (inmigrantes africanos[9] y más tarde inmigrantes de los países de Europa del Este), con la correspondiente alteración de la estructura social y cultural de la población; surgimiento de nuevas formas de organización de la sociedad civil; aumento de las asimetrías regionales e intensificación del proceso de metropolitización territorial (Lisboa y Porto), y, al mismo tiempo, incremento de la intensidad urbana (crecimiento de la oferta de servicios y modelos de consumo) en pequeñas y medianas ciudades; explosión de la microelectrónica (en 1998, solo los escandinavos superaban a los portugueses en el uso de celulares; hoy en día el 84% de los portugueses usan celular, ligeramente por debajo del promedio de 87% en la Europa de los 27); crecimiento de la oferta de educación superior, durante algún tiempo sustentada por la proliferación desordenada de universidades privadas; consolidación del sistema público de seguridad social, y su casi inmediato deterioro; creación de un sistema nacional de ciencia y tecnología; mejoría de los indicadores de pobreza, con un decrecimiento del 24% al 21% de la tasa de pobreza relativa (porcentaje de la población residente con ingresos inferiores al 60% del promedio del ingreso nacional); aumento del trabajo precario (contratos a plazo, desestructuración de las carreras laborales, recibos verdes);[10] crecimiento del desempleo de profesionales; incremento de la discrepancia entre ingresos y modelos de consumo, con el consecuente y dramático

---

[9]   Con la independencia de las antiguas colonias portuguesas, la ciudadanía portuguesa se volvió muy difícil de obtener para los nacidos en las colonias (cuyos padres, abuelos o bisabuelos no habían nacido en Portugal) y para aquellos que no vivían hacía más de cinco años en Portugal antes de 1974. Solo en circunstancias excepcionales (como, por ejemplo, para los veteranos del ejército colonial portugués o los antiguos funcionarios de la administración colonial) los africanos podían pedir con éxito la ciudadanía portuguesa. Esto explica en parte la explosión de "inmigrantes africanos" en Portugal después de 1974.

[10] Los recibos verdes son las notas/documentos fiscales que, en Portugal, los trabajadores independientes (no asalariados) deben pasar a sus clientes para consignar sus ingresos, y calcular los impuestos que deben pagar, así como los pagos que les corresponden a la seguridad social. Sin embargo, muchos de dichos recibos son falsos, porque tales trabajadores independientes no son sino trabajadores precarios, que tienen que trabajar sin contrato para un patrón que no aparece en la documentación.

aumento del endeudamiento de las familias; fortalecimiento del derecho de los hombres a gozar de licencias para el cuidado de los hijos (licencia de paternidad y licencia parental); crecimiento importante de la cultura como área de intervención política del Estado y, sobre todo, de las autarquías;[11] incremento de las industrias culturales, de la producción mediática y de la publicidad, en parte ligado a la privatización de la televisión; surgimiento de nuevos (o viejos, pero hasta ahora no denunciados) tipos de criminalidad, desde el crimen económico organizado hasta las asociaciones criminales, corrupción, tráfico de drogas y de armas, pedofilia; crecimiento de la participación de las mujeres en muchas áreas de la vida social (no política) y, especialmente, en la administración de la justicia; aparente comienzo del fin de la impunidad de los poderosos; aumento de la distancia entre los ciudadanos y el sistema político, con el incremento de la abstención y la débil participación en los referendos; incremento de la mediatización de la política; emergencia y consolidación de una nueva fuerza política, el Bloque de Izquierda; admisión de los derechos reproductivos, de los derechos contra la discriminación racial y sexual y de los derechos de los inmigrantes en el discurso político.

Se puede, pues, concluir que la sociedad portuguesa es una sociedad en rápido movimiento y transformación. ¿Cuáles son el ritmo, la medida y el sentido de este movimiento y de esta transformación? No es fácil responder a esta pregunta. Por dos razones: por un lado, las grandes transformaciones significaron procesos de ruptura y de rupturas en sentidos políticos distintos y hasta opuestos. Por otro lado, crearon expectativas que muchas veces no se cumplieron y pusieron en movimiento transformaciones que fueron frecuentemente bloqueadas. Así, las rupturas acabaron por convivir subrepticiamente con las continuidades, algunas a lo largo de siglos, otras venidas de muy cerca, del fascismo. Dependiendo de la mirada y de la perspectiva, la sociedad portugue-

---

[11] Las autarquías en Portugal son los gobiernos locales de los municipios, esto es, las alcaldías.

sa puede ser vista de manera verosímil como una sociedad ansiosa por el cambio o, por el contrario, como una sociedad resistente al cambio; como una sociedad en un movimiento vertiginoso o, por el contrario, como una sociedad paralizada por el vértigo.

Estas dos percepciones están profundamente enraizadas en el imaginario de los portugueses. Y ambas son, en alguna medida, ilusorias. Ni la época del salazarismo fue solo de inmovilidad, ni la época del 25 de Abril ha sido solo de transformación. Si en la primera época el cambio ocurrió bajo la forma de la inmovilidad, en la segunda época la inmovilidad se puede estar presentando bajo la forma de la transformación. Este cambio en las formas vivenciales de las dos épocas es en sí mismo significativo. En la primera época, la transformación estaba socialmente desvalorizada, ocurriendo subterránea y anónimamente. Fue por eso que el 25 de Abril tomó por sorpresa a la gran mayoría de los portugueses. En la segunda época es la inmovilidad la que está socialmente desvalorizada, a punto de volverse innombrable o irrepresentable. La negación de la inmovilidad es también la negación de la ruptura con ella. El hecho de que el 25 de Abril esté desvalorizado y no se enseñe en la gran mayoría de las escuelas no significa que se desvalorice la ruptura con la inmovilidad de la sociedad anterior. Se desvaloriza, eso sí, la idea de que la sociedad anterior alguna vez haya existido de forma diferente y relevante para la sociedad de hoy.

Se puede, pues, concluir que por estas razones conviven hoy imágenes extremas y aun contradictorias de la transformación social en la sociedad portuguesa, donde, o bien se confirma la inmovilidad atávica producida por la resistencia de los "materiales", o bien se enaltece la extraordinaria plasticidad y levedad de la existencia colectiva. Tal es la constelación política y vivencial propia de un tiempo de transición, de un periodo intermedio que, por lo demás, es también un tiempo de transición entre lugares, entre la zona europea y la zona colonial. El entrecruzamiento de percepciones hace difícil formular un juicio o definir una medida sobre las transformaciones en curso. ¿Es más significativo que en menos de veinte años la sociedad portuguesa haya tenido una profunda transición demográfica[12] o en menos de diez una revolución en el consumo de microelectrónica o, por el contrario, que continúe, como hace siglos, formando la mano de obra menos calificada de Europa o premiando la ganancia fácil en detrimento del trabajo y de la inversión productivos? ¿Es más significativo que haya pasado de ser un país de emigrantes (que incluye un fuerte componente de emigración "interna" hacia las colonias) a ser un país de inmigrantes (que incluye un fuerte componente proveniente de las ex colonias) o que continúe manteniendo los salarios más bajos de Europa?[13]

Por otro lado, si unos piensan que los cambios acabaron por arrastrar consigo las continuidades, otros piensan que las continuidades acabaron por boicotear o volver irrelevantes las transformaciones. Curiosamente, estas divergencias no potencian, al contrario de lo que se pudiera pensar, el surgimiento de divisiones políticas o culturales fuertes. Es porque ningún portugués o grupo social está de lado de la valorización del cambio o de la continuidad en todas las áreas de la vida social. Si en algunas áreas se valoriza el cambio, en otras se valoriza la continuidad. Y como los cambios o las continuidades pueden tener, en la gran mayoría de los casos, aspectos positivos y aspectos negativos, algunos las ven en lo que tienen de negativo mientras otros las ven en lo que tienen de positivo.

Para entender este palimpsesto e identificar su significado —en cuanto problema del pasado que se afirma en el presente como modo específico de ver el futuro— es necesario analizar las relaciones entre la zona europea y la zona colonial en el imaginario de la sociedad portuguesa y de las sociedades colonizadas por ella. Como lo mencioné arriba, el problema del pasado surge en

---

[12] La transición consistió en una caída rápida en la tasa de fecundidad, en el aumento de la longevidad (y en el consecuente envejecimiento demográfico) y en el aumento de la inmigración.

[13] Entre los países de la zona euro, solo Eslovaquia y Estonia mantienen salarios mínimos inferiores al portugués. En el conjunto de la Europa de los 27, Bulgaria, Rumania, Lituania, Hungría, Letonia, República Checa y Polonia presentan valores inferiores.

la modernidad occidental como resultado de la concepción del tiempo lineal y de las asincronías que aquella establece entre los países que van al frente de la historia y los que van atrás. Si, para Portugal, el problema del pasado es sobre todo un problema de exceso de diagnóstico derivado de un atraso estructural en relación con los países centrales de la zona europea, para las colonias y ahora ex colonias, el problema del pasado deriva del desvío de la norma colonial y se manifiesta a través de la coexistencia, aparentemente contradictoria, de un déficit de colonización y de un exceso de colonización. El primero se manifiesta contradictoriamente, bien como el fardo de haber sido colonizados por un país atrasado en el contexto europeo, bien como la oportunidad para desarrollos autónomos, históricamente creada por la ineficiencia del colonialismo portugués. El exceso de colonización reside en el hecho de que, dada la subordinación casi colonial de Portugal a los países centrales de Europa, sobre todo a Inglaterra, las colonias hayan acabado por sufrir el impacto de una doble colonización, por parte de Portugal y por parte de otros países europeos, especialmente de Inglaterra. Pero también aquí este exceso puede contradictoriamente haber contribuido a crear oportunidades de desarrollo autónomo. Por ser dos espacios-tiempo de larga duración, hay que escoger los momentos que mejor pueden esclarecer el problema del pasado en este espacio de lengua oficial portuguesa.

A mi entender, los mejores momentos son aquellos en que la condición semiperiférica de Portugal fue más fuertemente cuestionada, o sea, cuando la condición socioeconómica semiperiférica se transformó en una cuestión política. Tal transformación ocurrió en el pasado en dos contextos opuestos: el primero es *el momento de rechazo* del país por parte de los países europeos centrales y, con él, de la eventual degradación en el sistema mundial; el segundo es *el momento de aceptación* del país por parte de los países centrales y, con ella, del eventual ascenso en el sistema mundial. El momento más dramático de cuestionamiento por el rechazo ocurrió al final del siglo XIX, con la Conferencia de Berlín (1884-1885) y el Ultimato Inglés (1890). El momento más dramático de cuestionamiento por la aceptación ocurrió al final del siglo XX con la Revolución del 25 de Abril de 1974 y la adhesión, en 1986, a la entonces Comunidad Económica Europea, hoy Unión Europea. El tercer momento es el que estamos viviendo ahora, y este también interpela profundamente nuestra condición semiperiférica en el contexto europeo. Es un momento de apertura, cuyo diseño inicial parece apuntar hacia un *momento de tolerancia*, un *momento de rechazo disfrazado de aceptación*.

En los dos primeros momentos, las relaciones entre la zona europea y la zona colonial son cruciales. Podemos designar el primer momento —el momento de rechazo— como *momento europeo colonial*, y el segundo momento —el momento de aceptación— como *momento europeo neocolonial*. El desempeño de Portugal en los dos momentos tendrá una importancia decisiva, no solo para la sociedad portuguesa, sino también para las sociedades coloniales. En el momento de rechazo, las relaciones entre la zona europea y la zona colonial son particularmente tensas y densas. Es el momento en que los países centrales de la zona europea convierten la zona colonial en una zona prioritaria para el proyecto de desarrollo del capitalismo europeo. Portugal surge en ese momento como un obstáculo: sin tener ningún papel relevante en ese proyecto, el control jurídico que detenta sobre vastos territorios africanos es un impedimento para que estos puedan ser debidamente aprovechados como recursos coloniales. En el momento de aceptación de Portugal por parte de los países centrales de la zona europea las relaciones entre esta y la zona colonial están profundamente cambiadas, pues para esos países la zona colonial dejó de existir en cuanto tal y pasó a existir como conjunto de países formalmente independientes, integrados en comunidades trasnacionales dominadas económica y políticamente por las ex potencias coloniales (integración neocolonial). Entre el final de la Segunda Guerra Mundial y el momento de aceptación, el anacronismo de Portugal en la zona europea fue doble: en cuanto dictadura en una Europa occidental democrática y en cuanto país europeo periférico que insiste en mantener mediante la violencia el control sobre una zona colonial considerada obsoleta.

EL MOMENTO EUROPEO DE RECHAZO (1890-1930)

La Conferencia de Berlín sobre la repartición de África (1884-1885) y el Ultimato Inglés (1890) fueron el gran momento de rechazo de Portugal por parte de Europa. Hubo en los siglos anteriores otros momentos en que Portugal se vio rechazado por la Europa desarrollada, pero este fue el momento del gran rechazo.[14]

Desde el siglo XV prácticamente todos los diagnósticos de la presencia histórica de Portugal y de su devenir toman como punto de partida (y a veces también de llegada) la expansión y después el colonialismo. La expansión es el mito fundador del Portugal moderno. O sea, Portugal funda su presencia en la zona europea a partir de su papel central en la constitución de la moderna zona colonial. La zona colonial garantizó la independencia política de Portugal en la zona europea, al mismo tiempo que impidió la constitución de una burguesía nacional y de un proyecto nacional de desarrollo capaz de garantizar una presencia central en la zona europea. No sorprende que, directa o indirectamente, incidan siempre sobre la zona colonial los diagnósticos hechos en los siglos anteriores.

El momento inicial de la expansión fue un momento extremadamente creativo. Constituyó un campo de posibilidades caóticas, tan vulnerables a las fulguraciones como al aventurerismo propio y ajeno, tan excitantes como mediocres, tan justificativos de *Os Lusíadas* como de *El soldado práctico*.[15] Esa creatividad le permitió a Portugal haber sido uno de los protagonistas de la primera modernidad europea, la modernidad ibérica (Dussel,

---

[14]   Sobre este asunto, ver Santos y Meneses, 2006.

[15]   Diálogo publicado en 1590, en el cual Diogo de Couto (1542-1616) da cuenta de la mediocridad y frecuente corrupción de las prácticas de las autoridades coloniales portuguesas.

1998; Santos, 2006). Es la modernidad de Pedro Fonseca, el Aristóteles portugués, y de Suarez, la modernidad de los Conimbricenses, como fueron conocidos en su tiempo.[16] Las obras de estos autores fueron enseñadas en toda Europa. Una de las obras de Pedro Fonseca tuvo 36 ediciones y fue leída por Descartes y Leibniz (Fonseca, 1964). O sea, lo que vino a ser designado como modernidad europea, de Descartes a Kant, fue de hecho una segunda modernidad, la de Europa central, que se alimentó de la modernidad ibérica, una modernidad que, por haber sido protagonizada por países que entraron rápidamente en decadencia, no fue siquiera reconocida como tal en los siglos siguientes. Esta segunda modernidad que Portugal, de algún modo, perdió, fue un largo periodo de inserción dependiente que generó lo que designé arriba como problema del pasado.

Una de las demostraciones más dramáticas de esta pérdida y de la subalternización que ella acarreó fue la Conferencia de Berlín sobre la repartición de África (1884-1885) y el Ultimato Inglés (1890) contra la pretensión portuguesa de mantener sobre su jurisdicción los vastos territorios de África Austral entre Angola y Mozambique. El mejor punto de observación de este momento son las colonias que hasta entonces habían sido menos centrales en el interior de la zona colonial, al punto de haber existido varias propuestas de vender Mozambique y otras colonias, a lo largo de la segunda mitad del siglo XIX, con el fin de resolver la grave crisis financiera del país (Oliveira Martins, 1904; Queiroz, 1965).

La repartición de África concertada en la Conferencia de Berlín es una demostración elocuente de la subalternización de Portugal en la zona europea.[17] El criterio de repartición deja de ser el derecho histórico del descubrimiento, reivindicado por Portugal, para pasar a ser el de la ocupación efectiva, favorable a las pretensiones colonialistas de los países europeos centrales.

---

[16] Sobre este asunto, ver también Batista Pereira, 1967; Coxito, 1980, 2001; Martins, 1989; y Doyle, 2001.

[17] Portugal no fue siquiera invitado a asistir a la conferencia previa, promovida por Bélgica y Alemania.

La subalternización de Portugal alcanza el paroxismo con el Ultimato, el gran momento de rechazo. Portugal no pudo contar con ninguna solidaridad efectiva por parte de los otros países europeos, y se rindió sin gloria a las imposiciones de Inglaterra. En vísperas del Ultimato, António Ennes escribió en su periódico algo que en estos días es perturbadoramente actual:

> Inglaterra se va a establecer en el interior de nuestras posesiones y, seguramente, si no tenemos especial cuidado, nos echará al mar. Contar con Europa, lo que era como decir contar con Alemania, para defendernos, es puro absurdo; no moverían una paja en nuestro favor. (Ennes, 1946: XLIX)

El Ultimato generó una gran oleada de nacionalismo y de polémica sobre la identidad nacional y desencadenó una convulsión política que se tradujo en la destitución de varios gobiernos. El 11 de junio de 1891 finalmente se firmó un tratado con Inglaterra, que acogía casi todas las pretensiones de esta.

El rechazo europeo, tal como se repetiría en nuestros días, provocó en el país el deseo de seguir la norma europea sin tener en cuenta nuestra especificidad. Inglaterra, que fuera el verdugo brutal de nuestras aspiraciones imperiales, se convirtió en el modelo a seguir en los restos del imperio que nos dejara. António Ennes fue el estratega colonial más consecuente en este momento europeo colonial, y su filosofía política colonial y las vicisitudes de su actuación son la mejor ilustración de los dilemas de la posición descentrada de Portugal, tanto en la zona europea como en la zona colonial.

En su primer informe sobre Mozambique, Ennes abandona los idealismos de la "herencia sagrada", y en un estilo pragmático, que revela claras afinidades con el colonialismo inglés, traza un plan objetivo que permita aprovechar las reales potencialidades de la colonia, con los correspondientes y deseables beneficios para la metrópoli. Los dos grandes rasgos del colonialismo hegemónico de la época, el trabajo forzado y el racismo, son centrales en su propuesta política. Pero rápidamente Ennes se da cuenta de que las condiciones que encuentra, tanto en Mozambique como en la metrópoli, hacen imposible la concretización de su plan y de sus propuestas. Las reacciones negativas de la burguesía blanca local contra su actuación política y la incomprensión del gobierno de Lisboa (que, con inversiones minúsculas, esperaba resultados estruendosos) causan en él un profundo desencanto y lo llevan a concluir la inviabilidad de un Estado colonial portugués semejante al que Cecil Rhodes estaba construyendo en los países vecinos (casi colonias "particulares", semejantes al Congo Belga). El 27 de junio de 1895 le escribe a su hija:

> Cuando consiga zafarme de aquí, daré por terminada completamente mi vida pública. ¡No quiero ser ninguna cosa más de este país en descomposición!... ¡Todo está podrido! […] no se puede gobernar con tal gente. No se puede hacer nada con ella. (Citado por Caetano, 1947: 104)

Lo mismo ocurriría con otro alto funcionario colonial que quiso, en la línea de António Ennes, refundar el colonialismo portugués a imagen del colonialismo europeo, o sea, inglés. Me refiero a Mouzinho de Albuquerque, quien llega a Mozambique en septiembre de 1890, después de una estadía en la India que hizo de él un fervoroso admirador del colonialismo inglés. Las ventajas del *indirect rule* que agilizaba las relaciones entre la metrópoli y las colonias captaron la atención de Mouzinho:

> ¡Compárense estas administraciones tan simples e independientes, tan poco burocráticas, estos países tan poco funcionalizados, con la de cualquier colonia portuguesa, maniatada por un número infinito de leyes, resoluciones, reglamentos y órdenes enviadas de la metrópoli sin ton ni son, exhausta por una plétora de funcionarios públicos, en general mal pagados y peor escogidos en Lisboa, ocupados en minutar, copiar, registrar, expedir un sin número de oficios, duplicados, triplicados, circulares, etc, casi todos tan innecesarios! (Albuquerque, 1899: 68)

Ante la negativa de Terreiro do Paço a concederle un gran préstamo para el desarrollo de la colonia, Mouzinho renunció a su cargo en 1898. En una larga carta que les dirige a sus subordinados se revela contra los males de la administración directa de las colonias por parte del gobierno central. El Rey, que siempre lo admiró, le encargó la educación del Príncipe D. Luís Filipe. En una carta que le escribió a este en 1900-1901, Mouzinho se desahoga amargamente:

> ¡Todo es pequeño en este nuestro Portugal de hoy! El mar ya no es corral de nuestras naves sino pasto de acorazados extranjeros; se nos fueron más de tres partes del Imperio de ultramar, y Dios sabe qué dolorosas sorpresas nos reserva el futuro. (Albuquerque, 1955)

Incomprendido en su defensa de una dictadura militar que aplastara la creciente amenaza republicana, Mouzinho se suicidó el 8 de enero de 1902. Raul Brandão escribió sobre este suicidio en sus memorias:

> Trajo de África un sueño desmedido de un Portugal mayor y creyó encontrar en Paço y en el Rey el apoyo necesario para realizarlo. Se topó con los políticos y la Corte, con la fuerza obstinada y ciega de la mediocridad y de la inercia [...] la muerte de Mouzinho se explica en este descalabro de un creador de heroísmo incomprendido e inutilizado. (Brandão, 1988: 145)

Los fracasos de António Ennes y de Mouzinho de Albuquerque no son explicables por las idiosincrasias de sus personalidades políticas. Hay que ir mucho más al fondo que eso. En primer lugar, la incomprensión de la que son blanco revela la ausencia de un proyecto nacional de incorporación en el proyecto europeo colonialista de este periodo. Pensada a partir de Lisboa, la incorporación fue siempre reactiva, más vuelta hacia el pasado que hacia el futuro (basada en derechos históricos), y tenía como meta la continuación de la exploración esporádica, inmediatista y aventurera de las colonias. Al contrario de lo que ocurría en

Inglaterra, no existía una burguesía nacional interesada en poner las colonias al servicio de su desarrollo en la zona europea y capaz de hacerlo. La posición periférica de Portugal en la zona europea hacía imposible una nueva centralidad de la zona colonial. Una vez garantizada su independencia, por más precaria y formal que fuera, estaba realizado lo que se entendía por proyecto nacional. Antero de Quental identificó con gran lucidez la fragilidad de esta posición. Días después del Ultimato escribía en *A Província*:

> Portugal o se reformará política, intelectual y moralmente o dejará de existir. Pero la reforma, para ser fecunda, debe partir de adentro y de lo más profundo de nuestro ser colectivo: debe ser, antes que nada, una reforma de los sentimientos y de las costumbres. (Quental, 1890: 220)

Y agregaba con amargura en otro contexto, finalmente tan cercano del nuestro en este primer año de la segunda década del siglo XXI:

> Hay toda una humanidad en disolución, de la que es preciso extraer una humanidad viva, sana, creyente y hermosa. [...] Todavía hay quien piensa y sabe hoy que Europa no es Portugal, no es Lisboa, [...] es París, es Londres, es Berlín. (1923: 330-331)

En el periodo intermedio entre la tercera década del siglo pasado y 1974, el fascismo transformó el rechazo europeo en motivo de exaltación nacionalista y llevó la especificidad de Portugal al paroxismo de mito fundacional. Después de la Segunda Guerra Mundial el régimen fascista fue fatal para las aspiraciones de ascenso de la sociedad portuguesa en el interior del sistema mundial. Además, su larga duración hizo que el rechazo europeo se metamorfoseara y que el aislacionismo nacionalista se reinventara. El momento inicial de rechazo (Conferencia de Berlín y Ultimato) ocurrió por no ser colonizadores competentes en el contexto de la Europa imperial. Después de 1945 el rechazo ocurrió por no ser descolonizadores competentes. La Europa de la posguerra procuraba reinventar (no abandonar) el imperialismo, respondiendo a las luchas por la liberación nacional con el neocolonialismo, o sea, con la aceptación de las independencias bajo la condición de mantener como rehenes privilegios de dominación económica y aun militar concedidos a las potencias llamadas ex coloniales. El fascismo optó por el viejo imperialismo y el viejo colonialismo, ciertamente por entender que Portugal, así como no pudo ser un colonizador competente, no podría ser ahora un descolonizador competente, es decir que dada su condición semiperiférica no tendría poder para mantener lazos neocoloniales con las ex colonias. Europa, salida de las ruinas de la guerra hacia la democracia y hacia el neocolonialismo, rechaza al Portugal dictatorial y colonial. Pero el rechazo nunca es total, evoluciona a lo largo del tiempo, y es incluso oportunamente sustituido por la aceptación más o menos disfrazada, siempre que el colonialismo portugués sirva a los intereses superiores de Occidente, o sea, de la Guerra Fría.

La trascendente importancia de la Revolución del 25 de Abril de 1974 residió en mostrar, por un lado, que la democracia era un valor en sí y que, por eso, no dependía de oportunismos geoestratégicos; y, por otro, que la ausencia de lazos neocoloniales tras las independencias no era una debilidad de Portugal. Era simultáneamente la manifestación inaugural de la nueva democracia y la manifestación, tardía pero genuina, del respeto por las luchas y aspiraciones de los movimientos de liberación nacional.

EL MOMENTO EUROPEO DE ACEPTACIÓN (1974-2011)

El momento europeo neocolonial es el gran momento de aceptación de Portugal en la Europa desarrollada. Si el momento de rechazo confirmó que Portugal había perdido el tren de la segunda modernidad europea, el momento de aceptación plantea la pregunta de saber si Portugal puede ahora tomar el tren del periodo que sigue a la segunda modernidad.

El periodo de veinte años entre Mayo de 1968 y la caída del Muro de Berlín (1989) marca efectivamente el fin de la segunda modernidad europea y el inicio de una larga transición paradigmática hacia una tercera modernidad, hacia una transmodernidad o hacia una posmodernidad, el nombre poco interesa aquí.[18] ¿El hecho de que Portugal haya tenido una inserción periférica en la segunda modernidad determina su desempeño, en este momento de aceptación, en el centro de la zona europea en un periodo de transición paradigmática?

En el periodo que marcó el fin de la segunda modernidad europea, 1968-1989, ocurrieron en Portugal tres mega-acontecimientos: la Revolución del 25 de Abril de 1974; el fin del imperio colonial en 1975, y la entrada a Portugal en el mismo año de cerca de 500.000 ciudadanos portugueses nacidos en su mayoría en las colonias (los "retornados"), provenientes de las ex colonias; y la adhesión a la Unión Europea. El significado de estos acontecimientos está en discusión, pero no es arriesgado pensar que a través de ellos Portugal buscó liquidar finalmente el debe y el haber de su primera modernidad. Lo hizo en el mismo periodo en que la Europa desarrollada cerraba las cuentas de la segunda modernidad e iniciaba la época de una nueva transición, por entonces incierta. En Portugal y en Europa coincidieron, pues, las transiciones, pero ciertamente desde realidades diferentes y hacia realidades que solo con muy buena voluntad pueden ser imaginadas como convergentes en el corto plazo. Esta asincronía tiene una larga duración, pero no está sujeta a ningún férreo determinismo. De hecho las políticas de convergencia de la Unión Europea, los fondos estructurales y los fondos de cohesión, fueron imaginados como una generosa y eficaz ingeniería político-económica capaz de permitirle a Portugal el corto circuito de realizar plenamente su segunda modernidad, en pocas décadas —lo que a los países europeos desarrollados les había tomado dos siglos—, y así llegar a coincidir con el resto de Europa, solo con un ligero retraso, en las tareas de transición hacia la nueva modernidad, transmodernidad o posmodernidad.

---

[18] Sobre la transición paradigmática, ver Santos, 1995, 2000 y 2008.

El hecho de que aquello no haya ocurrido ni sea probable que suceda a corto plazo no afecta en nada la importancia de las transformaciones en este último periodo. A través de ellas Portugal es el único país europeo que, a lo largo de su decurso histórico, abre el camino hacia una refundación de su identidad y, de hecho, hacia la constitución de un nuevo mito fundador. Al mito de la expansión le sigue el mito de Europa, un siglo después de la refundación propuesta por Antero de Quental. Durante mucho tiempo el primero todavía será vigente y el segundo apenas emergente, pero el movimiento de transmitificación parece evidente.[19] En términos socioculturales —para no hablar de las dimensiones económica y política— es un proceso particularmente complejo. El mito de la expansión funcionó, en el gran momento de rechazo, como un imaginario que le permitía a Portugal, porque tenía colonias, "prescindir" de Europa.[20] El mito de Europa funciona, en el gran momento de aceptación, como un imaginario que le permite a Portugal "prescindir" de las relaciones con las ex colonias porque es Europa.

La magnitud de lo que está en juego puede ser fácilmente ilustrada. Mientras la zona colonial le garantizó la independencia a Portugal en una Europa westfaliana emergente, pero no le garantizó un proyecto nacional de desarrollo por falta de una burguesía nacional, la Unión Europea le confirma la independencia, reconfigurándola en un contexto poswestfaliano, y sustituye la ausencia de un proyecto nacional por la incorporación nacional en un proyecto trasnacional. La independencia, hecha posible por la expansión, fue estructuralmente precaria, desde el Tratado de Metween (1703) hasta las invasiones francesas (1807-1810) y

---

[19] Para Eduardo Lourenço tal posibilidad no existe: "toda la lectura de nuestro pasado como digno de memoria está suspendida del 'hecho' de los Descubrimientos. Y como esa lectura es una trama densa de textos en los que ese 'hecho' se comentó, glosó, cantó, analizó pero raramente se discutió, en ella y con ella se constituyó el mito portugués, por excelencia, de pueblo descubridor. No tenemos otro" (2005: 35).

[20] Pensamiento expresado de forma ejemplar en la máxima salazarista: "Orgullosamente solos".

el Ultimato (1890). No se puede imaginar otra potencia colonial obligada a la necesidad de transferir la capital del Imperio hacia su colonia principal (Brasil) con el fin de sobrevivir. En la Unión Europea la precariedad de la independencia se reprodujo bajo otra forma más legítimamente pactada.

En cuanto al proyecto de desarrollo nacional, la Unión Europea aparentemente alivió a Portugal de un peso histórico: en las nuevas condiciones creadas por la Unión Europea, Portugal, que nunca tuvo una verdadera revolución burguesa, dejó de tener que preocuparse por las consecuencias negativas de tal falta. El 25 de Abril que, de alguna manera, creó las condiciones políticas para el florecimiento de una burguesía nacional, ocurrió en un momento en que la época de las burguesías nacionales, como actores políticos, había pasado. La burguesía portuguesa que de hecho apoyó el 25 de Abril era la más internacionalizada y no tuvo fuerza siquiera para sostener las nacionalizaciones. Cuando se reconstituyó, estaba aún más internacionalizada y solo a la espera de la Unión Europea. En la Unión Europea, Portugal tiene y tendrá empresarios y trabajadores, tiene y tendrá capital y trabajo, pero no tiene ni tendrá una burguesía nacional, como actor político coherente, creíble y eficaz. Esta burguesía está dividida entre un sector plenamente internacionalizado, para el cual el Estado portugués es demasiado pequeño para tener otra importancia que no sea la de facilitar las grandes inversiones y reducir los impuestos y los gastos sociales, y un sector nacional, para el cual el Estado portugués es demasiado grande para poder ser políticamente instrumentalizado, no quedándole otro medio de manipulación sino la pequeña y mediana corrupción y la evasión fiscal.[21]

Las señales de las transformaciones en curso apuntan hacia algunos paralelos perturbadores con lo que ocurrió en el gran momento de rechazo. Destaco dos: en ambos momentos está en

---

[21] Entre los dos sectores hay muchas articulaciones, por lo cual las estrategias del segundo sector le sirven muchas veces al primero, aunque este se mantenga formalmente distante de ellas.

juego la incorporación de Portugal en un proyecto transnacional de desarrollo capitalista. En el momento de rechazo se trataba del proyecto colonial europeo; en el momento de aceptación se trata del proyecto de integración europea que presupone la eliminación de la zona colonial y el neocolonialismo. En ambos momentos, la integración exitosa en el proyecto transnacional presupone la existencia de un proyecto nacional de incorporación y la capacidad económica y política para llevarlo a cabo.

Aparentemente la Unión Europea representa el fin de la multisecular ausencia de proyecto del país. Finalmente, Portugal es parte de un verdadero proyecto que excede en muchos aspectos su presente, que tiene objetivos claros y dispone de un plan, métodos y estrategias para alcanzarlos. Es, además de eso, un proyecto hegemónico, o sea, un proyecto que suscita el más generalizado consenso en la sociedad portuguesa. Parecen, pues, creadas las condiciones para que el Portugal en sentido amplio se despreocupe del Portugal en sentido restringido. Pienso, no obstante, que el proyecto europeo, por lo menos hasta ahora, es una versión más de la ausencia de proyecto. Sin duda que la entrada en la Unión Europea transformó profundamente la sociedad portuguesa y, en la gran mayoría de los casos, se trató de una transformación positiva, para mejorar. Sin embargo, pienso que hasta el presente esas transformaciones han sido menos asumidas como parte de un proyecto que fue adoptado en su peso y medida que como resultado auspicioso de nuevas rutinas impuestas desde afuera. Parece que Portugal está en el proyecto europeo, pero todavía no es el proyecto europeo. Así como estuvo en las colonias sin ser un colonizador efectivo. Tal como entonces, está en el lugar, por fuera de la norma hegemónica de estar.

No se trata solo de un déficit. Portugal no es todavía el proyecto europeo porque tal vez acoge experiencias, sociabilidades y culturas que desbordan el proyecto europeo. Lo que es menos-que-Europa puede ser visto como más-que-Europa. Del mismo modo, el hecho de no haber sido un colonizador efectivo significó también la posibilidad de tejer relaciones no coloniales en el interior de la zona colonial. Haber estado del lado de acá del colonizador le permitió también estar más allá del colonizador. Este modo de estar es tan intenso como furtivo.

Esta continuidad está bien expresada en el aventurerismo que caracteriza el modo como fueron utilizados los fondos estructurales[22] y de cohesión, en muchos aspectos semejante al aventurerismo que caracterizó el modo como fueron exploradas las colonias. En estas, los portugueses fueron casi siempre aventureros y pocas veces colonos. Explotaron con insaciable avidez la riqueza fácil y a la mano, pero raramente se instalaron para, con trabajo y tecnología, valorar los recursos locales y multiplicarlos en proyectos de desarrollo sostenible, como se diría hoy.[23]

En el caso de los fondos estructurales y de cohesión, se permitió que estos se volvieran presa fácil de la corrupción impune, enterrándolos bajo cemento y concreto en vez de ponerlos al servicio del cambio educativo y científico-tecnológico que le permitiría a Portugal apropiarse del proyecto europeo, haciéndolo verdaderamente suyo. De ahí que Portugal esté en el proyecto europeo más como huésped que como anfitrión en este momento. Hasta ahora, la entrada en la Unión Europea es una versión más de la falta-de-proyecto-hecha-proyecto-de-sí-misma.

Por estas razones la falta-de-proyecto-hecha-proyecto-de-sí-misma es lo que mejor caracterizó el periodo intermedio que podemos estar ahora abandonando, un tiempo de reajustes entre palimpsestos de sedimentaciones históricas y simbólicas. Tal falta tuvo una enorme plasticidad, que le permitió transfigurarse simultáneamente en inmovilidad y en cambio. Hizo posible tanto el quijotismo como la rutina-hecha-realismo. Esta última consiste en la renuncia a cambiar la realidad por ser imposible cambiarla de modo consistente y planeado. El cambio consistente y planeado de la realidad exige un proyecto; no habiendo

---

[22]   Estos fondos se destinaban a ayudar a los países menos desarrollados (como Portugal, España, Grecia e Irlanda) a acelerar su convergencia en relación con el "promedio europeo", en el momento en que se unieran a la UE.

[23]   Tal vez con la excepción de Angola y, en menor medida, de Mozambique, en la fase final del ciclo imperial.

proyecto, la rutina es el mejor seguro contra el futuro incierto. Es sorprendente que en estos últimos treinta años se hayan mantenido tantas rutinas ancestrales y se hayan creado rápidamente otras, solo cosméticamente distintas de las que las precedieron, en el Parlamento y en los periódicos, en las universidades y en las fábricas, en la administración pública y en el gobierno, en la familia y en la calle. Contra el proyecto, el método, el rigor, la persistencia y la responsabilización, la rutina es el gobierno de lo conocido por lo conocido, la facilidad propia del dejar correr. La rutina incierta es una forma de rendición de cuentas que mal se distingue de la irresponsabilidad y de la impunidad.

EL MOMENTO EUROPEO DE LA TOLERANCIA, O SEA, DEL RECHAZO DISFRAZADO DE ACEPTACIÓN (2011-)

El momento de la aceptación europea fue más ambiguo de lo que pareció mientras lo vivimos. Acabó por ser una demostración más de las dificultades del país para salir de su estatuto semiperiférico. Podemos decir que España aprovechó mejor que Portugal la oportunidad europea. Tenía una economía abierta hacía más tiempo (Franco abrió la economía al mismo tiempo que Salazar la cerró), y pudo transformar a Portugal en la palanca inicial de su expansión por vía de la integración europea. Una integración ibérica desigual condujo a una integración europea desigual de los dos países ibéricos.

El nuevo momento en que acabamos de entrar se sustrae, por ahora, a un análisis consistente. Por lo que ya es posible ver, es el momento en que se deshacen las ilusiones del ascenso fácil por vía de la integración en la UE. Es un momento de gran frustración y se presta a todas las acusaciones y atribuciones de culpa. El comportamiento que adoptamos en el segundo momento impide que nos eximamos de culpas seriamente en lo que está pasando. Pero es obvio que, como en otros momentos anteriores, nuestros tiempos no coincidieron con los tiempos hegemónicos, y el hecho de que haya sucedido tal cosa no es culpa nuestra. Es aquí donde el diagnóstico de la crisis deja de ser portugués para pasar a ser europeo e incluso mundial. En retrospectiva, es posible decir que entramos en la UE en el momento en que el neoliberalismo iba ganando terreno en el interior de Europa con la por entonces ya anunciada crisis del Modelo Social Europeo. O sea, la superación de nuestra falta de proyecto nacional por vía de la integración en el proyecto europeo estaba frustrada desde el comienzo porque en el momento en que nos integramos ese proyecto ya estaba en crisis, aunque entonces no fuera evidente. La profundización de la integración, con el Tratado de Maastricht en 1992, creó una euforia integracionista que dejaba sin protección los intereses de los países periféricos, y la situación de estos se fue deteriorando en la medida en que los tres pilares de la integración se fueron poniendo en práctica. Fue quedando claro que los nuevos instrumentos, como el Banco Central Europeo, fueron diseñados para servir fielmente los intereses del eje franco-alemán. Dígase lo mismo de la apertura de la UE al comercio internacional.

Lo que sucedió en la última década no es difícil de reconstruir. La balanza de pagos fue equilibrándose con préstamos contraídos en el exterior. Este saldo negativo se fue acentuando con la entrada en el euro, siendo cubierto cada vez por más crédito externo concedido al Estado, a la banca y a las grandes empresas públicas y privadas. Portugal, como muchos otros países, estuvo viviendo a crédito, y eso solo era posible porque el acceso al crédito era fácil y la tasa de interés muy baja; porque había abundantes recursos financieros acumulados que se pasaban de la "esfera de la economía real" hacia la esfera del crédito;[24] porque los acreedores le prestaban a Portugal (y a otros países periféricos) a tasas "alemanas", creyendo que en una economía del euro el riesgo de incumplimiento no era considerable.

La lógica de este camino se inscribe en la arena del neoliberalismo financiero. Los bancos con recursos financieros, que

---

[24] Redistribución del ingreso en favor del capital y de los gerentes financieros, consumo en todo el mundo disminuido por la "moderación salarial", direccionamiento de los ingresos del capital (y del "trabajo gerencial") hacia el crédito que sustentaría el consumo… durante algún tiempo.

no quieren o no pueden canalizarlos hacia la "esfera de la economía real", les hacen préstamos a los Estados, a los bancos y a las grandes empresas de las economías deficitarias a intereses bajos. Estas economías esperan crecer con la inversión privada y pública y con la expansión de la demanda interna. Esa es la promesa de la convergencia en la UE. Creciendo, podrán hacerle frente a la deuda. Ahora bien, Portugal, a pesar del crecimiento de la productividad y de alguna alteración del patrón de especialización, no se transformó (ni se podía transformar) en diez años en una Alemania;[25] ante la falta de reconversión suficiente, el déficit comercial creció porque el euro es demasiado fuerte para Portugal; la balanza de capitales disminuyó porque la inversión directa extranjera se movió hacia el Este (con la expansión de la UE). Entretanto, los acreedores sabían de antemano que el crecimiento no estaba garantizado y que el proceso de endeudamiento no se podía prolongar indefinidamente, pero eso no los detuvo porque tenían buenas razones para creer que si la situación del deudor se agravaba, las instituciones internacionales intervendrían para garantizar que los Estados de los países endeudados obligaran a las clases medias y a los pobres de esos países a pagar la deuda. Cuando esa posibilidad estuvo cerca, los intereses se volvieron especulativos para ganar en el corto plazo lo que el largo plazo no garantizaba. El efecto de contagio de la tragedia griega, combinado con mercados financieros con la licencia del

---

[25] Por lo demás, transformar a toda Europa, incluyendo a Portugal, en una Alemania, como lo suponen las estrategias europeas de competitividad es un objetivo fútil y moralmente dudoso: fútil, porque las ventajas competitivas construidas sobre las fronteras del conocimiento son precarias; las fronteras del conocimiento son más porosas que las viejas barreras aduaneras, y muy pronto los emergentes serán (felizmente) capaces de subir la escalera que Europa les quiere quitar. Moralmente dudoso, porque es una ventaja construida en detrimento de otros a los que se supone incapaces de ascender a la "economía del conocimiento". El capitalismo asume en este caso la forma de un neocolonialismo cognitivo, que justifica mantener al resto del mundo dependiente del conocimiento que no tiene ni puede llegar a tener (pues así lo determinan los derechos de propiedad intelectual), estando de este modo condenados a comprar aviones, equipos sofisticados y productos farmacéuticos a cambio de materias primas, textiles banales y zapatos.

neoliberalismo para saquear a los países en dificultades, precipitó la tragedia portuguesa.[26]

Se ha abierto un nuevo intervalo de miedo y tomará algún tiempo que la esperanza lo supere. En este momento, la tarea analítica más urgente recae sobre el impacto de las medidas de austeridad recesiva e, inmediatamente después, sobre el modo de salir de la crisis a corto y a mediano plazo. Así lo haré en lo que sigue.

---

[26] A final de junio de 2011 la deuda pública total era de 172.393 millones de euros (boletín IGCP). Según las cuentas, como la población residente mayor de 25 años (INE, 2010) es de 7'839.661, cada portugués debe la módica suma de 21.989 euros.

Capítulo 3
LA DESMESURA DE LAS MEDIDAS
DE AUSTERIDAD RECESIVA

LA DESIGUALDAD SOCIAL

No solo en Portugal las desigualdades sociales han venido aumentando en las dos últimas décadas, pero el fenómeno alcanza entre nosotros[1] una proporción particularmente preocupante. La tendencia de crecimiento de las desigualdades sociales en las dos décadas que transcurrieron después de 1985 es general en los países de la OCDE (OCDE, 2010: 27; OCDE, 2011). En Portugal, el crecimiento acumulado es de 0,05 puntos, o de 17,5% en el coeficiente de GINI en la distribución de los ingresos durante el periodo en análisis. Este crecimiento estructural y global de las desigualdades sociales, aunque con impactos diferenciados conforme a los países, obliga, según la OCDE (2008: 306), a la definición de políticas fiscales, de salud y de educación que, bien sea por la estrategia de la redistribución, bien sea por la estrategia del mercado de trabajo, permitan un crecimiento equitativo y una mejor calidad de vida de las poblaciones. Las recomendaciones

---

[1] Ver Mendes, 2003, 2005, 2009.

están en los antípodas de las fórmulas de ajuste estructural que el FMI ha venido imponiéndole al mundo, y que ahora la UE-BCE adopta con desconcertante displicencia y con un celo que supera el del propio FMI.

Ahora bien, los datos de la Encuesta sobre Ingresos y Condiciones de Vida (UE-SILC) referentes a 2009 revelan que Portugal se encuentra entre los países con los índices más altos de desigualdad social de la Unión Europea (Eurostat, 2011; INE, 2010). Letonia es el país con más desigualdad en la distribución de los ingresos, seguido de Rumania y de Lituania. Inmediatamente después vienen, *ex aequo*, España, Portugal y Bulgaria.

El ingreso del 20% de la población más rica de Portugal es 6,0 veces superior al del 20% más pobre. Además, en el 2009, el 17,9% de la población estaba en riesgo de pobreza después de las transferencias sociales, con especial incidencia en los jóvenes hasta los 17 años (22,9% en riesgo) y en los adultos mayores con más de 65 años (20,1%) (INE, 2010). Sin las transferencias relativas a pensiones, el 24% de la población estaría en riesgo de pobreza, y la tasa de riesgo de pobreza sería del 41,5% para la población portuguesa en 2009 si no hubiera transferencias sociales.

Para Renato Miguel do Carmo (Carmo *et al.*, 2010), refiriéndose a los datos de la misma Encuesta del 2007, "La baja escolaridad, el desempleo, la monoparentalidad, el número elevado de hijos y vivir solo son factores que contribuyen a elevar la tasa de riesgo de pobreza".

El empleo es una barrera eficaz contra el riesgo de pobreza, ya que este es del 10,3% entre la población empleada y del 37% en la población en situación de desempleo (INE, 2010). En marzo de 2011, 551.861 portugueses estaban inscritos como desempleados en el Instituto de Empleo y Formación Profesional (IEFP, 2011). De este más de medio millón de personas desempleadas, el 71,1% solo había estudiado hasta el 9.º año de escolaridad. La mayor parte de estos desempleados tenían entre 35 y 54 años. En relación con marzo de 2010, el desempleo aumentó en los inscritos desde hacía un año o más (+13,1%) y en los que tenían formación de nivel secundario (+3,9%) o superior (+2,9%).[2]

En la perspectiva del equipo del Observatorio de las Desigualdades, "la economía portuguesa se enfrenta no solo con el problema de la baja cualificación de la población trabajadora sino también con el problema de la baja oferta de empleo de cualificación intermedia" (Carmo, 2010).

Más preocupante es el modo como se estructuran y distribuyen las oportunidades de ascenso social en nuestra sociedad. En sus mejores momentos, las teorías liberales de la democracia y de la justicia social centraron su atención en la defensa de la igualdad de oportunidades como principio fundador de una sociedad libre y justa. Este principio fue después adoptado por las teorías del desarrollo, y es central en las que han sido propuestas por Amartya Sen (2009). A la luz de este principio, la situación portuguesa es muy preocupante, porque Portugal, además de elevados niveles de desigualdad social, presenta también niveles acentuados de desigualdad de oportunidades cuando es comparado con otros países de la Unión Europea. O sea, los individuos y las familias portuguesas no tienen el mismo acceso a un conjunto de recursos que les permita obtener un promedio de ingresos compatible con el nivel de vida considerado adecuado en el espacio europeo. Los países con mayores desigualdades de oportunidades, según datos de 2005, eran Portugal, Polonia, Lituania, Letonia y Estonia (Checchi *et al.,* 2010).

Significativamente los datos revelan, contra el mito de la indolencia de los portugueses,[3] que las desigualdades de los ingresos y las desigualdades sociales derivan de componentes institucionales más que de la falta de empeño y de esfuerzo de los individuos

---

[2]   Desde marzo de 2011 hasta hoy (finales de 2013) los datos del desempleo se agravaron dramáticamente.

[3]   Mito plasmado en las afirmaciones de la canciller alemana, Angela Merkel, que exigen la unificación de la edad de jubilación y de los periodos de vacaciones en la Unión Europea y que critican los sistemas vigentes en Grecia, España y Portugal.

y de las familias más desfavorecidas. Checchi *et al.* distingue entre las desigualdades de oportunidades *ex ante* (antes de la entrada en el mercado de trabajo), que se relacionan sobre todo con el gasto público en educación y con una configuración institucional que minimiza el impacto del origen social de los estudiantes en los resultados escolares, y las desigualdades de oportunidades *ex post* (después de la entrada en el mercado de trabajo), ligadas al peso y al papel de los sindicatos y a la redistribución fiscal. Según estos autores, en Portugal las desigualdades de oportunidades derivan más de las dinámicas *ex post*, esto es, del papel de los sindicatos y de las políticas de redistribución fiscal en los niveles de ingresos individuales y familiares. En cuanto a las desigualdades de oportunidades *ex ante*, Portugal se sitúa en el 14.° lugar entre los países analizados; en cuanto a las desigualdades *ex post*, Portugal es el 9.° país con mayores desigualdades de oportunidades.

Aunque Portugal sea uno de los países en donde es mayor el retorno que los individuos sacan de la educación para obtener ingresos elevados en el mercado de trabajo (Alves *et al.*, 2010), las desigualdades sociales se estructuran sobre todo a partir de la segmentación del mercado de trabajo y de las enormes disparidades de los ingresos entre las profesiones y los puestos más cualificados, y las profesiones y puestos de trabajo con bajas cualificaciones. Una política de la igualdad pasa por la disminución de los exagerados hiatos salariales existentes en Portugal y por la disminución de las diferencias materiales, remuneratorias y simbólicas entre los varios lugares del campo profesional en Portugal.

La desigualdad social, por más importante que sea, nunca dice todo sobre la injusticia social. A esta contribuyen igualmente las diferentes formas de discriminación social, sobre todo la discriminación sexual y racial. Además de eso, la desigualdad y la discriminación se alimentan recíprocamente. En general, la agudización de la desigualdad va a la par con el aumento de la discriminación. En Portugal, por las razones aducidas abajo (sociedad de bienestar), el crecimiento de la desigualdad social implica la agudización de la discriminación contra las mujeres. Serán ellas las que pagarán buena parte de la factura de la crisis.

LA CLASE MEDIA SITIADA

El crecimiento de la pobreza es el impacto social más previsible de las medidas de austeridad, pero su significado político resulta de estar ligado al desmantelamiento de la ya frágil clase media. Y, en este campo, será decisivo lo que le sucederá al Estado portugués en los próximos tiempos. A semejanza de otros países semiperiféricos, el Estado, como *sector de referencia*, tanto a nivel salarial como en las condiciones de empleo (igualdad relativa en el reclutamiento, la progresión y la estabilidad), ha funcionado como inductor del llamado "efecto de clase media". La movilidad social a través del Estado ha sido posible y visible incluso porque, algunas décadas atrás, el reclutamiento inicial, por ausencia de cualificación en la población en general, permitió el ascenso a cargos directivos a personas con los antiguos 5.º y 7.º años de escolaridad. En las últimas décadas, el Estado y la educación pública han sido prácticamente los únicos medios de ascenso social para los descendientes de las clases medias asalariadas con pocos recursos (por ejemplo, la pequeña burguesía administrativa, como secretarias, funcionarios etc.). En un contexto en que la recesión y la destrucción del derecho laboral impiden que el efecto inductor de movilidad a través del Estado sea asumido por el sector privado, el debilitamiento del Estado llevará a que el "efecto de clase media" se disipe, asociado también a los niveles de endeudamiento de los sectores medios y bajos de la clase media (ver más adelante).[4] La debilitada clase media portuguesa será la gran afectada por las medidas de austeridad en los niveles de consumo, en las estrategias de educación, en las relaciones so-

---

[4] El desmantelamiento y la desmoralización del sector público como sector de referencia para la estabilidad del empleo y la progresión de las carreras laborales se iniciaron con los gobiernos de Cavaco y Silva en 1986, fecha en que realmente la ideología neoliberal se establece en Portugal.

ciales en general. Con esto, la estructura social se cierra todavía más y la movilidad social, cuando existe, es descendente. Los destinos están trazados desde los orígenes y esto se acentuará en el futuro.[5]

El problema no es de ahora pero se va a agudizar. El bloqueo de la movilidad social comenzó en la década del noventa y alcanzó primero a los hombres que a las mujeres. Durante esta década las mujeres tuvieron grandes oportunidades de ascenso social, sobre todo a través de la educación. De hecho, en Portugal, la movilidad social depende mucho de la educación y las mujeres supieron aprovechar ese recurso con buenos resultados hasta el 2000. Las políticas de educación de la última década han venido bloqueando el ascenso social de los sectores populares. Por ejemplo, la concentración en grandes poblaciones y el cierre de la escuela cercana a las zonas rurales y despobladas acentúan estas tendencias. La escuela vuelve a estar, ahora más que nunca, al servicio de la reproducción de las élites.

Confirmando su carácter semiperiférico, la estructura social portuguesa mantiene un fuerte peso morfológico en la pequeña burguesía (trabajadores independientes, agricultores, etc.). Con la crisis, serán reactivadas estrategias de sobrevivencia, tales como el recurso a las redes familiares, el plustrabajo, la agricultura de complemento o la emigración temporal. Sobre todo estas dos últimas parecían haber sido superadas para siempre, testimonio de un pasado de dificultades que la mejora de las condiciones de vida tornara obsoletos. Las otras fracciones de clase, sobre todo las que están en ciclo de desempleo, tenderán a acentuar el peso de la economía informal que, según datos recientes, puede ascender al 30% del PIB. El fin del Estado como instrumento de movilidad social afecta sobre todo a las clases medias y asalariadas altamente cualificadas y a la clase media asalariada de escasos recursos. Para el proletariado, la gran mayoría de la

---

[5]   El problema no es de ahora. La probabilidad relativa de que un hijo de un obrero acceda a una profesión liberal es de 1/7 comparada con la de un hijo de un profesional liberal en 1999; esta relación era de 1/5 en 1995.

población activa, tal tendencia acaba con cualquier expectativa de movilidad. La proyección mediática de las protestas de los jóvenes desempleados o precarios altamente cualificados refleja los problemas de una pequeña franja de la población activa. A nivel simbólico es, con todo, devastadora.

El significado político de la masiva degradación social que puede ocurrir está en discusión. A este respecto me gustaría citar las declaraciones del ex director del FMI, Dominique Strauss-Khan, del 13 de abril de 2011, cuando, en flagrante contradicción con las políticas que la institución ha seguido en el mundo, afirmaba: "La estabilidad depende de una clase media fuerte que pueda aumentar el consumo. No conseguiremos esto si el crecimiento económico no conduce a la creación de empleos decentes, ni si el crecimiento recompensa a la minoría de los más favorecidos en detrimento de los numerosos marginalizados".[6]

EL DESEMPLEO

No es difícil prever que vamos a presenciar tres fenómenos propios de este proceso de crisis: el crecimiento del desempleo, el aumento del número de horas de trabajo de los que están empleados y la erosión del trabajo con derechos. La gravedad de la evolución resulta de los elevados niveles de los que partimos en ambas situaciones. El promedio de la tasa de desempleo en los países de la OCDE descendió a 8,1%. Los países que continúan registrando tasas de desempleo muy elevadas son Portugal (12,6%), Hungría (11,6%), Eslovaquia (13,9%), Irlanda (14,7%) y España (20,7%).

En lo que respecta a las horas de trabajo, según un informe reciente de la OCDE, que abarca a 26 de los 34 países que la integran, los portugueses son de los que más horas trabajan por día (trabajo remunerado y trabajo no remunerado): 8,71 horas. En

---

6 El tenor de estas afirmaciones estaría ligado a la posibilidad de una candidatura de Strauss-Khan a la presidencia de Francia, descartada tras las denuncias posteriores de haber cometido crímenes sexuales.

la OCDE, solo los mexicanos trabajan más que los portugueses (9,9 horas por día) y los japoneses (9 horas diarias). Al final del "ranking" está Bélgica, con 7,1 horas. El promedio total de la OCDE es de 8 horas por día. Este hecho muestra que la relativamente baja productividad de los trabajadores portugueses tiene que ver sobre todo con la falta de innovación y las deficiencias organizacionales del tejido empresarial.

En lo que respecta a la precarización de las relaciones laborales y a la erosión del derecho laboral[7] debemos tener en mente que desde el inicio del capitalismo industrial el trabajo ha sido la gran vía de acceso a la ciudadanía. Los triunfos de la lucha por el trabajo con derechos, por la repartición de la riqueza nacional con base en el crecimiento de la productividad del trabajo, en suma, por los derechos económicos y sociales, hicieron posibles tres cosas inimaginables a mediados del siglo XIX: que los trabajadores pudieran consumir algunos de los productos que producían; que los trabajadores pudieran planear su vida y la de su familia, un privilegio hasta entonces reservado a la burguesía y a la nobleza; que los trabajadores creyeran que la democracia liberal, representativa, a pesar de todas sus artimañas y contradicciones, podía ser movilizada en su favor con algún éxito.

Todo esto hoy puede parecer trivial, pero es un error fatal pensar así. Por un lado, esos derechos fueron conquistados a costa de mucha violencia y de mucho sufrimiento. Por otro lado, todo este edificio de relativa solidaridad social ha venido siendo demolido desde hace treinta años. Y la demolición esta alcanzando los cimientos supuestamente más sólidos, situados en la Europa de la posguerra. En el caso de Portugal, los cimientos son, de todos los cimientos europeos, unos de los más frágiles, porque solo comenzaron a ser construidos en el último cuarto del siglo pasado, después de la Revolución del 25 de Abril. Solo dos generaciones de trabajadores vivieron esas tres realidades

---

[7] Ver Ferreira, 2011 (en prensa); 2005a y 2005b.

antes inimaginables. ¿Qué será de la tercera generación, la "generación *à rasca*"?[8,9]

Dada su histórica falta de hegemonía, analizada en el capítulo 2, la burguesía portuguesa necesitó la intervención externa para imponer lo que hasta ahora no había sido capaz de imponer por sus propios medios. El futuro es en este campo el más incierto porque no se sabe hasta qué punto la "generación *à rasca*" podrá llevar su lucha, ni qué aliados movilizará en su favor. Por ahora, el hecho de que esta generación esté divorciada de los sindicatos es tan preocupante para el futuro de ella como para el futuro de los sindicatos. Sin ella los sindicatos no se renuevan; sin ellos, la generación caerá fácilmente en la desesperación, a menos que encuentre formas de organización innovadoras que no sean ni sindicatos ni partidos.

Para un ciudadano común es difícil imaginar que facilitar el despido hoy sea la única forma de crear empleo mañana. Sin embargo, es esa la "verdad" que el pensamiento neoliberal impone como evidente.[10] Como es propio de esta última versión del capitalismo global, dominado por el inmediatismo del capital financiero, la lógica del corto plazo se vuelve más destructiva que nunca y las crisis que producirá, a pesar de ser muy previsibles, solo pueden ser discutidas a partir de una "disidencia económica" fácilmente desacreditada.[11] De nada vale mostrar que no exis-

---

8   La "generación *à rasca*" es un grupo constituido mayoritariamente por jóvenes portugueses que afirman en uno de sus panfletos: "Estamos contra la Precariedad, contra los Recibos Verdes, por la estabilidad del empleo, contra la esclavitud en Portugal, contra los salarios de 500 euros, no tenemos partido político, nuestro partido es Portugal. Contra el actual estado del País, sin Justicia, sin Igualdad y sin rumbo. Nosotros no queremos emigrar, ya perdimos muchos amigos, conocidos, familiares que se fueron por no encontrar empleo, hasta cuando…!!! Queremos ser parte de la solución, queremos un Portugal Mejor".

9   "*À rasca*" es una expresión popular que significa estar afligido, ser incapaz de enfrentar una situación difícil con los pocos medios de que se dispone.

10 Ver un análisis detallado en Louçã y Caldas (2009: 334).

11 Fue más fácil desacreditar el pensamiento económico alternativo, ya que comienza a afirmarse con pujanza cuando propone lecturas nuevas y convincentes de las crisis y soluciones que no dejan la democracia y el bienestar de los ciudadanos

te ninguna relación clara entre la débil reglamentación laboral y el crecimiento económico. La economía convencional, que supo inmunizarse contra la democracia y la justicia social, se inmuniza ahora contra el buen sentido.

El ataque a los derechos laborales sin una adecuada seguridad del empleo y de la protección social le dará otra estocada al buen sentido que todavía sobrevive en una de las agencias de la ONU, la Organización Internacional del Trabajo (OIT). Pero ese buen sentido, a pesar de estar bajo fuego, todavía le puede servir de inspiración a la "generación *à rasca*". Se trata de la propuesta del trabajo digno, presentada por el Director General de la OIT, Juan Somavia, en 1999. Como dijo recientemente Somavia:

> Antes de la crisis, nosotros ya sabíamos muy bien que existía una crisis. El crecimiento subyugado al empleo productivo, relacionado con el aumento de los resultados y la escasa protección social asociada a la desigualdad creciente, se combinó con una excesiva confianza en la autorregulación de los mercados. Las clases medias fueron debilitadas. Las personas jóvenes, los trabajadores extranjeros y las mujeres en condiciones precarias e informales de trabajo están particularmente expuestos a las dificultades de la actual crisis.[12]

Siendo la OIT una organización *sui generis* en la que participan representantes del Estado, de los empresarios y de los trabajadores, la propuesta de trabajo digno nada tiene de revolucionario y, habiendo sido aprobada por representantes de todas las partes, se pensaría que se convirtió rápidamente en una práctica común. De hecho, no es así. Continúa siendo una aspiración desmesurada que cada mujer y cada hombre pueda acceder a un trabajo digno y productivo en condiciones de libertad, equidad, seguridad y dignidad, o sea, con oportunidades para realizar un trabajo

---

a la puerta de los cálculos afines a los intereses del capital financiero. Ver, entre nosotros, Reis, 2007.

[12] OIT, 2009: III.

productivo con una remuneración equitativa, seguridad en el lugar de trabajo y protección social, mejores perspectivas de desarrollo personal e integración social, libertad para expresar sus preocupaciones, organización y participación en las decisiones que afectan sus vidas, e igualdad de oportunidades y de tratamiento para todas las mujeres y hombres.

Lo más trágico es que durante algún tiempo estas condiciones fueron consideradas en Europa como recomendables para el mundo menos desarrollado pero demasiado insuficientes para los trabajadores europeos. Hoy, la "generación *à rasca*", tanto en Portugal como en el resto de Europa, constata que incluso esas mínimas condiciones están desapareciendo del mundo del trabajo en que se inscribe, y que la lucha por ellas será muy dura.

EL ENDEUDAMIENTO DE LAS FAMILIAS

El endeudamiento de las familias es hoy un fenómeno común a todos los países en los que el crédito para el consumo se transformó en una área codiciada por el capital financiero. Se habla de sobreendeudamiento (a veces también llamado quiebra o insolvencia) cuando está en juego la incapacidad para cumplir los compromisos asumidos (Marques *et al.*, 2000). Estos compromisos resultan sobre todo de la solicitud de crédito para la compra de vivienda y de diversos bienes de consumo.

La exuberancia de la oferta de crédito, combinada con la disminución de los ingresos salariales y la caída del valor de mercado de los activos, en particular de los inmobiliarios, son las causas principales de que aparezcan situaciones de sobreendeudamiento en la mayoría de los países. Las situaciones de desempleo son en general los detonadores de la insolvencia personal y familiar. En Portugal el crédito se popularizó a partir de 1990, convirtiendo en deudores a diferentes clases o estratos sociales. Esa expansión ocurrió en un escenario de crecimiento económico y de baja tasa de desempleo. Aunque en los últimos años el ciclo económico se invirtió y el desempleo comenzó a aumentar, la tasa de endeudamiento de las familias continuó creciendo a un ritmo menor que antes.

Según Catarina Frade (2006, 2007 y 2008), el triángulo de riesgo del sobreendeudamiento está constituido por *problemas laborales graves*, *multiendeudamiento* y *fragilidad de los ahorros personales y de las redes sociales*. Esto significa que el desempleo puede no ser, en sí mismo, suficiente. Normalmente es necesario que se verifique una o varias de las siguientes situaciones: larga duración de la situación de desempleo, imposibilidad de beneficiarse del subsidio de desempleo, desempleo de otro miembro del hogar, divergencia acentuada entre los ingresos antes percibidos (y con base en los cuales se planearon los gastos) y el subsidio de desempleo; obtención de un nuevo empleo pero mal remunerado; pérdida de importantes complementos salariales regulares (subsidios y premios, remuneración de las horas extras). A veces ni siquiera es necesaria la pérdida del empleo para que un individuo entre en dificultades. Basta con que sus condiciones laborales se alteren de forma particularmente excesiva.

El *multiendeudamiento* consiste en la existencia de múltiples compromisos financieros. Un consumidor con varios créditos se encuentra, de entrada, más vulnerable a una pérdida de ingresos o a un incremento inesperado de gastos (en salud, por ejemplo) ya que está obligado a hacer una gestión más compleja (más créditos, más acreedores, distintos importes, diferentes plazos y tasas de interés). Un individuo que tenga apenas un crédito, aunque se encuentre en dificultades, tendrá, en general, más espacio de negociación, pues tendrá que confrontarse solo con un único acreedor. Simultáneamente tendrá más facilidad de canalizar sus esfuerzos financieros para pagar una sola deuda.

Por último, la *fragilidad de los ahorros personales y de las redes sociales* es el factor que más contribuye a la insostenibilidad financiera de los individuos ante el deterioro de las condiciones de trabajo. Aquellos que viven situaciones laborales graves y están multiendeudados podrían todavía lograr mantener, por lo menos durante un cierto tiempo, la regularidad de los pagos a las entidades de crédito, si pudieran contar con algún ahorro y con la ayuda financiera o material de familiares y amigos. A esto lo llamamos sociedad de bienestar, y sobre ella hablaremos más adelante.

Los niveles de endeudamiento de los portugueses son bastante altos. La tabla de abajo muestra, en términos comparados, el nivel de endeudamiento *per cápita* de los portugueses respecto a la vivienda y el consumo.

TABLA 1. Endeudamiento *per cápita* en 2009 (vivienda + consumo)

Portugal	12.962€ (vivienda: 10.319€)
España	19.058€ (vivienda: 14.269€)
Grecia	10.686€
Francia	15.157€
Reino Unido	27.528€
Alemania	17.183€
Dinamarca	56.095€
Holanda	35.360€
Finlandia	18.378€
Bélgica	17.350€
Polonia	2.643€
Rumania	1.105€
EUA	29.668€

Fuente: ECRI (2010), ECRI Statistical Package 1995-2009

También es alta su vulnerabilidad financiera. Según el Índice Genworth,[13] los portugueses mostraban en 2010 la segunda mayor tasa de vulnerabilidad financiera de los países analizados,

---

[13] Estudio de evaluación de la vulnerabilidad financiera de los consumidores de catorce países de los mayores mercados europeos, de EUA, Canadá, México y Australia. La Genworth Financial es una empresa especializada en seguros de protección al crédito, que también tiene presencia en Portugal.

registrándose un deterioro frente al 2009, cuando exhibían la
cuarta tasa más alta (ver tabla 2).

TABLA 2. Vulnerabilidad financiera según el Índice Genworth

	2010	2009
Grecia	76	52
Portugal	66	45
Polonia	65	60
Italia	52	40
Alemania	41	33
Irlanda	36	63
España	32	31
Turquía	23	32
México	23	-
Francia	22	24
Gran Bretaña	19	10
Estados Unidos	8	15
Australia	6	-
Finlandia	-4	-7
Canadá	-4	-
Suecia	-25	-20
Dinamarca	-27	-25
Noruega	-43	-48
14 países europeos	31	28
3 países de América del Norte	10	-
Todos los 18 países	19	-

Fuente: Genworth Financial (2010).

La vulnerabilidad no significa necesariamente incumplimiento y menos todavía insolvencia. Es más, una de las características más paradójicas de los portugueses es la de combinar altos niveles de endeudamiento con relativamente bajos niveles de incumplimiento.

LA SOCIEDAD DE BIENESTAR

La determinación del impacto de las medidas de austeridad recesiva en el tejido social portugués es un ejercicio complejo. Se hace, por ejemplo, particularmente difícil definir el nivel de asfixia social por encima del cual se desencadenaría la agitación social. La dificultad reside en el modo específico de la creación de ingresos y, en particular, en el peso de los ingresos no salariales de las familias. Dos factores se destacan en este campo: la economía informal y la sociedad de bienestar.[14] En ambos casos la sociedad portuguesa tiene especificidades importantes en relación con la norma europea. Gracias a ellas las normas de consumo en nuestra sociedad son más avanzadas que las normas de producción. Mientras aquellas nos aproximan a los países más desarrollados, estas tienen algunas semejanzas perturbadoras con los países menos desarrollados (trabajo infantil, salarios atrasados, represión sindical en las fábricas, etc.).

---

[14] Además de estos también hay que mencionar otros dos factores típicos de una sociedad semiperiférica: las remesas de los emigrantes y la emigración temporal. Ambas fueron muy importantes décadas atrás y es posible que regresen ahora. Muchos de los emigrantes de los años sesenta y setenta que ya regresaron al país están reactivando ahora sus redes de contactos en el extranjero para la eventual emigración de sus hijos o parientes, cuando no de ellos mismos. El propio Ministro de Economía, Álvaro Santos Pereira, llegó a declarar que: "Si nada se hace, en breve estaremos todos emigrados". Más de cien mil portugueses están saliendo del país al año. Recientemente el Secretario de Estado del Deporte y la Juventud, Alexandre Mestre, les sugirió a los jóvenes desempleados que salieran de su "zona de confort" y buscaran oportunidades "más allá de las fronteras", siendo apoyado en estas declaraciones por el Ministro Adjunto y de los Asuntos Parlamentarios, Miguel Relvas, quien considera que la emigración de jóvenes portugueses calificados sin oferta de empleo en Portugal puede ser algo "extremadamente positivo".

La economía informal o economía sumergida es el conjunto de actividades que generan ingresos no registrados y no tributados, desde el *rebusque* hasta la producción para autoconsumo, desde las clases particulares para estudiantes en dificultades hasta el trabajo artesanal en horas libres, desde la pequeña agricultura complementaria hasta el servicio doméstico eventual, desde los cuidados a las personas mayores o a los niños hasta la autoconstrucción o la preparación de comidas. Por su propia naturaleza es muy difícil determinar el peso de la economía informal en Portugal, pero algunos estudios recientes lo consideran particularmente alto en el contexto europeo: entre el 20% y el 30% del PIB.

Estos ingresos pueden constituir un apoyo valioso en caso de sobreendeudamiento, desempleo u otra pérdida brusca de ingresos. El problema es que algunas de estas fuentes de ingreso también pueden ser afectadas por la crisis económica y social (por ejemplo, los padres dejan de poder pagar las clases particulares de los hijos).

La sociedad de bienestar es un fenómeno más bien complejo. He venido sosteniendo que, en relación con otros países europeos, en Portugal el Estado de bienestar es débil y la sociedad de bienestar es fuerte. Al contrario de lo que hace creer el actual alboroto sobre el exceso de gastos sociales y la necesidad de reducirlos, la verdad es que las transferencias del Estado hacia las familias son de las más bajas de Europa, y eso explica, por ejemplo, que Portugal sea el país europeo en donde los ciudadanos más contribuyen con los gastos de salud. Este déficit de protección estatal es cubierto en parte por la protección garantizada por la sociedad de bienestar. En otras palabras, en Portugal un Estado de bienestar débil ha coexistido hasta ahora con una sociedad de bienestar fuerte. A corto plazo, el futuro del bienestar de los portugueses dependerá de la continuidad de esta coexistencia.

¿Qué es la sociedad de bienestar? Entiendo por sociedad de bienestar las redes de relaciones de interconocimiento, de reconocimiento mutuo y de ayuda mutua basadas en lazos de parentesco y de vecindad, a través de las cuales pequeños grupos sociales intercambian bienes y servicios en una base no mercantil y con una lógica de reciprocidad semejante a la de la "cultura de la dádiva" estudiada por Marcel Mauss (1950). Estas relaciones varían en cuanto a forma, extensión, alcance, duración y estabilidad.[15] Durante mucho tiempo, debido al peso de la pequeña agricultura y al hecho de que las familias de trabajadores vivieran muchas veces en zonas rurales y en pequeños centros urbanos, las formas de la sociedad de bienestar estuvieron dominadas por modelos de sociabilidad, hábitos de clase, mapas cognitivos y universos simbólicos que generalmente constituyen atributos de la vida rural. Como seguramente muchos portugueses lo han experimentado, estas redes no son exclusivas de las zonas rurales, pues existen también en los medios urbanos. Además, implican muchas veces lazos complejos entre familias y comunidades rurales, por un lado, y familias y comunidades urbanas, por otro.

Los cambios ocurridos en los últimos treinta años fueron enormes, pero su impacto en la sociedad de bienestar es difícil de establecer. Por ejemplo, en 1981, el 71% de los desempleados declararon que la familia era su principal fuente de ingresos y de subsistencia, lo que demuestra indiscutiblemente no solo el déficit del bienestar estatal (bajos subsidios de desempleo), sino también la importancia del bienestar social, en este caso, del ámbito familiar. Según el European Social Survey de 2008, del total de 110 encuestados en Portugal que estaban desempleados y activamente en busca de empleo, el 62% tenía su fuente de subsistencia en los salarios de los otros miembros del hogar o en otros ingresos familiares, contra el 22% que vivía del subsidio de desempleo, el 10% de pensiones y el 5% de otras prestaciones sociales. En 27 años el escenario se mantiene prácticamente igual. Otro ejemplo de un ámbito muy diferente: al comienzo de la década de 1990, en los dos hospitales centrales de Lisboa y en los de otras grandes ciudades, varios millares de personas visitaban amigos o familiares los fines de semana. Durante la semana, aunque las cifras fueran más bajas, eran todavía altas e inéditas para

---

[15] Al lado de la sociedad de bienestar informal existe la sociedad de bienestar formal, constituida por las instituciones particulares de solidaridad social.

cualquier parte de Europa. El aislamiento social de los enfermos hospitalizados es considerado en Europa un problema grave, y el papel del servicio social profesional en los hospitales es un asunto de controversia. En Portugal, la sociedad de bienestar proporcionaba a los hospitales un servicio social voluntario e informal y, agregaría yo, de una calidad muy superior. Otro comportamiento muy poco europeo es la participación de los padres en la cuota inicial de la casa de las jóvenes parejas.

La sociedad de bienestar es una forma de capital relacional. Su realización y valorización social tiene la mayor importancia estratégica para los grupos sociales y las familias cuyos recursos de vida son directamente afectados por la crisis en la que nos encontramos. La fuerza relativa de la sociedad de bienestar determinará, por ejemplo, el impacto del desempleo en el sobreendeudamiento. También aquí la especificidad del caso portugués en el contexto europeo es significativa (en términos relativos, el alto nivel de sobreendeudamiento y el bajo nivel de insolvencia) y hace ilusorios los números sobre la vulnerabilidad financiera indicados arriba. De hecho, los estudios realizados en el Centro de Estudios Sociales revelan que la relación entre la pérdida del empleo y el surgimiento de casos de sobreendeudamiento es más compleja y menos directa de lo que se puede imaginar[16]. La capacidad de accionar mecanismos de autoequilibrio (reducción del consumo, movilización de ahorros) combinada con la presencia de la sociedad de bienestar puede mantener, por lo menos durante algún tiempo, las finanzas familiares relativamente controladas. Los costos para los que participan en las redes de solidaridad son algunas veces enormes y aumentan en momentos de crisis. Quien ha ayudado puede, de repente, ser quien necesita ayuda. Los padres que ayudaron a los hijos en un momento dado pueden ser quienes, un momento después, necesitan la ayuda de los hijos. Si tanto unos como otros necesitan ayuda y no es posible accionar otras redes de solidaridad, el colapso financiero es inevitable y

---

16   Ver Observatorio del Endeudamiento de los Consumidores (comp.) 2008.

con él toda la degradación social que lo acompaña. Considerar la sociedad de bienestar permite destruir dos mitos o preconceptos sobre los comportamientos de los portugueses: el mito de que los portugueses viven a la sombra del Estado y el mito de que viven por encima de sus posibilidades. Ambos son falsos a la luz de la dinámica de la sociedad de bienestar, tanto informal (las redes de ayuda mutua) como formal (las Instituciones Particulares de Solidaridad Social, IPSS). Datos de hace algunos años, pero que no se deben haber modificado significativamente, indicaban que en el sector de la protección social los fondos que el Estado transfería a las instituciones de solidaridad (IPSS, Beneficencias y Mutualidades), a través de acuerdos de cooperación (para el funcionamiento de las instalaciones y las respuestas sociales por ellas administradas), no cubrían los gastos efectivos. Según un estudio realizado hace unos años por la Dirección General de Asistencia Social, la coparticipación del Estado variaba entre el 26,5% y el 71,6% de los gastos técnicos, obligando a las instituciones a recurrir a otras formas de financiamiento, incluyendo las coparticipaciones de los usuarios y las ayudas benévolas, para no reducir la calidad de los servicios ofrecidos (Hespanha, 2000: 167).

El impacto de la crisis en la sociedad de bienestar puede ser devastador; desde ya es fácil ver que todos los recortes en la inversión social del Estado representan una sobrecarga para la sociedad de bienestar, y sobre todo para las mujeres, que son consabidamente las grandes artífices de la sociedad de bienestar, sin que muchas veces la sociedad o siquiera los que se benefician de su cuidado lo reconozcan. La crisis del mercado de trabajo (por el aumento del desempleo, los recortes salariales, la eliminación de subsidios) tiene un impacto directo en los modelos de subsistencia familiar y de distribución de los ingresos (por ejemplo, en la contribución de las pensiones de los más viejos para sostener a las familias) y en la distribución de la vivienda (por ejemplo, con el aumento de los divorcios se evidencia un regreso a la casa paterna; por otro lado, los jóvenes permanecen en casa de los padres cada vez hasta más tarde).[17] Los recortes en las jubilaciones y pensiones disminuirán las posibilidades de transferencias intergeneracionales y agravarán la situación de las generaciones más jóvenes, dependientes en gran medida de estas ayudas para mantener el nivel de vida. La prórroga de la edad de la jubilación retira de la sociedad de bienestar los servicios de las generaciones más viejas con capacidad de brindar cuidados (los abuelos que se hacen cargo de los nietos). Los recortes en la asistencia social afectan sobre todo a los más empobrecidos por la crisis, pues sus redes quedan todavía más desprovistas de recursos.

La sociedad de bienestar es un cojín que puede amortiguar la caída de los ingresos; cuanto más frágil sea, más dura será la caída. Tal como sucede con el Estado de bienestar, también la sociedad de bienestar se debilita en periodos de crisis. Cuando no le sea posible mitigar los impactos negativos producidos por las caídas bruscas de los ingresos de las familias, causadas por el desempleo o por otras razones, el abismo del colapso financiero y personal estará cerca y lo que puede seguirlo es la tragedia.

Esta será considerada personal por los daños que causa (enfermedad, suicidio, crimen), pero la frecuencia con que ocurrirá hará de ella una tragedia colectiva y, por lo tanto, política. Desgraciadamente, el sistema político solo dará cuenta de ella cuando la energía que libere se vuelva contra quien la causó. Solo en ese momento se hablará de agitación social, mucho después de que millares y millares de familias hayan visto sus expectativas de vida arruinadas.

---

[17] Los empleadores conocen esa realidad y la usan como base de la explotación de las nuevas generaciones. Además de eso, en general, solo ha sido posible mantener salarios tan bajos sin convulsión social gracias al cojín de la sociedad de bienestar.

Capítulo 4
SALIR DE LA CRISIS CON DIGNIDAD Y ESPERANZA

Salir de la crisis con dignidad y esperanza significa resolver la crisis de corto plazo de modo que se abran caminos de resolución para la crisis de mediano plazo (crisis económica) y para la crisis de largo plazo (crisis político-cultural). En un mundo tan desigualmente interdependiente, mucho de lo que será necesario hacer no dependerá exclusivamente de nosotros. Dependerá de nosotros en la exacta medida en que sepamos identificar las nuevas oportunidades, exigencias y socios, y crear las alianzas con todos los que luchan, tal como nosotros, por el derecho a vivir con dignidad y esperanza en un mundo que parece estar transformando ese derecho de todos en un privilegio de muy pocos. Comenzaré por los escenarios de corto plazo, para después indicar lo que puede estar más allá de ellos.

Portugal a la vista

Lo institucional y lo extrainstitucional

Después de que un alto dirigente del FMI afirmara el 11 de abril de 2011 que la austeridad a la que están condenados Grecia,

Irlanda y Portugal durará muchos años, y ante la amenaza de que otros países europeos puedan estar condenados al mismo destino,[1] solo una movilización política significativa de los ciudadanos (de preferencia en más de un país europeo) puede evitar el desastre del retroceso al subdesarrollo. Acciones colectivas democráticas extrainstitucionales pueden llegar a ejercer una presión eficaz sobre las instituciones nacionales y comunitarias. Tal como lo referí arriba, la movilización extrainstitucional apunta a expandir el horizonte de soluciones políticas a disposición de las instituciones.

El corto plazo es desastroso y los costos sociales de las medidas de austeridad recesiva serán una prueba muy exigente para la solidez de nuestras instituciones democráticas. Si alguien va a pasar por un *stress-test* en los próximos tiempos es nuestra democracia.[2] La supuesta falta de imaginación europea, al no permitir que el rescate financiero respete mínimamente la democracia portuguesa —rescate de emergencia con compromisos algo flexibles que sean negociados con alguna capacidad de maniobra por el gobierno recién elegido—, es el segundo acto de secuestro de la democracia portuguesa. El primero ocurrió con los ataques especulativos a la deuda soberana del país liderados por las agencias de *rating* ante la pasividad de las autoridades europeas.

Este doble secuestro desvaloriza la Unión Europea y la democracia ante los portugueses, y los resultados son imprevisibles; es decir, el modo como las soluciones están siendo impuestas a los portugueses por parte de las instituciones europeas puede tener el efecto de someter las instituciones democráticas portuguesas a alguna turbulencia y abrirles el camino a iniciativas democráticas extrainstitucionales (acciones callejeras, protestas, peticiones). No se prevén soluciones radicales que propongan profundos

---

[1] El aumento de los intereses exigidos para la adquisición de títulos de las deudas española e italiana son un leño más en la gran hoguera de la inestabilidad volátil de la economía europea y mundial instigada por el comportamiento de las agencias de *rating*.

[2] Vimos atrás que el mismo *test* de esfuerzo será aplicado a la sociedad de bienestar.

cambios en nuestro sistema político o económico, pero el espacio público de la calle puede ser utilizado para exigirles a las instituciones políticas comportamientos innovadores que salvaguarden mejor los intereses de la gran mayoría de los portugueses.[3]

El surgimiento de la movilización política extrainstitucional constituye un desafío importante para los partidos e incluso para los movimientos sociales. Unos y otros se concibieron como sociedad civil políticamente organizada (sociedad política) y convirtieron a la sociedad civil no-organizada (la gran mayoría de los ciudadanos) en una masa amorfa y no politizada. Por esa razón, las discusiones político-organizativas se centraron durante décadas en las relaciones entre partidos y movimientos, dejando de lado cualquier preocupación sobre la sociedad civil apolítica o despolitizada. Pasó desapercibido que la supuesta despolitización no es más que la ausencia de razones fuertes que justifiquen la politización y la consecuente movilización.[4] Ante la emergencia política de los no politizados, los partidos y los movimientos sociales están obligados a revisar toda la sabiduría convencional sobre cultura y organización políticas y a cuestionar la inercia de las distinciones entre lo político y lo apolítico, o entre lo orga-

---

[3] Un ejemplo consistente es el Movimiento "Democracia Real Ya", nacido de la indignación de un pequeño grupo de personas, y que gracias al poder de los nuevos medios de comunicación, como Twitter y Facebook, se transformó rápidamente en la cara visible de la revuelta de millares de personas. La onda expansiva, que partió de su epicentro desde la Puerta del Sol en Madrid, se propagó rápidamente hacia otras ciudades de España y ha avanzado hacia otros países de Europa y del mundo. El manifiesto de los "indignados", que se encuentra traducido en varias lenguas, define el movimiento y sus adeptos: "Somos personas normales, personas como usted, trabajador@s, estudiantes, desemplead@s, jubilad@s, vivimos en Brasil o en otros países e independientemente de nuestra situación estamos unidos por un pensamiento común: cambiar el sentido que nuestra sociedad está tomando, luchar contra la degradación de nuestra condición de vida. ¡No somos mercancías en las manos de políticos y banqueros!".

[4] En las elecciones legislativas de 2011 la tasa de abstención alcanzó el 41,31% del total de votantes inscritos, en una evidente manifestación del distanciamiento respecto a la política institucional, incluso en un momento crucial para el futuro del país.

nizado y lo no-organizado. Se vuelve imperativo reimaginar lo político (buscar la política donde ella no está en la forma en que la conocemos) e identificar los niveles de inconformismo que desencadenan el movimiento de lo no-organizado hacia lo organizado y los nuevos recursos disponibles (redes sociales) para facilitar tal movimiento.[5]

Dadas las características de la sociedad portuguesa analizadas anteriormente, es difícil prever el momento o nivel de asfixia de las justas aspiraciones de bienestar a partir del cual emergerán las acciones colectivas extrainstitucionales. El surgimiento de lo extrainstitucional, si está bien articulado con lo institucional, puede abrirle espacio a la innovación a nivel de la constitución de los gobiernos y puede propiciar decisiones responsables de desobediencia financiera.

¿UNA MAYORÍA DE IZQUIERDA?

No pienso que un gobierno de derecha o de centro-derecha cree condiciones para que nuestra democracia supere con éxito el *stress-test* que mencioné. Una de las razones fue dada por el líder del Partido Social-Demócrata PSD al declarar ante la opinión pública mundial (ver *Wall Street Journal*, 30 de marzo) que su partido inviabilizó las medidas de austeridad propuestas por el gobierno socialista (PEC IV)[6] por no ir suficientemente lejos,[7] y

---

[5]   Sobre la importancia de las redes sociales ver Portugal y Martins (comps. 2011.)

[6]   El Programa de Estabilidad y Crecimiento (PEC) es un documento entregado todos los años (normalmente hasta el primero de diciembre) por cada Estado-miembro de la Unión Europea a Bruselas; de él proviene la estrategia de consolidación presupuestal de mediano plazo de los países, con previsiones sobre la evolución de la economía, el déficit y la deuda pública, para por lo menos los próximos tres años. La gravedad y la volatilidad de la situación económica portuguesa obligaron a hacer actualizaciones sucesivas de este documento.

[7]   El programa electoral del PSD nos dirá hasta dónde se debe ir: vasto programa de privatizaciones (la lista de las empresas que se privatizarán abarca las más diversas áreas: transportes —ANA-Aeropuertos de Portugal, TAP y CP Carga—; energía —Galp, EDP y REN—; infraestructuras —Aguas de Portugal—; comunicaciones —CTT-Correos de Portugal y RTP—; y sector financiero —rama ase-

que hará todo para que Portugal "no sea un fardo para nuestros amigos de la Unión Europea y del resto del mundo". Del mismo modo, en su primera declaración pública tras la victoria en las elecciones del 5 de junio, Pedro Passos Coelho tuvo el cuidado de reafirmar que su Gabinete hará todo para honrar el compromiso firmado con la troika FMI (Fondo Monetario Internacional), CE (Comisión Europea) y UE (Unión Europea). Estas son capitulaciones que desautorizan de entrada una política que defina los intereses nacionales con independencia de lo que "nuestros amigos internacionales"[8] digan que son tales intereses.

Estamos ante una situación sin precedentes porque la integración en la eurozona priva al Estado de algunos de los mecanismos que pueden ser eficaces a corto plazo (política monetaria, cambiaria y presupuestaria). En este contexto, los costos del corto plazo seguramente se prolongarán al mediano plazo y comprometerán irremediablemente las aspiraciones de progreso y justicia social de toda una generación. Ante una situación nueva hay que intentar soluciones nuevas. La República fundada por el 25 de abril de 1974 no tiene como prioridad la estabilidad del gobierno. En busca de ella se multiplicaron las coaliciones partidarias, que a pesar de reunir diferentes tipos y composiciones diversas, tenían en común el hecho de ser coaliciones de derecha o de centro-derecha.[9] No se ha experimentado hasta ahora una coalición de izquierda que incluya el PS, el PCP y el BE. Frente a los resultados de los partidos de izquierda con escaño en el Parlamento en las elecciones legislativas del 5 de junio —PS (Partido Socialista), 28%; PCP (Partido Comunista Portugués), 7,9%; y BE (Bloque de Izquierda), 5,1%—, la opción de una coalición de

---

guradora de la Caja General de Depósitos—), que incluye servicios esenciales o estratégicos, y la privatización parcial del Servicio Nacional de Salud y del sistema de pensiones.

[8]   Hablando sin reservas, se sospecha que entre "nuestros amigos" se incluyen los especuladores financieros.

[9]   Durante algunos meses de 1978 hubo una coalición PS-CDS; entre 1980 y 1982, una coalición PSD-CDS-PPN (la AD, Alianza Democrática); entre 1983 y 1985, una coalición PS-PSD (Bloque Central).

partidos de izquierda dejó de ser posible por ahora. En las actuales circunstancias, una coalición tal no podría dejar de negociar paquetes de consolidación presupuestal, pero seguramente condicionándolos al crecimiento de la economía e incluyendo en la agenda de las negociaciones la alternativa de la reestructuración de la deuda. No bastaría, pues, un gobierno de izquierda; sería necesario un programa de izquierda que propusiera medidas que superaran la ortodoxia financiera de la UE y del FMI. Esta opción ahora no fue posible pero sospecho que será posible e incluso necesaria en el futuro. Todo depende del grado de gravedad de los conflictos sociales que se desencadenen como resultado de la aplicación de las medidas de austeridad impuestas por las autoridades internacionales, algunas de las cuales son más draconianas que las que fueron aplicadas por el FMI en América Latina en la década de 1980. Sospecho que en los próximos años la línea divisoria entre la izquierda y la derecha en Portugal pasará por la respuesta que se dé a las exigencias internacionales.

Previendo la hipótesis de que en un futuro cercano nuevas elecciones le den la mayoría al conjunto de los partidos de izquierda, respondo anticipadamente a las objeciones que se podrían plantear ante la posibilidad de un gobierno de izquierda con un programa de izquierda.

La primera objeción es que si las autoridades de la UE-FMI todavía están tutelando las finanzas portuguesas, harán toda la presión para que, cualquiera que sea el gobierno elegido, las políticas seguidas sean las mismas, o sea, las que protegen los intereses de los acreedores. Siendo así, aunque se forme un gobierno de izquierda, este no podrá ejecutar un programa de izquierda.

Respuesta: no es sensato ocultar que un programa tal será una propuesta exigente, pero tampoco es prudente garantizar que el nuevo gobierno será *business as usual* y que el actual marco institucional no pueda estar sujeto a la gran turbulencia causada por las protestas sociales en Portugal y en los demás países supuestamente rescatados, como de hecho está sucediendo ya. De tal turbulencia pueden surgir nuevas oportunidades de acción política, y es bueno que estemos preparados para ellas. Un gobierno de izquierda con un programa de izquierda será siempre el resultado de una respuesta democrática a la alta tensión política que se genere.

La segunda objeción es que la izquierda social-democrática (PS)[10] y la izquierda a la izquierda[11] (PCP y BE) tienen tras de sí un contencioso histórico que les impide entenderse. Aunque obtuvieran la mayoría aritmética, harán todo para desbaratarla.

Respuesta: la objeción tiene toda la razón de ser pero presupone que todavía estamos en el siglo XX o, por lo menos, que las transformaciones por las que pasó el mundo en el último cuarto de siglo fueron irrelevantes o triviales, desde la caída del Muro de Berlín hasta la globalización y sus contradicciones, desde el levantamiento de los zapatistas en Chiapas hasta el Foro Social Mundial, desde la eclosión de la ecología como problema social hasta el surgimiento de movimientos sociales en lucha por un mundo mejor con programas de acción y justificación muy diferentes de los de la izquierda eurocéntrica convencional: movimientos indígenas, campesinos, urbanos, feministas, afrodescendientes, ambientalistas, de derechos humanos, de desempleados, inmigrantes, homosexuales, minorías étnicas o religiosas, jóvenes, etc.

La objeción tiene razón de ser si las izquierdas nada hubieran aprendido de estas transformaciones y no es improbable que ese sea el caso. Pero hay que imaginar la posibilidad opuesta. El gran cambio de los últimos 30 años se puede resumir en una nueva relación entre el capitalismo, el colonialismo, el patriarcado y la democracia. Un cambio que interpela tanto a la izquierda social-democrática como a la izquierda a la izquierda.

El cambio tiene dos dimensiones principales: la primera pone cara a cara el capitalismo y la democracia. Durante el siglo XX, la izquierda social-democrática dejó de interesarse por la hipótesis

---

[10] En este campo, los nombres hace mucho dejaron de coincidir con las cosas. El PS se dice socialista cuando no pasa de ser una versión bien diluida de la social-democracia. Por su parte, el PSD se dice social-demócrata cuando, de hecho, es de centro-derecha.

[11] Prefiero este nombre al más convencional: izquierda radical. En el contexto europeo actual esta última designación tiene una connotación negativa.

de la crisis del capitalismo, y se centró en el esfuerzo de intentar civilizarlo por vía democrática, promoviendo el reconocimiento de los derechos económicos y sociales de los trabajadores y garantizando algunos modelos mínimos de redistribución de la riqueza. Por el contrario, la izquierda a la izquierda vio la democracia como un arma burguesa y le atribuyó por eso un valor meramente instrumental (de eficacia muy relativa y, a veces, contraproducente). Se centró, asimismo, en la crisis del capitalismo, que imaginó ser la última (siempre sin éxito y siempre de nuevo imaginada), dividiéndose internamente en cuanto a la identificación de las causas de la crisis y al tipo de organización de los sujetos históricos encargados de superarla, aunque no necesariamente por vía de la insurrección.[12]

Lo que es nuevo hoy es el hecho de que las clases populares se hayan apropiado del ideal democrático, entrando en el juego democrático, a pesar de las condiciones adversas y de las muchas frustraciones, dándoles al concepto y a la práctica de la democracia significados nuevos y más ricos (democracia participativa), expandiéndolos hacia campos sociales antes vedados al juego democrático (familia, escuela, comunidad, relaciones entre sexos y entre grupos étnicos) y conquistando a través de las luchas democráticas algunos derechos importantes. El ataque sistemático que el capitalismo global ha venido realizando contra

---

[12] La consolidación de la social-democracia creó un dilema para la izquierda a la izquierda a partir del momento en que abandonó la estrategia de la insurrección: mientras más inequívoca quiso ser como adversaria del capitalismo más inofensiva se volvió. Ese es el drama del PCP; y hasta ahora el BE le ha seguido los pasos. Los electores que buscan alternativas de poder tienden a desertar cuando ligan la ineficacia del discurso del adversario a la inutilidad de su voto. Es cierto que una parte del electorado de izquierda no cree siquiera que haya alternativas electorales en el marco del capitalismo. Por eso, cuando vota lo hace como acto de protesta. En Portugal el voto de protesta ha sido absorbido por el PCP, lo que ayuda a explicar que, por lo menos hasta ahora, no hayan surgido partidos de extrema derecha. Pero es evidente que no hay lugar en el espectro político portugués para más de un partido que canalice el voto de protesta. Tal vez esto ayude a explicar los débiles resultados obtenidos por el Bloque de Izquierda en las elecciones del 5 de junio de 2011: perdió casi la mitad de su electorado y pasó de tener 16 diputados a 8.

estas conquistas —un ataque que se vuelve más virulento en la medida en que el capitalismo financiero prevalece sobre el capital productivo y el Estado— es vivido por las clases populares como una crisis de la democracia. La centralidad de esta crisis, siendo vivencial, es también estructural; revela que el capitalismo solo es compatible con formas muy pobres de democracia (democracia de baja intensidad, semidemocracia, democracia política combinada con fascismo social). Siendo así, deja de tener sentido discutir la crisis del capitalismo fuera del marco de la crisis de la democracia (lo cual es nuevo para la izquierda a la izquierda), así como deja de tener sentido no cuestionar el capitalismo como un obstáculo para la democratización de la sociedad (lo cual es nuevo para la social-democracia). La lucha por la profundización de la democracia es necesariamente una lucha anticapitalista.

La segunda dimensión de las transformaciones de los últimos treinta años trata del surgimiento político de dos formas de dominación antes ocultas o minimizadas: el colonialismo y el patriarcado, y las desigualdades que generan a través de la discriminación racial y de la discriminación sexual, respectivamente. Colonialismo es todo sistema de poder desigual que se basa en la desigualdad cultural o racial (racismo, xenofobia, islamofobia, represión política y policial de la diferencia cultural). El colonialismo asumió muchas formas a lo largo de la historia. En los tiempos modernos, el colonialismo político —que incluyó la ocupación territorial por parte de fuerzas extranjeras— fue la forma más conocida, al punto de que durante mucho tiempo se pensó que el colonialismo terminó con el fin de los imperios coloniales y la independencia de las colonias. De hecho, el colonialismo continuó bajo otras formas, y la más virulenta es hoy seguramente el racismo, y particularmente el racismo practicado por individuos e instituciones que se declaran antirracistas.

Por su parte, el patriarcado es todo el sistema de poder desigual que se basa en la desigualdad sexual y atraviesa todos los ámbitos de la vida colectiva e interpersonal. El impacto del surgimiento de los movimientos sociales centrados en la lucha contra el colonialismo y el patriarcado fue enorme. Por un lado, estos movimientos sociales mostraron que el capitalismo tiene un interés específico en desvalorizar una buena parte de la fuerza de trabajo, al considerarla sexual o racialmente inferior. Por otro lado, mostraron que la democracia reproducía la misma desvalorización, tanto en el sistema político como en el sistema jurídico. Las izquierdas eurocéntricas no estaban preparadas para integrar las nuevas luchas en la crítica del capitalismo o en el compromiso crítico con la democracia. El aprendizaje ha sido lento, y más lento en la social-democracia que en las izquierdas a la izquierda. Pero comienza a ser consensual que la lucha por la profundización de la democracia es necesariamente una lucha anticolonialista y antisexista.

Aquí residen las condiciones objetivas para un entendimiento entre las izquierdas. Para que este ocurra, también son necesarias condiciones subjetivas: la existencia de dirigentes que capten las contradicciones del momento y las transformen en propuestas convincentes para sus bases.

LA DESOBEDIENCIA FINANCIERA

Las medidas de austeridad que fueron negociadas/impuestas no deben ser tomadas como un destino ineluctable. Son pensables dos iniciativas que pueden ser tomadas para aminorar las consecuencias adversas e injustas que se van a desencadenar sobre los portugueses.

Renegociación de la deuda

La primera es exigir la renegociación de las condiciones de la deuda (intereses, plazos de pago, etc.), tal como ya está ocurriendo en Grecia y en Irlanda. Esta iniciativa no pone en juego la deuda, solo refuta las condiciones para su cubrimiento. Cualquier gobierno que provenga de las elecciones tiene la legitimidad democrática para hacer esa exigencia; y esta solo no sería tenida en cuenta si Portugal, entretanto, se hubiera convertido en una colonia informal de la UE.

Reestructuración de la deuda

Esta iniciativa es mucho más compleja e implica exigir una reducción del total de la deuda como condición para cubrir las cuotas asumidas. Se trata de reestructurar la deuda. Es sabido —y los acreedores lo saben mejor que nadie— que Portugal no podrá pagar la deuda externa. Pero, incluso si pudiera, no lo debería hacer, en la medida en que parte de esa deuda se debe a la especulación financiera y al riesgo de contagio, o sea, a razones que nada tienen que ver con la situación real de las finanzas o de la economía portuguesas o con los factores que llevaron al endeudamiento real. Hay, pues, que identificar el valor real de la deuda externa en el conjunto del valor nominal de esta, y solo el valor real debe ser pagado. En otras palabras, Portugal tendrá que negociar en algún momento una reestructuración de la deuda y, para que esta renegociación no se dé en los términos impuestos por los acreedores, es preferible que la iniciativa salga de Portugal y no de los acreedores. Una reestructuración en esos términos exige una auditoría a la deuda transparente y democráticamente participativa, y al mismo tiempo internacionalmente viable, que permita definir su valor real, el valor que los portugueses deben asumir como su obligación.

La reestructuración de la deuda es algo más común de lo que se puede imaginar. Presento a continuación tres casos recientes: Argentina,[13] Ecuador[14] e Islandia; y uno más antiguo que puede sorprender a muchos: Alemania.

UNA HISTORIA ARGENTINA

A comienzos de la década de 1990, Argentina adoptó la paridad cambiaria entre el peso argentino y el dólar americano (Plan de Convertibilidad) y lanzó un programa radical

---

[13]   Ver Teobal, 2007.

[14]   Para un análisis cuidadoso y exhaustivo, ver Acosta, 2008 y Acosta y Ugarteche, 2007.

de privatización de las empresas públicas, de desregulación del mercado de trabajo y de apertura incondicional al capital externo. El crecimiento de la economía en los años siguientes no pudo disfrazar durante mucho tiempo las debilidades del modelo. Los niveles de inversión no crecieron proporcionalmente al *boom* de entrada del ahorro externo. Este panorama se vio empeorado por el deterioro de la posición comercial externa y la desestructuración del sector productivo. El crecimiento del déficit por cuenta corriente, que superaba la tasa del 4% del PIB, traducía la ampliación en los gastos de bienes y servicios del resto del mundo en una proporción superior a la capacidad del país para adquirir divisas a través de las exportaciones. La entrada líquida de capitales por la vía financiera permitió la sostenibilidad de ese modelo, implicando un endeudamiento creciente. Entre 1992 y 1998, la economía creció al ritmo del 6% al año, acumulando un déficit en transacciones corrientes de más de 60 mil millones de dólares, financiados por una entrada líquida de capitales de cerca de 100 mil millones de dólares. El FMI y el Banco Mundial incentivaron abiertamente el Plan de Convertibilidad y las medidas de política económica de Argentina, presentándolo ante los demás países periféricos como un modelo a seguir.

En 2001 la situación alcanzó el punto de quiebre. El 30 de noviembre se registró una fuga del sistema bancario de cerca de mil millones de dólares. El riesgo crediticio del país subió hasta los 3.573 puntos. Los rumores del congelamiento de depósitos privados provocaron una afluencia masiva hacia los bancos, que acabaría por llevar al "Corralito", con el límite de retiros de dinero en 250 pesos/dólares por semana, por cada cuenta bancaria. El 5 de diciembre de 2001 el FMI puso el país en *default* al anunciar que no le daría ni un dólar más a Argentina sin que fuera definido un nuevo programa económico sostenible.

Con el fin de alcanzar el "déficit cero", exigido por los negociadores, el proyecto de presupuesto preveía duros ajustes salariales. Una de las propuestas fue la eliminación del 13.° mes de salario de los funcionarios públicos y pensionados o una disminución de entre el 13% y el 21% en el valor de los salarios.

Las medidas gubernamentales desencadenaron la protesta social, con la adhesión masiva de la clase media que salió a la calle golpeando cacerolas. Concentrados en varios puntos de las principales ciudades del país, sonó a una sola voz el grito que se volvió simbólico: "¡Que se vayan todos!", "¡Que no quede ni uno solo!". "Todos": los políticos. La violencia de las protestas terminó en la renuncia del Presidente Fernando de la Rúa, 33 muertos y un número indeterminado de heridos. Este movimiento expresó el cuestionamiento a las instituciones tradicionales de la democracia representativa y a las relaciones de poder que sostenían este modelo de organización política, proporcionando el desarrollo de nuevos movimientos sociales, como las asambleas de barrio y los Movimientos de los Trabajadores Desempleados o "Piqueteros"[15] y de las Fábricas y Empresas Recuperadas por sus Trabajadores.[16]

El 24 de diciembre de 2001, el Presidente Adolfo Rodríguez Saá (23 de diciembre de 2001 a 2 de enero de 2002) declaró la interrupción de todos los pagos de todos los instrumentos de débito. En enero de 2002, cerca de un mes después del congelamiento de los depósitos impuesto por el "Corralito", el gobierno argentino decretó el fin de la convertibilidad, que se tradujo en la pesificación de la economía, anunciando que la tasa de cambio sería de 1,40 pesos por cada dólar.[17]

---

[15] Cuando explotó la crisis económico-social, en 2001, el desempleo alcanzaba el 18,3% de la población activa. Al año siguiente, el 22% de la fuerza de trabajo de Argentina estaba desempleada, a lo que se sumaba el 19,3% en condiciones de subempleo.

[16] Estos nuevos movimientos representan una respuesta de los trabajadores que enfrentaron el cierre de las fábricas en las que trabajaban, procesos de quiebra, o simplemente el abandono de las fábricas por los propietarios. La crisis en las fábricas se iniciaba con la ruptura de los contratos de trabajo expresada en la disminución o en el pago de salarios. Por todo el país, estos trabajadores organizados de forma relativamente autónoma ocuparon las empresas, asumiendo su dirección con predominio del régimen de cooperativas.

[17] La desvalorización hizo que la deuda acumulada de 147 mil millones de dólares se volviera impagable, ya que representaba el 112% del PIB total.

La crisis política que devoró el país consumió cuatro presidentes en poco más de una semana, dejando profundas secuelas en la vida pública, entre las cuales se destaca la radical deslegitimación de la clase política tradicional.

El 25 de mayo de 2003, Néstor Kirchner —del partido justicialista (Peronista)— asume la presidencia de la República. Defendía la tesis de la corresponsabilidad de los inversionistas privados, del propio FMI y de las demás organizaciones financieras internacionales en la formación de la deuda. Debido al fuerte apoyo dado a los gobiernos argentinos durante la fase final de convertibilidad, el FMI sometió sus créditos al "riesgo argentino". El 20 de septiembre de 2003 fue firmado un acuerdo *stand-by* de tres años entre el FMI y Argentina por un valor de 12,55 mil millones de dólares, que se destinaba a mantener inalterado el acuerdo del Fondo con Argentina durante los tres años siguientes. En julio de 2004, el grupo del FMI encargado de monitorear a Argentina comprobó que el país había cumplido con todos los criterios estructurales, con excepción de los atrasos con los acreedores bilaterales y multilaterales, razón por la cual el gobierno argentino le pidió una moratoria a la Dirección Ejecutiva del FMI. Frente a su negativa, el gobierno argentino decidió suspender el acuerdo con el FMI en agosto de 2004, efectuando puntualmente los pagos a las instituciones financieras internacionales.

En enero de 2005, el gobierno argentino presentó un programa de intercambio de una parte de la deuda con los acreedores privados argentinos y extranjeros emitiendo nuevos títulos para sustituir los que estaban en deuda. El 3 de marzo de 2005, el Ministro de Economía, Lavagna, anunció que el 76,07% de los acreedores privados, del total de 152 títulos de la deuda argentina en mora, aceptaron la propuesta de liquidación presentada por el gobierno, a pesar de que representara una pérdida de cerca del 73% frente al valor original. Mientras tanto, Argentina obtuvo un financiamiento de 3 mil millones de dólares de Venezuela y lanzó al país a un proceso de crecimiento anual del 8% hasta 2008. En el momento de la muerte de Kirchner, en 2010, el FMI, olvidando la desobediencia pasada, lo elogió por el coraje con que asumiera los intereses del país y relanzara su economía (FMI, 2010).

UNA HISTORIA ECUATORIANA

Desde la formación de la República, la deuda externa se constituyó en un telón de fondo para la vida económica, social y política de Ecuador. Siete meses después de su elección, el Presidente Rafael Correa decidió hacer un análisis de la deuda del país y de las condiciones en que esa deuda había sido contraída. Para este fin, una comisión de auditoría de la deuda compuesta por 18 peritos fue puesta en marcha a partir de julio de 2007. El primer paso de la auditoría consistió en una evaluación de la legitimidad y la legalidad de la deuda. El supuesto fundamental de la auditoría fue que las deudas deben estar sujetas a un tratamiento diferenciado según las circunstancias en que fueron contraídas. Así, deben ser anuladas las que caen en la categoría de deudas de odio (contraídas durante una dictadura para financiar la represión del pueblo, como las deudas del *apartheid*, por ejemplo); otras, por sus condiciones, pueden ser consideradas como usureras (con tasas de interés desproporcionadas, que de antemano vuelven imposible el cubrimiento de la deuda) o corruptas (contratadas en condiciones que no se ajustan a las normas legales del país acreedor o deudor, o a normas internacionales). En este último caso, las cláusulas ilícitas pueden incluir vicios de consentimiento, anatocismo,[18] tasas de interés usureras, gastos y comisiones desproporcionados (cubiertos por los deudores sin control alguno), operaciones simuladas, deudas "estatizadas" o "socializadas", etc.

---

[18] Término jurídico para designar la capitalización de intereses, esto es, la cobranza de intereses sobre intereses.

Muchas de estas situaciones estaban presentes en muchos de los contratos de la deuda externa ecuatoriana, y fue posible comprobarlo documentalmente. Después de catorce meses de trabajo, fue elaborado el informe de la Comisión de Auditoría Integral del Crédito Público (externo e interno) en un esfuerzo que se concretó gracias a la presión ejercida por la sociedad. El informe[19] demostró que muchos préstamos habían sido concedidos violando las reglas internacionales. En noviembre de 2008, el gobierno ecuatoriano suspendió, con base en este informe, el reembolso de los títulos de la deuda que vencerían en 2012 y en 2030, y salió victorioso del impasse con los banqueros norteamericanos, poseedores de títulos de la deuda ecuatoriana. El gobierno compró por 1.000 millones de dólares títulos que valían 3.200 millones, economizándole al tesoro público ecuatoriano cerca de 2.200 millones de dólares del *stock* de la deuda, sumados a los 300 millones de dólares de intereses al año, que corresponden al periodo entre 2008 y 2030. Con esto, el gobierno consiguió aumentar los recursos financieros que le permitieron ampliar la inversión social en salud, educación, protección social y en el desarrollo de infraestructuras.

UNA HISTORIA ISLANDESA

El tercer caso es más reciente y más cercano a nosotros. Es el caso de Islandia, donde está ocurriendo una revolución hasta hace poco silenciada por los medios europeos. En 2009 quebraron los principales bancos privados islandeses, todos altamente involucrados en la especulación financiera. Como el Estado no asumió la deuda, los países de los principales

---

[19] Disponible en http://www.auditoriadeuda.org.ec/index.php?option=com_content&view=article&id=89&Itemid=55. Consultado el 27 de abril de 2011.

acreedores, Inglaterra y Holanda, pagaron un total de 3.900 millones de euros a los acreedores y le pidieron el reembolso a Islandia. El Parlamento, dominado por social-demócratas, accedió a pagar, pero el Presidente vetó la ley. Mientras tanto, los ciudadanos, inconformes con el secuestro de la democracia y el saqueo del país por parte del capital financiero, tuvieron la iniciativa de organizar un referendo. El 93 % de los ciudadanos votaron contra el pago de la deuda, o sea, contra la transformación de la deuda de los bancos privados en deuda soberana (lo que sucedió entre nosotros con el escandaloso rescate del BPN). Exigieron también que se convocara una Asamblea Constituyente para darle al país una nueva Constitución provista de instrumentos que defendieran a los ciudadanos del aventurerismo y del saqueo financiero nacional e internacional. El Parlamento buscó retomar la iniciativa política, endulzando las condiciones de pago (los intereses bajaron del 5,5 % al 3 % y el plazo de pago pasó de 8 a 30 años), pero los ciudadanos resolvieron organizar un nuevo referendo. Para obligar a los islandeses a desistir de la negativa a pagar la deuda de los bancos privados, las agencias de *rating* usaron contra ellos las mismas técnicas de terror que han usado contra los portugueses. El 9 de abril de 2011, los islandeses volvieron a rechazar el pago con una mayoría del 60 %. Gracias a la voluntad organizada de los islandeses[20] y a una sabia articulación entre vías institucionales y vías extrainstitucionales, la lógica de hierro del capital financiero —su capacidad de imponer soluciones y transformarlas en consensuadas por ser supuestamente las únicas— fue abatida. Ahora sigue el largo camino de los tribunales y de los arbitrajes internacionales, y mientras el palo va y viene, descansan las espaldas de los islandeses.

---

[20]   Plasmada en el juicio inédito contra el ex Primer Ministro islandés, Geir Haarde, quien responderá ante el Landsdomur, un tribunal especial, creado en 1905 para juzgar a políticos con inmunidad parlamentaria, por su responsabilidad en la crisis de 2008.

Veamos ahora una historia más antigua.

UNA HISTORIA ALEMANA

Después de perder dos guerras y de quedar sujeta a tratados que, entre otras cosas, transformaban la derrota en deudas, la entonces Alemania occidental estaba en 1953 en bancarrota. Reunidos en Londres, los acreedores aceptaron perdonar parte de la deuda reduciendo su *stock* al 62%. Acordaron también que los intereses por pagar a los acreedores serían definidos en función de la capacidad de la economía alemana para sostenerlos sin comprometer su crecimiento. Así, fue definido un *ratio* entre el cubrimiento de la deuda y el valor anual de las exportaciones, en términos del cual el cubrimiento de la deuda no podría exceder el 5% de aquel valor. Además de eso, la definición anual de los intereses fue confiada a un banquero alemán muy respetado. Se trató, como es evidente, de una solución política, en la que no se oyó hablar de las "reacciones de los mercados". Justificando esta solución estaba el interés de los países capitalistas occidentales en mostrar, en el contexto de la Guerra Fría, la capacidad del capitalismo para garantizarle a Alemania occidental un éxito igual o superior al que temían que le garantizara el bloque soviético a la Alemania oriental, socialista.

Se dirá que estos son países muy diferentes o contextos muy diferentes del portugués, pero eso no hace más que reconocer que los procesos de reestructuración de la deuda varían mucho y deben ser calibrados de acuerdo con las condiciones y el contexto de cada país o momento histórico. Por ejemplo, en el caso portugués todo aconseja que la exigencia de reestructurar la deuda sea hecha en conjunto con Grecia e Irlanda. En lo que respecta a Grecia, en marzo de 2011, más de cien personalidades dieron a conocer una petición que exigía una auditoría a la deuda pública griega. Según ellos el público debe ser informado sobre la deuda pública y la deuda privada que se beneficia de garantías públicas, y la comisión de auditoría deberá identificar las partes de la deuda que son ilegales, ilegítimas u odiosas. Bastaría pensar en los contratos de endeudamiento intermediados por la Goldman Sachs, o en los contratos destinados a financiar la compra de armas de guerra (los submarinos, en nuestro caso), para constatar la necesidad de una auditoría independiente.[21]

La reestructuración de la deuda apunta a reducir las deudas consabidamente impagables, las deudas punitivas impuestas como resultado de guerras o las deudas consideradas ilegales o ilegítimas a la luz de criterios internacionalmente reconocidos. Uno de ellos es la prohibición de intereses usureros, sobre todo cuando son políticamente motivados para afectar a una población. No quedan dudas de que el total de los intereses de la deuda soberana de Portugal, a partir del momento de la caída del actual gobierno, fueron usureros. Posiblemente fueron también manipulados para forzar una solución política en Portugal y en Europa. El chantaje a los países en dificultades para provocar la asfixia financiera, del que pueden derivar daños irreparables para poblaciones enteras, es poco menos que un crimen contra la humanidad. Basta tener en mente que el FMI, en su reunión de primavera de este año, volvió a reiterar que las tasas de interés sobre el 7% son insostenibles (o sea, que no pueden pagarse), en un momento en que las tasas de interés de la deuda soberana de nuestro país alcanzaba el 10%. Veamos la secuencia frenética de la disminución de la deuda soberana sin ningún vínculo con la situación de la economía real.

Entre el 24 de marzo (el día siguiente al rechazo del PEC IV en el Parlamento) y el 5 de abril (la víspera del pedido de rescate por parte del gobierno portugués) todas las agencias de calificación crediticia bajaron abruptamente el *rating* de la república portuguesa a niveles próximos al "polvo". Desde el 23 de marzo hasta el 6 de abril los intereses de la deuda portuguesa a 2, 5 y 10 años

---

21 Ver http://www.cadtm.org/CALL-FOR-AN-AUDIT-COMMISSION-ON. Consultado el 12 de agosto de 2011.

aumentaron 2,3, 1,5 y 0,9 puntos porcentuales. En las semanas siguientes continuaron subiendo a un ritmo semejante.

TABLA 3. Evolución de los *rating* de la deuda soberana entre la caída del gobierno y el pedido de "rescate"

24 de marzo	Fitch	A + para A-
25 de marzo	S&P	A – para BBB
29 de marzo	S&P	BBB para BBB–
1 de abril	Fitch	A – para BBB–
5 de abril	Moody's	A3 para Baa1

La reestructuración de la deuda no es una solución milagrosa, sin costos. Podría implicar la suspensión del cubrimiento de la deuda, o sea, la suspensión temporal del pago de los intereses, que en este momento representan cerca del 4% del PIB y de las amortizaciones. La consecuencia podría ser el bloqueo temporal de los mercados financieros y el recurso a préstamos bilaterales de países que crean en nuestra capacidad de recuperación económica. Sin embargo, la suspensión del cubrimiento de la deuda permitiría liberar recursos que aseguraran el funcionamiento del Estado a lo largo del periodo de las negociaciones.

Entre las muchas objeciones a este acto de desobediencia financiera se pueden identificar las siguientes. Primero, tal acto transforma a Portugal en un Estado paria e implica su expulsión por lo menos de la eurozona, si no de la UE.

Respuesta: la reestructuración de la deuda es un acto ambiguo porque de algún modo puede interesar también a los acreedores (más vale recibir alguna cosa que ver al deudor en bancarrota). Además de eso, el Consejo Europeo (por lo tanto, Angela Merkel), en su reunión del 24 de marzo pasado, asumió la posibilidad de la reestructuración de las deudas soberanas[22] a partir de 2013;

---

[22] En un artículo de opinión publicado el 9 de agosto de 2011 en el *Financial Times*, Kenneth Rogoff, antiguo jefe de economía del FMI, se alineó con lo que ha

la opción por la reestructuración a cuotas, contra la reestructuración ahora, fue tomada en función de los intereses de los acreedores europeos (bancos alemanes, franceses, españoles), para darles tiempo de limpiarles el "polvo" a los balances de los bancos detentores de la deuda periférica a través de las intervenciones del BCE en el mercado secundario.[23]

Lo importante es, pues, que la iniciativa de la reestructuración de la deuda provenga de los deudores para proteger mejor sus intereses ante los intereses de los grandes acreedores. Solo así la reestructuración de la deuda podrá favorecer a los pequeños acreedores y sus ahorros (certificados de ahorro), que en ningún caso pueden ser tocados. Por otro lado, estoy seguro de que Portugal no estará solo en la iniciativa de desobediencia, pues ya se habla de reestructuración de la deuda de Grecia y de Irlanda. Además, como se dio en el caso de Argentina, el Estado paria del 2004 rápidamente se transformó a los ojos del FMI en un Estado responsable y celoso de los justos intereses nacionales.

La segunda objeción es que la desobediencia conducirá a sanciones todavía más costosas para el país.

Respuesta: las sanciones no son fáciles de definir y mucho menos de imponer, sobre todo si la desobediencia proviniera de más de un país. El caso de desobediencia que Islandia acaba de protagonizar será una buena prueba y debe ser acompañado de cerca, a pesar de que las condiciones sean muy distintas por el hecho de que Islandia no sea todavía miembro de la UE.[24] Además, se pueden accionar formas de solidaridad internacional (es-

---

defendido Nouriel Roubini, considerando que se necesitan soluciones *out of the box* y que la reestructuración de la deuda tiene que ser encarada de frente.

[23] He aquí el análisis del jefe de economía del Banco Natixis, Patrick Artus (2011): "A comienzos del próximo decenio, la casi totalidad de la deuda contraída a través de inversionistas privados habrá sido reembolsada. Y casi la totalidad de la deuda pública de los países en dificultad estará en las manos de acreedores públicos (Fondo Europeo de Estabilidad Financiera y su sucesor, UE, FMI)".

[24] Curiosamente, Islandia, que fue sometida al ostracismo por su desobediencia financiera, volvió recientemente a los mercados y obtuvo intereses más bajos que Grecia o Portugal.

pecialmente en la zona de lengua portuguesa) que pueden llegar a neutralizar cualesquier eventuales (e improbables) sanciones.

La tercera objeción es que la desobediencia debe ser anterior y no posterior a la adopción de medidas de austeridad.

Respuesta: en este momento, la negociación se impone como un hecho. Además de eso, la fragilidad política del gobierno hace creer que más que negociación hubo imposición. Sucede que el impacto social de las medidas de austeridad todavía no entró en toda su dimensión en el bolsillo y en la vida de los ciudadanos, por lo que es dudoso que un acto que necesariamente dramatiza la vida social y política y que momentáneamente demoniza al país ante actores internacionales con gran poder financiero y mediático tenga apoyo político. Como la política tiene razones que la razón desconoce, estamos ante algo así como una situación de secuencia inversa para alcanzar resultados hacia adelante. La negociación permanente que seguirá en los próximos meses, e incluso años, se debe hacer manteniendo abierta la posibilidad de la desobediencia en el horizonte; las medidas de austeridad y las "reformas estructurales" impuestas por la troika UE-BCE-FMI, por su naturaleza, no podrán dejar de empeorar el desempleo y los costos que inciden sobre los ingresos del trabajo, reducir las prestaciones sociales y la cantidad y calidad de los servicios públicos. Tales medidas causarán mucho descontento social, y este eventualmente se puede traducir en acciones colectivas democráticas pero extrainstitucionales. Si así llegara a ocurrir, solo un gobierno de izquierda con un programa de izquierda podrá ofrecer respuestas no represivas a los ciudadanos rebeldes; entre esas respuestas estarán la auditoría y la reestructuración de la deuda.

MÁS ALLÁ DE EUROPA

Portugal es un europeo errante; un ciclo colonial multisecular y multicolonial nos puso en contacto con una multiplicidad de pueblos y de culturas cuyos destinos influenciamos y nos influenciaron. Influencias desigualmente recíprocas que continuaron después de que el ciclo colonial llegó a su fin, y que permanecen hasta hoy. Como es propio del colonialismo, los contactos fueron siempre desiguales y muchas veces violentos, pero dieron origen a experiencias comunes, culturas híbridas, identidades mestizas, que adquirieron contenidos complejos que no pueden ser reducidos a la desigualdad y a la violencia que las originó. El carácter semiperiférico de la sociedad portuguesa, combinado con el modo como se precipitó el fin del ciclo colonial, con la Revolución del 25 de Abril de 1974, hizo posibles relaciones no neocoloniales entre Portugal y los nuevos países, tal como sucediera 150 años atrás con el fin del ciclo colonial de Brasil; aquel también en el seno de una revolución en la metrópoli: la Revolución Liberal de 1820. Este potencial de interacción económica, política y cultural, mutuamente ventajoso para los socios involucrados, fue desperdiciado durante una década en que Portugal se dejó embriagar por el momento europeo de aceptación, vivido imprudentemente como el "regreso a Europa".

Ese regreso tenía todo el sentido en el plano político, pues Portugal se había apartado de Europa en el momento en que, en la posguerra, permanecía bajo una dictadura cuando el resto de Europa volvía a la democracia, y decidía mantener sus colonias cuando el resto de Europa se descolonizaba (con los problemas, violencias y límites que conocemos). La intensidad de este regreso, potenciada con el objetivo de conjurar el "peligro comunista", dio pie al nacimiento de un sentimiento de "vergüenza colonial" que acabó por justificar una total indiferencia, si no incluso hostilidad, ante la necesidad de garantizar relaciones privilegiadas con las ex colonias, al contrario de lo que habían hecho Francia e Inglaterra. Si antes le había vuelto la espalda a Europa ahora le volteaba la espalda al espacio extraeuropeo de lengua oficial portuguesa. Aquellos que defendieron (entre los cuales me incluyo) que, después de terminado, el colonialismo era un recurso histórico que permitía espacios de convergencia y ventajas de inserción internacional que no debían ser desperdiciados, fueron llamados tercermundistas y antieuropeos.

Sin querer negociar relaciones privilegiadas con las ex colonias —en ese tiempo se decía que tales relaciones o habían terminado o no tenían ningún interés, o eran incluso perniciosas por representar un residuo del pasado—, la integración en la entonces Comunidad Económica Europea fue más fácil, pero una vez más fuimos víctimas de las soluciones fáciles. En este caso la facilidad fue particularmente irónica, pues, si fue el colonialismo el que nos habituó a ella, fue el anticolonialismo el que nos llevó a perseverar en ella.

Veinticinco años más tarde, y confrontado con la perversidad de la facilidad con la que se integró en la UE, el país, para salir con dignidad y esperanza de la crisis en la que se encuentra, debe reinventar el espacio geopolítico de la CPLP. En colaboración fraterna con los países que la integran debe diseñar políticas de entendimiento político-económico que puedan ser ventajosas para todos y contribuyan al fortalecimiento de la posición de Portugal en el contexto europeo. El artículo de opinión publicado en el periódico *Público*, del 18 de abril de 2011, por José Ramos Horta, Presidente de la República de Timor Oriental y Premio Nobel de la Paz de 1996,[25] es amargamente esclarecedor del potencial que hasta ahora se desperdició, y vibrantemente motivador de lo que todavía se puede hacer si ponemos fin a ese desperdicio. No se imagina a un Presidente de un país colonizado por Francia o por Inglaterra declarar con vehemencia su solidaridad para con la potencia ex colonizadora y manifestarse con indignación contra las causas sistémicas de la crisis financiera que solo pasan desapercibidas a los comentaristas entrenados para acertarles a blancos caseros y fáciles.

En el ámbito de la cooperación fraterna, y a mero título de ejemplo, es urgente facilitar la circulación de técnicos y científicos altamente calificados en el espacio de la CPLP, hacer transferencias de tecnologías mutuamente ventajosas, diseñar una política industrial y de servicios que atraiga a inversionistas de este espacio, especialmente de Brasil y de Angola, y usar como recurso estratégico en esa integración la recualificación de nuestra espe-

---

[25] Disponible en http://www.presidencia.tl/mag/mag3/pdf/pg30.pdf.

cialización industrial, en función del extraordinario avance del país en los últimos años en los campos de la formación avanzada y de la investigación científica (hoy, el 1,7% del PIB y previsiblemente el 3% en 2020).[26]

PENSAR LA POSCRISIS Y LA POSRUTINA DEL PASADO

Mientras las urgencias de corto plazo resuenen en nuestros oídos como sirenas, no será posible reflexionar sobre las exigencias del mediano y largo plazo que son hechas al país para dejar de vivir de tropiezo en tropiezo, de abismo en abismo. A pesar de eso, desde ya se deben lanzar algunas señales y esperar a que ellas sean consideradas cuando haya disponibilidad. Si el corto plazo nos obliga a situar a Portugal en el contexto europeo y mundial, bien representado en la estructura trinitaria de intervención externa por la que estamos pasando, el mediano y largo plazo no pueden siquiera ser pensados sin tener en cuenta los caminos y los extravíos del vasto mundo que compartimos. Mucho de lo que hay que pensar y hacer tiene que ser pensado y hecho a nivel europeo y a nivel mundial. Es un ejercicio particularmente difícil en el caso de Portugal porque, dada la gravedad de la crisis de corto plazo, es legítimo imaginar que una vez resuelta la crisis todo volverá a la "normalidad", a las rutinas que hace tanto tiempo nos eximen de desafiar el futuro un poco menos a oscuras. Pero por ser difícil no es menos urgente; al contrario. He aquí algunas de esas señales, sin ningún orden de prioridad, puesto que se trata de una red en la que se van cruzando caminos, definiendo convergencias y potenciando sinergias.

---

[26] En la última década, Portugal fue el país de la UE que registró el mayor aumento en la creación de doctorados y en recursos dedicados a la investigación y el desarrollo. En 2008 alcanzó el número de 7,2 investigadores por cada mil trabajadores activos. El promedio de la UE es de 6 por mil; el promedio de la OCDE es de 8 por mil. En 1990, Portugal presentó 8 patentes a la *European Patent Office*; en 2009, sometió 165.

DEMOCRATIZAR LA DEMOCRACIA

Así como en los últimos treinta años la explotación desenfrenada de los recursos naturales nos hizo perder biodiversidad, también la monocultura del neoliberalismo y de la democracia electoral nos hizo perder demodiversidad. La multiplicidad de tipos de democracia, reconocidos por la ciencia política de los años sesenta, se fue reduciendo poco a poco hasta quedar limitada a un solo tipo de democracia, la democracia representativa. La consagración de la democracia representativa fue un paso importante en la democratización del mundo, sobre todo en la medida en que, como escribí arriba, las clases populares se fueron apropiando de ella. Sin embargo, al asumirse como la única forma legítima de democracia, se volvió una presa fácil de los grupos sociales dominantes, que la pervirtieron y secuestraron para que sirviera mejor sus intereses. Cuando eso sucedió, la democracia representativa se transformó en un obstáculo para la democratización del mundo. Se trata, no obstante, de un proceso histórico muy contradictorio, pues, si tomamos el mundo como nuestra unidad de análisis, constatamos que el proceso de apropiación de la democracia representativa por los poderosos se tiene que confrontar a cada paso con la osadía de las clases populares que, al asumir la democracia como suya, consiguen ponerla al servicio de los intereses de la gran mayoría de la población, por lo menos por algún tiempo o en relación con algunas conquistas. Y siempre que lo hace, su éxito está vinculado a innovaciones democráticas que, por la vía institucional o extrainstitucional, le confieren una fuerza decisiva a la participación de los ciudadanos. Frente a esto, en las condiciones de nuestro tiempo, democratizar el mundo significa complementar la democracia representativa con la democracia participativa. Una relación tensa pero virtuosa entre las dos formas de democracia aumenta la posibilidad de defender la democracia representativa del secuestro por parte de intereses poderosos, al mismo tiempo que se le confiere una mayor eficacia a la democracia participativa.[27]

---

[27] Para una visión amplia sobre estos asuntos con diversas propuestas de diferentes países, ver Santos, 2003 (comp.).

No será posible democratizar el mundo, refundar democráticamente a Europa o preparar a las sociedades nacionales para los inmensos desafíos del futuro sin una profunda transformación de los sistemas políticos, que combine la democracia representativa con la democracia participativa, o que, en muchos casos, implique la reformulación intercultural de cada una de ellas. Sin la participación más densa y comprometida de los ciudadanos y de las comunidades en la dirección de la vida política, la democracia continuará siendo rehén de la antidemocracia, esto es, de intereses que generan mayorías parlamentarias a su favor en contra de la mayoría de los ciudadanos.

En Portugal, como en otros países, la calidad de la clase política se fue degradando a partir del momento en que la mega-ideología del neoliberalismo logró imponerse como fin de las ideologías y envolvió a los políticos profesionales en el vértigo del pensamiento único. La supuesta inexistencia de alternativas, la presión de las instituciones del capitalismo global (FMI, BM, OMC, Foro Económico de Davos) sobre las economías y los Estados nacionales, y el secuestro de las agendas partidarias por parte de los intereses económicos que financian a los partidos, contribuyeron a que la distancia entre representantes y representados no deje de aumentar y a que la participación en los procesos electorales les parezca a los ciudadanos un ejercicio cada vez más inútil.

La crisis de la democracia de baja intensidad en que nos encontramos solo se resuelve con más democracia. La teoría política liberal fue desarrollada con el presupuesto de que las instituciones democráticas deberían protegerse de la rebelión de las masas, de la movilización extrainstitucional de las clases populares. Posteriormente, diferentes teorías elitistas de democracia glosaron este presupuesto de múltiples formas. A los ciudadanos no les interesa involucrarse en política; la democracia se estabiliza en la medida en que garantiza una alternancia del gobierno entre las élites, las cuales, para gobernar, deben estar protegidas contra la agitación popular; la dirección política se volvió demasiado compleja como para poder estar al alcance de los ciudadanos comunes.

La teoría política liberal no previó, ni podía prever que, en la gran mayoría de los países, los mayores adversarios de la democracia no vendrían de dentro sino de afuera, de los imperativos globales definidos a la medida de los intereses de los países más desarrollados, aunque siempre articulados a poderosas élites locales que extraen beneficios de la desigualdad estructural del sistema mundial. A la presión global, ejercida de arriba hacia abajo sobre los gobiernos nacionales, es necesario contraponerle la presión de abajo hacia arriba ejercida por los ciudadanos a través de formas de participación amplias y eficaces que incluyan el voto pero que no se reduzcan a él.

En el caso portugués hay razones adicionales que justifican la necesidad de una reforma profunda del sistema político y electoral. El sistema político en vigor es un sistema defensivo y restrictivo, cuya arquitectura se comprende en función de la necesidad, muy sentida hace treinta años, de estabilizar una democracia mínimamente funcional después de décadas de dictadura. De ahí el exclusivo protagonismo de los partidos, el blindaje de los representantes en relación con las reivindicaciones de los representados, la hostilidad contra las formas de democracia participativa, contra los referendos e iniciativas populares y contra la regionalización. Pienso que, treinta años después, este sistema debe ser reformado, ampliado en el sentido de facilitar la creación de múltiples esferas públicas donde la sociedad civil organizada en asociaciones y movimientos pueda participar efectivamente en la vida política a través de múltiples formas de democracia participativa. Bajo las condiciones de partidocracia en que vivimos, el impulso hacia estas formas de democracia participativa tiene que generarse en la sociedad. Sospecho que la reforma profunda del sistema político aquí propuesta no puede ser llevada a cabo en el estricto intramuros del Parlamento. Exigirá la creación de una esfera pública constituyente, en la que las iniciativas de los ciudadanos, la consulta efectiva, el referendo, sean efectivamente articulados con los mecanismos de la democracia representativa. En articulación con la democracia representativa, varias formas de democracia participativa han sido puestas en práctica en algunos países con buenos resultados, de lo cual es ejemplo Brasil; otras están diseñadas y solo esperan la iniciativa de los ciudadanos y la audacia de los partidos políticos para que sean puestas en marcha. Entre muchas otras, destaco las siguientes: las consultas y referendos sobre aspectos decisivos del gobierno; iniciativas legislativas populares en condiciones de competir lealmente con las iniciativas legislativas de los partidos; consejos de ciudadanía compuestos por ciudadanos elegidos por sorteo y por organizaciones de la sociedad civil, obligatoriamente consultados sobre las medidas a tomar en cada una de las grandes políticas públicas (educación, salud, trabajo, seguridad social, política criminal etc.); elaboración participativa de los presupuestos municipales y posible extensión al presupuesto nacional; fiscalización participativa en la que, por encima de un cierto nivel de financiamiento de servicios del Estado, los contribuyentes puedan vincular parte de los impuestos que pagan al financiamiento de ciertos servicios (por ejemplo, salud, educación, transportes públicos) o prohibir que sean utilizados para el financiamiento de ciertos servicios (por ejemplo, compra de material de guerra, participación en acciones bélicas, energía nuclear).

La introducción de mecanismos de democracia participativa impondrá cambios significativos en la democracia representativa, que faciliten tal introducción y no la instrumentalicen. Por ejemplo, la impotencia ante la impunidad de la violación del contrato electoral es seguramente uno de los más serios ingredientes de la crisis política de nuestro tiempo. Es urgente encontrar formas de responsabilizar a diputados y gobernantes en función del registro público de programas y sus respectivas concretizaciones, en el poder o en la oposición. Entre otras reformas posibles del sistema político y electoral, menciono las siguientes: cambios en el sistema electoral que vuelvan más responsables a los diputados ante quien los elige; prohibición de la renovación de mandatos políticos municipales o nacionales; referendo revocatorio de mandato para todos los dirigentes políticos elegidos; derecho de votar y ser elegido para todos los residentes que lleven más de cinco años en el país; reducir a la mitad la financiación pública de las campañas; publicar en internet la declaración patrimonial de titulares de cargos políticos, altos cargos públicos y en empresas públicas o municipales y del currículo profesional de diputados, gobernantes y presidentes, de manera que se vuelva transparente la eventual promiscuidad entre los intereses privados y públicos.

Pero la democracia de alta intensidad no será posible sin el surgimiento de nuevos actores políticos, lo que tendrá que suceder a varios niveles. El primero se refiere a los *dirigentes políticos*: nuevos líderes democráticos, tanto a nivel nacional como a nivel europeo y mundial, con menos imaginación burocrática o corporativa y más imaginación política; vacunados contra el virus del neoliberalismo; capaces de regular el capital financiero y de prohibir o ignorar los servicios de las agencias de *rating*; capaces de volver a creer y de hacer creer en el ejercicio de la política como creación de bienestar y seguridad individuales y colectivos; y sobre todo, capaces de poner en discusión nuevos modelos civilizacionales basados en alternativas poscapitalistas potenciadoras de solidaridad entre los hombres y entre los hombres y la naturaleza.

El segundo nivel de actuación política se refiere a la sociedad civil organizada en *sindicatos, movimientos sociales y organizaciones no-gubernamentales*. Antes de todo, es fundamental que los sindicatos resistan con éxito al proyecto neoliberal de destruirlos. Para eso tienen que independizarse de los partidos políticos, reforzar los vínculos con sus bases y crear alianzas transnacionales entre sí y con los movimientos sociales, dándole cuerpo político a la globalización contrahegemónica inspirada en el Foro Social Mundial (Santos, 2005). Los adversarios viables del capitalismo surgirán en el futuro de los catalizadores de las articulaciones entre las muchas dimensiones de la opresión en las sociedades capitalistas y entre las diferentes culturas que le dan sentido a la injusticia de la opresión y al inconformismo que despierta. Por otra parte, la complejidad y la diferenciación sociales son tales que nadie tiene competencia específica o un dominio propio para luchar contra el capitalismo, el colonialismo y el patriarcado. Las experiencias de vida son muy diferentes y distintos los modos como los grupos sociales fueron puestos en situación de vulnerabilidad e inseguridad. Los adversarios viables del capitalismo serán en el futuro no solo globales sino también interculturales y, por eso, no habrá izquierda; habrá mosaicos de izquierdas.

El tercer nivel de actuación política se refiere a la *sociedad civil no organizada*, esto es, la gran mayoría de los ciudadanos. Como lo mencioné atrás, los niveles de movilización son indeterminados, su orientación política es muy diversa y su eficacia muy relativa, pero hoy no queda duda de que las arriba mencionadas formas de organización de intereses en las sociedades contemporáneas (partidos, sindicatos, movimientos sociales, ONG) no alcanzan sino a una pequeña franja de la ciudadanía potencialmente activa, y por eso es insensato imaginar que representan cabalmente sus intereses. La emergencia política de los ciudadanos no convencionalmente organizados reside en una ecuación imprevisible entre la conciencia de intereses lesionados injustamente y la posibilidad de revertir el daño, una combinación de inconformismo y de apuesta por la posibilidad de una alternativa que se define más por lo negativo, por lo que se rechaza, que por lo positivo. Se apuesta por la posibilidad de que la intervención marque la diferencia en la reversión del daño. La movilización parece ocurrir cuando el nivel de inconformismo es accionado por una percepción favorable de la probabilidad de la apuesta. Cuando los ciudadanos se transforman, de plazas de objetos en plazas de sujetos, las instituciones se convierten rápidamente en miniaturas de sí mismas y todo queda más al alcance de la decisión democrática directa, aunque solo por breves instantes. Son estos los instantes de bifurcación, los instantes en los que las más pequeñas alteraciones en sistemas fuera de equilibrio pueden provocar cambios de gran magnitud.

El potencial político de los ciudadanos supuestamente apolíticos puede ser en las próximas décadas un factor importante de indeterminismo y de transformación de los procesos políticos, generador de sorpresas, no todas necesariamente deseables. El modo como este potencial se articule con las formas existentes de organización social y política determinará si la democracia se transformará en democracia de alta intensidad o si, por el contrario, vegetará en bajísima intensidad y poblada de fascismos sociales. La democratización de la democracia que aquí defiendo es parte de un proceso más amplio y radical de democratización de las relaciones sociales, que tiene como horizonte el largo plazo, aunque deba comenzar hoy, so pena de no comenzar nunca. He sostenido que el sistema político, tal como lo conocemos, es una parcela muy limitada de la vida de las sociedades, y que estas solo se democratizarán verdaderamente en la medida en que la democracia sobrepase el campo político convencional y se extienda a todas las áreas de la vida social donde se tejen las relaciones de poder. De ahí mi definición de democracia: democracia es toda transformación de las relaciones de poder desigual en relaciones de autoridad compartida. Ahora, como tales relaciones atraviesan todo el tejido social, la tarea de democratización de la sociedad es inmensa.

LA REFORMA DEL ESTADO

El Estado contemporáneo es un palimpsesto de lógicas político-administrativas diferentes que se fueron sucediendo y sobreponiendo a lo largo de los últimos doscientos años. Es, por eso, un Estado heterogéneo en su estructura y en su funcionamiento. El Estado administrativo coexiste con el Estado empresarial y con el Estado de las compañías público-privadas. Por su parte, el Estado regulador coexiste con el Estado desregulador y el Estado represivo con el Estado protector. No siempre es fácil determinar qué tipo de lógica estatal domina en una intervención dada, y a veces varias lógicas compiten entre sí en el interior de la misma intervención. El Estado que hoy es visto frecuentemente como un problema es, al mismo tiempo, visto como solución para muchos problemas.

La heterogeneidad del Estado resulta también de la evolución histórica de las relaciones entre el Estado y la sociedad civil y entre el Estado y el mercado. Corriendo el riesgo de hacer alguna simplificación, podemos decir que, en lo que respecta a las relaciones Estado/sociedad civil, en los últimos cien años fueron dominantes dos concepciones diametralmente opuestas: una que vio en el Estado democrático fuerte e interventor la condición para el surgimiento de una sociedad civil fuerte (el modelo nórdico) y otra que vio en ese mismo Estado el gran obstáculo para la constitución de una sociedad civil fuerte (modelo norteamericano). Paralelamente, en lo que se refiere a las relaciones Estado/mercado detectamos dos posiciones igualmente opuestas: una que vio en el Estado regulador la condición esencial para que los mercados sean eficientes y no tengan comportamientos irracionales y perversos (el Estado después de la Gran Depresión) y otra, que ha sido dominante desde los años ochenta, para la cual los mercados son eficientes y lo serán tanto más cuanto menos sea la regulación estatal siempre tendencialmente perversa e irracional desde un punto de vista económico. Para aumentar la complejidad, cualquiera de estas concepciones y posiciones estuvo marginalmente presente en el funcionamiento del Estado, aun cuando fue la concepción opuesta la que dominó. Estas asimetrías se cruzan con otra que heredamos de la cultura autoritaria, burocrática, antigerencial, que dominó durante casi toda la mitad del siglo pasado: el funcionamiento asimétrico y desigual de las instituciones según el capital social y político de quien a ellas recurre. Somos una sociedad polarizada entre una pequeña sociedad civil doméstica, habituada al acceso fácil y privilegiado a las instituciones públicas, y una vasta sociedad civil ajena, a la que las instituciones sirven mal y siempre selectiva, discrecional y distantemente. Nuestras instituciones tienden a oscilar entre el totalitarismo y el familiarismo extendido, muy lejos del tipo ideal de impersonalidad burocrática de Max Weber. Lejos de ser un Estado excepcional en este campo, el Estado portugués es dócil ante los poderes fácticos y arrogante ante las clases populares, de las que espera docilidad y obediencia. De esta asimetría deviene, por ejemplo, que el Estado esté mucho mejor equipado para detectar las ilegalidades y castigar los crímenes cometidos por las clases populares que los cometidos por las clases dominantes. Las declaraciones falsas de acceso al ingreso mínimo de inserción[28] son prontamente detectadas y reprimidas, mientras que las ilegalidades en los contratos para grandes proyectos, compra de submarinos o compañías público-privadas difícilmente son detectadas o, cuando son detectadas, efectivamente reprimidas.

La lucha por el control del Estado es hoy, en Portugal, la lucha menos regulada y más salvaje. La apropiación privada del Estado y sus políticas por parte de los grupos de interés ocurre frecuentemente encubierta por los imperativos económicos transnacionales, con el propósito de proteger sus intereses propios, a veces muy locales. Tal privatización del Estado se traduce en violaciones impunes de derechos, en despilfarros financieros incalculables, y en el sometimiento de grupos sociales a la vulnerabilidad indefensa ante microdespotismos no estatales.[29]

El control político del Estado es el imperativo central de la democratización del país. Dada la nueva promiscuidad entre lo público y lo privado, tal control solo es posible a través de una ampliación del concepto de público y de una nueva articulación entre democracia representativa y democracia participativa, tal como lo mencioné arriba. Esta ampliación se debe traducir en la creación de dos nuevos tipos de esfera pública: las esferas públicas subalternas y las esferas públicas no estatales. Las primeras se proponen crear espacios de debate y consulta, donde grupos sociales excluidos, discriminados o temporalmente vulnerables puedan definir reivindicaciones colectivas frente al Estado central y sus autarquías y frente al sistema político en general. Las segundas, las esferas públicas no estatales, se definen no por la

---

[28] El ingreso mínimo de inserción es una medida de protección social creada en Portugal para apoyar a las personas o familias que se encuentren en situación económica grave o en riesgo de exclusión social, y consta de: a) un contrato de inserción para ayudarlas a integrarse social y profesionalmente; y b) un préstamo de dinero para satisfacer sus necesidades básicas. Para recibir el Ingreso Social de inserción, las personas firman un Contrato de inserción, en el cual figuran un conjunto de deberes y derechos, con miras a su integración social y profesional.

[29] Ver más adelante el capítulo sobre el fascismo social.

situación de los grupos sociales que las constituyen sino por las específicas relaciones de asociación que crean con el Estado y las autarquías y por las formas de decisión —más allá del debate y la consulta— en que se traducen. Las esferas públicas no estatales más consistentes residen, por ahora, en los presupuestos participativos municipales, pero pueden ser creadas en muchos otros contextos sociales e institucionales.

La democratización del funcionamiento de las instituciones es una condición esencial del aumento de su eficacia. Aquí el campo de actuación es inmenso; a título de ejemplo: separación eficaz entre lo público y lo privado; creación de una cultura administrativa democrática al servicio de la ciudadanía; evaluaciones de desempeño de acuerdo con esos objetivos; participación de consejos de ciudadanos en el acompañamiento de las instituciones; reestructuración de las carreras y eliminación de los criterios de antigüedad; diversificación de la formación básica que da acceso a las instituciones; una reforma profunda de la justicia.

No pudiendo detallar aquí cada uno de estos campos de reforma del Estado, me centro en uno de ellos, muy esencial: el sistema judicial.

LA JUSTICIA AL SERVICIO DE LA DEMOCRACIA Y DE LA CIUDADANÍA

El estado de la democracia se refleja mejor en la justicia que en cualquier otra área de gobierno. En este campo, Portugal tiene un largo camino por recorrer y no está solo, ni en Europa ni en el mundo. La democracia de alta intensidad no es posible sin una revolución democrática de la justicia.[30] En momentos de crisis social y política, una justicia rápida, consciente del mandato institucional y atenta a los derechos humanos y de ciudadanía, contribuye de manera decisiva a garantizarles a los ciudadanos frustrados, vulnerables y empobrecidos el valor de la democracia y de

---

[30] Sobre este tema ver, para el caso brasileño, Santos, 2007 (3.ª edición revisada y aumentada, 2011).

la lucha por los derechos. Esa contribución ocurre a dos niveles: por un lado, el combate eficaz contra la corrupción, el tráfico de influencias y el abuso de poder garantiza la competencia en la economía, sin la cual no es posible el relanzamiento económico; elimina privilegios que distorsionan las prioridades del Estado al sobreponer los intereses privados por encima de las inversiones públicas; y, finalmente, rescata el lado casi siempre olvidado de la representación democrática: la rendición de cuentas.

Por otro lado, los tribunales, al garantizar la defensa efectiva de los derechos económicos y sociales de los trabajadores, de los ciudadanos y de los inmigrantes, minimizan el caos de la vida personal causado por el desempleo, por el sobreendeudamiento, por el empobrecimiento brusco y por los accidentes de trabajo incapacitantes. En este campo, las exigencias hechas a los magistrados son semejantes a las que se les hacen a los políticos. Si a estos se les exige imaginación política para crear alternativas allí donde los imperativos dominantes ven soluciones únicas, y pensar en la cohesión y justicia social cuando todo parece orientarse en contra de ellas, a los magistrados se les exige imaginación procesual y de gestión para aumentar la celeridad ante las situaciones de emergencia en que están los ciudadanos, e imaginación constitucional para hacer que la justicia ampare a los ciudadanos cada vez más precarizados, interpretando la ley según los principios de solidaridad, de cohesión y de demanda de justicia social que subyacen a la Constitución. Si los tribunales no tienen una presencia democrática en un momento de crisis, no se puede esperar que los ciudadanos los consideren relevantes después de que la crisis pase.

¿Está el sistema judicial portugués en condiciones de desempeñar un papel activo en la defensa de los derechos de los ciudadanos y de la democracia en un periodo en el que ambos van a ser sometidos a un exigente *stress-test*? Temo que no. Y, siendo así, ¿qué medidas hay que tomar para que tal papel pueda ser desempeñado? Los análisis de la justicia portuguesa realizados principalmente por el Observatorio Permanente de la Justicia del Centro de Estudios Sociales de la Universidad de Coímbra[31] muestran (y las percepciones de los ciudadanos lo confirman) que el sistema judicial presenta graves deficiencias estructurales y funcionales y que es de muy difícil acceso para los ciudadanos, no dando respuesta adecuada a la búsqueda de tutela judicial, particularmente crucial en un momento de crisis financiera y turbulencia emocional en la vida de las familias y de los individuos. Las reformas que, en la última década, fueron introducidas, no provocaron cambios positivos significativos y, en algunos casos, empeoraron el acceso al derecho y a la justicia. El aumento de los gastos judiciales y la retracción de los criterios de asistencia jurídica gratuita llevan a que grupos sociales, aun por encima del límite de la línea de pobreza, experimenten fuertes limitaciones en la movilización de los tribunales. Por su parte, el análisis del desempeño funcional de los tribunales judiciales evidencia la burocracia, la lentitud y la ineficiencia en la respuesta a la demanda de justicia por parte de los ciudadanos. El crecimiento exponencial de los litigios masivos (deudas y criminalidad de pequeña gravedad) y una mayor complejidad de muchos litigios agravaron las condiciones de funcionamiento. Ante esto, urge tomar las medidas que le devuelvan al sistema judicial la vocación y la misión de servir a la democracia y a la ciudadanía, lo que solo se podrá hacer si la reforma judicial es concebida de modo integrado en el ámbito de un plan estratégico para la justicia. He aquí algunas de las dimensiones de ese plan.

Acceso al derecho y a la justicia. El derecho de acceso al derecho y a la justicia desempeña un papel central en la democratización de la justicia y de la sociedad como instrumento de la defensa y efectividad de los derechos consagrados y de los intereses legítimos. Es, por eso, fundamental el desarrollo de políticas fuertes en esta materia, que proporcionen una igualdad real de los ciudadanos en el acceso al derecho y a la justicia. Son múltiples los factores que pesan en la ponderación del recurso al

---

[31]   Los estudios de OPJ pueden ser consultados en: http://opj.ces.uc.pt/.

tribunal, particularmente una anterior experiencia, la gravedad del interés o del hecho violado, la evaluación ponderada del costo y del beneficio, la capacidad financiera para sustentar los gastos directos e indirectos de la movilización del tribunal (gastos judiciales, gastos de abogados y peritos, disponibilidad de tiempo, sobrecarga emocional por la presencia de profesionales, lenguajes y edificios especializados en crear distancia, etc.). No basta la conciencia del derecho y de que este fue violado; es preciso tener también la voluntad y la capacidad de querer accionar el sistema para hacer valer ese derecho. Muchos ciudadanos portugueses enfrentan serias limitaciones (culturales, económicas u otras) para acceder a los tribunales judiciales, las cuales se agravan en momentos de crisis económica. En este panorama no sorprende que los indicadores muestren que los principales movilizadores de los tribunales no son los ciudadanos individuales, sino las empresas para la cobranza de deudas. En los grandes centros urbanos las empresas son responsables de cerca del 80% de los procesos que entran en los tribunales judiciales. En dos encuestas realizadas por el OPJ del Centro de Estudios Sociales de la Universidad de Coímbra, una en 1993[32] y otra en 2001, sobre las representaciones sociales de los ciudadanos portugueses acerca de los tribunales judiciales, se concluyó que apenas cerca del 23% de los ciudadanos residentes en Portugal había tenido alguna experiencia en tribunales. Es de sospechar que muchos de los que necesitan recurrir a los tribunales no lo hagan por no tener condiciones para hacerlo. Ahora, si es cierto que muchos de los litigios pueden y deben ser resueltos por otros medios alternativos de resolución de conflictos, como los juzgados de paz, la mediación y el arbitramiento, cuya ampliación debe ser incentivada, el acceso a los tribunales judiciales tiene que estar asegurado para todos los ciudadanos.

La política de acceso al derecho y a la justicia debe incorporar medidas que promuevan tanto la conciencia de derechos y la afir-

---

[32] Ver Santos *et al.* 1996.

mación de la capacidad para reivindicarlos, como la movilización de los tribunales al servicio de los ciudadanos. He aquí algunas propuestas concretas:

- Mejorar, con la disponibilidad de recursos económicos y humanos, el servicio de atención al público del Ministerio Público y de su acción como interface facilitadora del acceso a la justicia en el ámbito de la justicia laboral, de familia y de menores. Este servicio de apoyo a los ciudadanos debe ser ampliado (en días y horario), y debe procurar diseminarse territorialmente, creando espacios de atención en lugares fuera del distrito en el que está asentado el tribunal, siempre que la distancia lo justifique.
- Reforma del régimen de información, consulta y asistencia jurídica gratuita. Existen en Portugal múltiples entidades prestadoras de servicios jurídicos complementarios de apoyo a los ciudadanos que no están asociadas al sistema de justicia social. Estas entidades pueden situarse tanto en la esfera del Estado como fuera de ella (de cariz comunitario, profesional, ONG, etc.) y pueden tener una acción local o de ámbito nacional. Esta multiplicidad de sinergias no puede ser ignorada por la política pública de acceso al derecho y a la justicia, que debe procurar resaltarlas, divulgarlas y apoyarlas, con el fin de crear una red de entidades facilitadoras de información, de consulta jurídica y, cumplidos determinados requisitos, también de representación legal. Esta dimensión fundamental de la ciudadanía no puede estar confinada solo a la acción del Colegio de Abogados.
- Creación de un nuevo sistema de acceso al derecho y a la justicia asentado en una nueva figura institucional y jurídica. Defiendo la creación de una entidad pública o de fines y control públicos para la gestión de la asistencia jurídica gratuita que integre todas las respuestas, en el ámbito de la información, la consulta y la representación legal, incluyendo las de entidades no judiciales que prevengan o resuelvan litigios. Defiendo, así, la creación de la figura del defensor público, a semejanza del

que existe en Brasil. El nuevo sistema debe ser construido de manera que en el respeto de la independencia de la profesión de los abogados, estos sean reclutados por concursos públicos temporales y estén vinculados, con alguna continuidad temporal, a las funciones del régimen de asistencia jurídica gratuita, de forma que puedan desempeñar esas funciones con calidad y remuneración adecuada.

• Revisión de los criterios de admisibilidad legal, que actualmente apenas permiten el acceso a la representación legal oficiosa y la exención o reducción de costos a quien sea indigente o viva en situación de pobreza casi extrema, y que excluyen de ese beneficio a grandes grupos sociales que, sin dicho beneficio, no tienen condiciones económicas para movilizar los tribunales.

Reformas procesuales

Se impone una profunda reforma concebida a partir de la perspectiva de quien demanda la justicia y no de quien la ejerce. Las reformas procesuales se deben orientar por los principios de simplificación de procedimientos, refuerzo de la oralidad, incorporación de prácticas de automatización de procedimientos, concentración de las funciones del juez en los actos jurisdiccionales; dejarle al escribano la competencia para todos los actos de mero expediente, de refuerzo de la acción del juez en la dirección y gestión del proceso, del tratamiento diferenciado del litigio; obligar la utilización de formas procesuales más rápidas para los litigios de baja o mediana complejidad con plazos estrictos, y la profundización de la intervención de mecanismos de consenso y de justicia restaurativa.

Reclutamiento, formación de magistrados y cultura jurídica

Esta es una reforma urgente, que considera tres objetivos estratégicos: eficiencia, calidad de la justicia y renovación de la cultura jurídica. El reclutamiento de magistrados exige que la definición rigurosa de los criterios en que se debe asentar y de los jueces que los aplican esté orientada por los principios de legitimación constitucional del poder judicial, del mérito y de la demanda de un perfil de magistrado que asegure la realización de la justicia al servicio de la ciudadanía. La formación debe prestar igual atención a la preparación técnica y especializada, dirigida a la complejidad de los litigios, a la preparación político-filosófica para la defensa prioritaria de los derechos de ciudadanía y de los derechos humanos y a la preparación sociocultural para comprender la realidad social y humana que habita los procesos pero no se agota en ellos. Igualmente se debe centrar en la preparación para la gestión de los procesos, para la mediatización de la justicia y la exposición mediática de los magistrados y para los accidentes de la politización de la justicia. La formación debe, así, crear condiciones para que se preparen magistrados dotados de un sólido equipamiento técnico-jurídico, aptos para el ejercicio de funciones según criterios éticos y deontológicos, de independencia y de responsabilidad, pero que sepan interpretar la realidad social eficazmente y de forma progresista. La formación debe igualmente potenciar la creación de una nueva cultura jurídica que permita combinar la consolidación de los principios de autonomía e independencia de lo jurídico con un mayor activismo en la defensa de los derechos fundamentales de los ciudadanos, sustentar reformas más progresistas y eliminar resistencias de naturaleza corporativa u otras incompatibles con una justicia corresponsable con la efectividad de la democracia y de la ciudadanía.

Organización y gestión

Los tribunales no son empresas pero no es aceptable que estén organizados y sean dirigidos de tal forma que, si fueran empresas, quiebren en cualquier momento. Si tomamos como referencia otros servicios públicos complejos, como, por ejemplo, las universidades, no detectamos los derroches e irracionalidades organizacionales que todavía hoy dominan en los tribunales.

La nueva geografía judicial (la reforma del mapa jurídico) debe profundizarse como reforma estructural de la justicia. Además de la racionalización de la distribución territorial de la justicia y de la especialización de la oferta judicial, esta reforma incorpora mecanismos legales que permiten innovar en la gestión de los tribunales y de los procesos, en los métodos de trabajo y en la organización de las secciones de procesos, privilegiando secciones únicas con el fin de generar servicios comunes a partir de servicios especializados. A pesar del potencial de la ley, en la práctica hasta ahora poco cambió. Es preciso desarrollar condiciones que permitan una efectiva gestión de aproximación entre los órganos del distrito (Juez Presidente, administrador judicial y consejo del distrito), lo que sucede, por ejemplo, con la alteración de los estatutos de los funcionarios, de modo que permitan su movilidad dentro del distrito, y de las reglas presupuestales y de disposición y afectación de recursos humanos y materiales, que deben tener como unidad de referencia el tribunal del distrito.

Organización de la investigación criminal

No disponemos de una política criminal estratégica que distinga entre la criminalidad que crea malestar social y la criminalidad que, más allá de eso, estremece los fundamentos de la vida colectiva en democracia. El combate contra la criminalidad debe distinguir la criminalidad de pequeña y mediana gravedad de la criminalidad más grave y compleja. Esta distinción no puede pasar solo o tendencialmente por las reglas procesuales. El combate contra la criminalidad compleja exige un cambio radical en la organización y funcionamiento del Ministerio Público, tanto en la fase de interrogatorio, como en la fase de sentencia, y en su articulación con los órganos de policía criminal, que se dirija hacia el funcionamiento en equipos multidisciplinares como regla. La apuesta en la formación es crucial en esta materia. Se impone definir líneas orientadoras de investigación y capacitar a los magistrados del Ministerio Público y a los agentes policiales involucrados en la investigación de esta criminalidad, habilitándolos para proceder a una correcta delimitación del ámbito de interrogatorio, que desarrolle estrategias de investigación más eficaces y que defina mejor el objeto de la investigación y la suficiencia de prueba.

Transparencia y rendición de cuentas

El poder judicial, al asumir plenamente su lugar en la profundización de la democracia, debe procurar corresponder a la exigencia ciudadana de una mayor transparencia de la justicia. Lo que sucede, por ejemplo, con la divulgación pública y regular de informes de desempeño de cada organización y de los agentes a su servicio, pero también con la transformación de los modelos y criterios de evaluación. La evaluación debe, por un lado, premiar el mérito, la calidad y la eficiencia, el respeto por una justicia ciudadana y los desempeños administrativos más proactivos en la defensa de los derechos humanos. Por otro lado, debe controlar y castigar eficazmente desempeños administrativos ineficientes y que no beneficien una justicia de calidad al servicio de la ciudadanía y de la democracia.

Capítulo 5
OTROS MUNDOS POSIBLES:
LA AMENAZA DEL FASCISMO SOCIAL

Antes de que pensemos y evaluemos las posibilidades que se abren para la construcción de sociedades más justas, tanto en Europa como en el mundo, hay que tener muy presente lo que está en juego si tales posibilidades no fueran exploradas. He venido sintetizando los riesgos que corremos con el surgimiento y la proliferación del *fascismo social*. Soy consciente de que el uso de este concepto en Europa puede ser considerado problemático por las razones históricas que todos conocemos. Se puede argumentar con buenos motivos que hablar de fascismo en sociedades democráticas puede conducir a la trivialización del mismo concepto y al irrespeto por la memoria histórica que él carga. Sin minimizar estos riesgos, recurro al concepto para radicalizar la lucha democrática que propongo a lo largo de este libro. En verdad, si hay que evitar la trivialización del fascismo político hay que evitar igualmente la trivialización de la democracia.

La memoria del fascismo histórico tiene dos virtudes contradictorias entre sí. Por un lado, mantiene viva la memoria de los crímenes de la dictadura; por otro lado, convierte el fascismo en un acontecimiento histórico feliz e irreversiblemente superado por la democracia. Esta contradicción puede contribuir a bajar la guardia en la defensa de la democracia, retirándole a esta la radicalidad que tuvo en cuanto lucha antifascista. Mi propósito es, pues, el de mostrar que los peligros que la democracia enfrenta no están en el retorno del fascismo en la forma histórica que conocemos. Están primero en el surgimiento de relaciones sociales que generan desigualdades tan acentuadas entre los ciudadanos o los grupos sociales que poco valen las salvaguardias de la democracia para defender a los ciudadanos o grupos oprimidos en el seno de esas relaciones. Estos ciudadanos o grupos viven bajo microdictaduras en su cotidianidad y en las relaciones sociales, pese a que en el plano político sean ciudadanos libres e iguales en pleno ejercicio formal (pero no real) de los derechos democráticos. Concebir la lucha por la democracia como una lucha contra estas microdictaduras, que son las manifestaciones del fascismo social, favorece la radicalización de la lucha por la profundización de la democracia.

Por lo tanto, el fascismo social no significa el retorno al fascismo de los años treinta y cuarenta del siglo pasado en Europa y en algunos países suramericanos. Al contrario de este último, no se trata de un régimen político sino, más bien, de un régimen social y civilizacional. En vez de sacrificar la democracia a las exigencias del capitalismo, promueve la democracia hasta el punto de que no sea necesario, ni siquiera conveniente, sacrificar la democracia para promover el capitalismo. Se trata, pues, de un fascismo pluralista y, por eso, de una forma de fascismo que nunca existió. En la medida en que prolifere, las sociedades serán políticamente democráticas y socialmente fascistas.

Distingo cinco formas básicas de sociabilidad fascista. La primera forma es el *fascismo del apartheid social*. Se trata de la segregación social de los excluidos a través de una cartografía urbana dividida en zonas salvajes y en zonas civilizadas. Las zonas salvajes son las zonas donde domina la violencia, bien sea la violencia del Estado represivo, policial, bien sea la violencia en el interior de los grupos excluidos. Son las zonas del estado de naturaleza hobbesiano de la guerra de todos contra todos. Las zonas civilizadas son las zonas donde se fortalecen con alguna consistencia los derechos de ciudadanía que componen el contrato social. Viven bajo la constante amenaza de las zonas salvajes, y para defenderse se transforman en castillos neofeudales, enclaves fortificados, cuya lógica de urbanización es la segregación urbana (ciudades privadas, urbanizaciones cerradas). La división entre zonas salvajes y zonas civilizadas está transformándose en un criterio general de sociabilidad, un nuevo espacio-tiempo hegemónico que atraviesa todas las relaciones sociales, económicas, políticas y culturales, y que por eso es común a la acción estatal y a la acción no estatal. Está inscrito, hoy en día, en el corazón de lo cotidiano. En el campo de la acción estatal está dando origen a una forma nueva de Estado paralelo. En trabajos anteriores he hablado del Estado paralelo para describir formas de acción social caracterizadas por la gran discrepancia entre el derecho escrito y la acción estatal práctica.[1] Considero que en épocas de fascismo social el Estado paralelo asume una nueva forma. Consiste en un doble modelo de acción estatal para las zonas salvajes y para las zonas civilizadas. En las zonas civilizadas, el Estado actúa democráticamente como Estado protector aunque muchas veces ineficaz o no confiable. En las zonas salvajes, el Estado actúa de manera fascista como Estado persecutor, sin ninguna voluntad de acatamiento, incluso aparente, del derecho. El policía que ayuda al niño de las zonas civilizadas a atravesar la calle es el mismo que persigue y eventualmente asesina al niño de las zonas salvajes. La segunda forma del fascismo social es el *fascismo contractual.* Se presenta en las situaciones en las que la diferencia de poder entre las partes del contrato de derecho civil (sea un contrato de trabajo o un contrato de prestación de bienes o servicios) es de

---

[1] Esta forma de Estado se traduce en la no-aplicación o aplicación selectiva de las leyes, en la prórroga de la entrada en vigor de medidas ya aprobadas por la ley, en la impunidad por la violación de las leyes, en recortes en los presupuestos de funcionamiento de las instituciones, etc. En fin, una política estatal de distanciamiento en relación con las propias leyes e instituciones, en donde las mismas instituciones pasan a actuar autónomamente como micro-Estados, dotados de una concepción propia del grado de aplicación de la ley recomendable en su esfera de acción (Santos, 1993; 31).

tal orden que la parte más débil, vulnerable por no tener alternativa al contrato, acepta las condiciones que le son impuestas por la parte más poderosa, por más onerosas y despóticas que sean. El proyecto neoliberal de transformar el contrato de trabajo en un contrato civil como cualquier otro puede configurar una situación de fascismo contractual. Esta forma de fascismo se presenta hoy frecuentemente en los casos de privatización de los servicios públicos de salud, seguridad social, electricidad, agua, etc. A título de ejemplo, las poblaciones de las *townships* en torno a Johannesburgo vivieron recientemente en la contingencia de perder el acceso al agua potable por no tener medios para pagar las cuentas a las empresas que controlan el abastecimiento privado de agua (Desai, 2002).

En estos casos, el contrato social que presidió la producción de servicios públicos en el Estado de Bienestar y en el Estado desarrollista es reducido al contrato individual del consumo de servicios privatizados. En esta reducción aspectos decisivos de la producción de los servicios desbordan el ámbito contractual; por esta razón se vuelven extracontractuales aspectos tan decisivos y tan elementales como el derecho a la vida, que obviamente incluye el derecho a beber agua potable. Es en estas situaciones en las que mejor se revela la connivencia entre el Estado democrático y el fascismo paraestatal. Al asumir valores extracontractuales, el fascismo paraestatal asume funciones de regulación social anteriormente ejercidas por el Estado. Este, implícita o explícitamente, subcontrata agentes paraestatales para desempeñar esas funciones y, al hacerlo sin la participación ni el control de los ciudadanos, se vuelve connivente con la producción social del fascismo paraestatal. Estamos ante una nueva forma de gobierno indirecto, muy semejante al que se fortaleció en las colonias, donde el Estado colonial confiaba a las autoridades nativas la realización de ciertos servicios de control de las poblaciones.

La tercera forma de fascismo social es el *fascismo territorial*, que existe cada vez que actores sociales con fuerte capital patrimonial le quitan al Estado el control del territorio donde actúan, o neutralizan ese control, cooptando o violentando las instituciones estatales y ejerciendo la regulación social sobre los habitantes del territorio sin la participación de estos y en contra de sus intereses. Son territorios coloniales privados dentro de Estados casi siempre poscoloniales.

Esta forma de fascismo social ha venido asumiendo en los últimos años una virulencia alarmante bajo la forma de la adquisición masiva de tierra (conocida ya con la expresión inglesa: *land grabbing*) en África, en Asia, en América Latina y en Europa Oriental, que afecta sobre todo a los campesinos obligados a perder el control de sus tierras y culturas y eventualmente a ser expropiados de ellas. En la adquisición están involucradas empresas multinacionales ligadas al sector de los alimentos y de los agrocombustibles, pero también fondos financieros especulativos (*hedge funds*) y hasta países, como es el caso de China. Muchas veces con la connivencia de los países sedientos de ingresos y dominados por la corrupción, la adquisición masiva de tierra involucra una flagrante ilegalidad que consiste en aprovechar el carácter no escrito y ancestral de la titulación comunal de la tierra para sobreponerle un título de propiedad individual. Se trata, finalmente, siglos después, de la misma estrategia que llevó a los colonizadores a apropiarse de las tierras de los habitantes nativos. El hecho de que, en este caso, se usen Estados independientes como intermediarios poco altera la naturaleza del fenómeno. El *land grabbing* constituye así una nueva forma de colonialismo, cuyos límites merecen un análisis atento.

La cuarta forma de fascismo social es el *fascismo de la inseguridad*. Se trata de la manipulación discrecional de la inseguridad de las personas y grupos sociales vulnerables por la precariedad del trabajo, o por accidentes o acontecimientos desestabilizadores, produciéndoles elevados niveles de ansiedad y de inseguridad en cuanto al presente y al futuro, de modo que se reduzca el horizonte de expectativas y se cree la disponibilidad para soportar grandes responsabilidades para obtener reducciones mínimas de los riesgos y de la inseguridad. En el campo de este fascismo, el *Lebensraum* de los nuevos *führer* es la intimidad de las personas y su ansiedad e inseguridad en cuanto al presente y al futuro de sí mismas y de sus familias en las áreas básicas de la supervivencia y de la calidad de vida. Opera por el accionamiento doble de ilusiones retrospectivas y de ilusiones prospectivas, y es hoy particularmente sobresaliente en el campo de la privatización de las políticas sociales de salud, seguridad social, educación y vivienda. Las ilusiones retrospectivas consisten en acentuar la memoria de la ineficacia de los servicios públicos encargados de ejecutar esas políticas, lo que en muchos países no es tarea difícil, aunque crear esta ilusión solo sea posible a través de comparaciones sesgadas entre condiciones reales de producción de los servicios y criterios ideales de evaluación de los servicios producidos. Por su parte, las ilusiones prospectivas pretenden crear horizontes de seguridad producidos por el sector privado, inflados por el encubrimiento de verdaderos riesgos y por el encubrimiento de las condiciones de prestación de la seguridad. Tales ilusiones prospectivas proliferan hoy, sobre todo en los seguros de salud y en los fondos privados de pensión.

La quinta forma del fascismo social es el *fascismo financiero*. Es tal vez la forma más virulenta de sociabilidad fascista y aquella que hoy en día más nos afecta. Es el fascismo que dirige los mercados financieros de valores y de monedas, la especulación financiera global, un concepto hoy designado como economía de casino. Esta forma de fascismo social es la más pluralista, en la medida en que los movimientos financieros son el producto de decisiones de inversionistas individuales o institucionales diseminados por todo el mundo, sin nada en común sino el deseo de rentabilizar sus valores. Por ser el más pluralista es también el fascismo más virulento porque su tiempo-espacio es el más refractario a cualquier intervención democrática. Es significativa al respecto la respuesta del corredor de la bolsa de valores cuando le preguntaron lo que para él era el largo plazo: "Largo plazo para mí son los próximos diez minutos". Este espacio-tiempo virtualmente instantáneo y global, combinado con la lógica de lucro especulativo que lo sustenta, le confiere un inmenso poder discrecional al capital financiero, prácticamente incontrolable a pesar de ser suficientemente poderoso para estremecer, en segundos, la economía real o la estabilidad política de cualquier país, de lo cual tenemos experiencia reciente y dramática en Portugal. De cada cien dólares que circulan diariamente en el globo, noventa y ocho pertenecen a esta economía de casino y apenas dos a la economía real. La discrecionalidad en el ejercicio del poder financiero es virtualmente total y las consecuencias para sus víctimas —a veces pueblos enteros— pueden ser arrasadoras.

La virulencia del fascismo financiero reside en que, siendo el más internacional de todos, está sirviendo como modelo y criterio funcional a nuevas instituciones de regulación global, crecientemente importantes a pesar de ser poco conocidas por el público. Lo que hoy se discute en la Organización Mundial del Comercio sobre el nuevo *round* de negociaciones para la liberalización en el área de los servicios es extremadamente preocupante. Por ejemplo, en el área de la educación superior está en riesgo la propia supervivencia de las universidades públicas nacionales y sus proyectos autónomos de abordaje de los problemas y aspiraciones nacionales. El objetivo es crear un capital universitario global que lleve a cabo la mercantilización global de la universidad con el mínimo de interferencia nacional.[2] Se trata de llevar al extremo la clausura de cualquier idea de desarrollo nacional y la intensificación de la competencia mercantil internacional, no ya solo entre trabajadores y países, sino también entre científicos (cada vez más proletarizados), planes de estudio, proyectos de investigación, programas de extensión (cada vez menos solidarios, cada vez más vistos como fuente de recetas). Confiscar la posibilidad de deliberación democrática en el área de la educación tendrá repercusiones cuyo carácter devastador, particularmente para el pensamiento crítico y comprometido con la ciudadanía, difícilmente podrán ser exageradas. Si este proyecto fuera concretizado, las disposiciones sobre la educación en prácticamente todas las Constituciones del mundo serán gradualmente sustituidas por el constitucionalismo global de las universidades globales y del capital que las sustenta.

_____

[2] Trato este tema con algún detalle en Santos, 2005.

Una segunda forma de fascismo financiero ampliado, también él muy pluralista, global y secreto, es el que resulta de la evaluación de las deudas soberanas de los Estados nacionales por parte de las agencias de calificación, o sea, de las empresas internacionalmente acreditadas para evaluar la situación financiera de los Estados y los consecuentes riesgos y oportunidades que ellos ofrecen a los inversionistas internacionales. Esta es la forma de fascismo financiero, con la cual los portugueses están hoy más familiarizados. Las calificaciones atribuidas —que van de AAA a D— determinan las condiciones en las que un país o una empresa de un país puede acceder al crédito internacional. Mientras más alta es la calificación, mejores son las condiciones. Estas empresas tienen un poder extraordinario. El conocido apologista de la globalización, Thomas Friedman, periodista del *New York Times*, alerta sobre el hecho de que "el mundo de la posguerra fría tiene dos superpotencias: los Estados Unidos de América y la agencia Moody's" —una de las agencias de *rating* unida a la *Securities and Exchange Comission*; las otras son *Standard and Poor's*, *Fitch Ratings* y *Duff and Phelps*. Friedman justifica esta afirmación agregando que "si es verdad que los Estados Unidos de América pueden aniquilar a un enemigo utilizando su arsenal militar, la agencia de calificación financiera *Moody's* tiene poder para estrangular financieramente a un país, atribuyéndole una mala calificación" (Warde, 1997: 10-11).

De hecho, en un momento en que los deudores públicos y privados entran en una batalla salvaje a escala mundial para atraer capitales, una mala calificación, y por lo tanto la desconfianza de los acreedores, puede significar el estrangulamiento financiero del país. Los criterios adoptados por las empresas de *rating* son en gran medida arbitrarios, refuerzan las desigualdades en el sistema mundial y dan origen a efectos perversos: el simple rumor de una cercana descalificación (baja calificación) puede provocar una enorme convulsión en el mercado de valores de un país, como hemos venido testimoniándolo en estos últimos tiempos en Portugal. Además, el poder discrecional de estas empresas es tanto mayor cuanto les asiste la prerrogativa de atribuir calificaciones no solicitadas por los países o deudores examinados.

El fascismo financiero en sus varias formas y ámbitos es ejercido por empresas privadas cuya acción está legitimada por instituciones financieras internacionales y por los Estados hegemónicos. Son un fenómeno híbrido paraestatal y supraestatal. Su virulencia reside en su potencial de destrucción, en su capacidad para provocar la descomposición financiera y económica de países enteros. Este potencial de destrucción comienza a ser disfuncional para la misma economía de casino que se alimenta de las agencias de calificación. Entre los comentaristas financieros internacionales, Portugal está siendo usado como estudio de caso de lo que está mal en el actual sistema financiero. Los comentaristas reconocen que el comportamiento de las agencias es "problemático", pero, como muchos viven a la sombra de estas, tienden a afirmar que el problema no es de las agencias sino de las reglas financieras internacionales que imponen su uso. Las agencias de calificación pretenden ser un seguro contra el riesgo, pero en vez de hacerlo distribuyendo los riesgos entre varios participantes, los transfieren unilateralmente para defender a quien les paga. La idea de medir el riesgo sería buena, pero se vuelve perversa si los criterios de medición no son transparentes y si, por el contrario, son arbitrarios y se prestan a cualquier manipulación. (¿Es posible que la economía paquistaní sea más estable que la griega?). Como eso es lo que ocurre, el riesgo soberano o empresarial aumenta por la simple declaración de que está aumentando, cualquiera que sea la situación real. Ningún país o empresa puede resistir un ataque depredador de este tipo. Responsabilizar a las agencias por sus calificaciones erradas es una medida blanda, porque no tiene en cuenta que las agencias tienen poder para crear la realidad que les conviene.

En este campo, la calificación por contagio —definir el riesgo atribuido a un país en función de lo que pasa en otro (*risks from spillovers*)— es el componente más perverso del sistema actual, pues le crea dificultades reales a un país a partir de un riesgo inventado. Como vimos, Portugal fue víctima en los últimos meses de este tipo de calificación, y no está solo. La Standard & Poor's bajó la calificación de la República de Chipre, un pequeño país económicamente estable, solo "por estar expuesto a Grecia". El problema es tan grave que el propio FMI comienza a preocuparse. En el *working paper* "Sovereign Rating News and Financial Markets Spillovers: Evidence from the European Debt Crisis" (marzo de 2011), el FMI llega a proponer que, dada la inestabilidad financiera creada por el contagio, las autoridades deben repensar si es apropiado usar calificaciones de créditos en la regulación de los mercados financieros.

La proliferación del fascismo social es uno de los dos impactos más destructivos del capitalismo neoliberal en las relaciones sociales. El otro es la sobrexplotación de los recursos naturales y la catástrofe ambiental que viene provocando. El fascismo social se alimenta del debilitamiento de los procesos democráticos con la erosión progresiva de los derechos económicos y sociales, y da origen a formas de dominación muy semejantes a las que rigieron el capitalismo salvaje del siglo XIX. En las condiciones de nuestro tiempo, solo la radicalización de la democracia en los términos referidos atrás puede invertir el proceso de deshumanización de la humanidad actualmente en curso.

Teniendo esto en mente, se tiene una idea de los enormes desafíos contenidos en expresiones simples como "otra Europa es posible" u "otro mundo es posible".

Capítulo 6
OTRA EUROPA ES POSIBLE

Los portugueses, tal como los griegos y los españoles, vieron en la integración europea una oportunidad real para mejorar sus condiciones de vida y garantizar la estabilidad democrática, pues habían salido hacía poco de dictaduras: Salazar y Caetano en Portugal (1926/1933-1974), Franco en España (1939-1975), los coroneles en Grecia (1967-1974). De los análisis precedentes se hace evidente que el proyecto en el que creyeron, imaginado por los tratados fundadores de la UE, ya no existe. Fue abandonado en el momento en que los principios de solidaridad y de igualdad entre los Estados, que comprendían los tratados, fueron sustituidos por lógicas monetarias, comerciales y de gobierno definidas por los intereses de los países más desarrollados, creando así las condiciones para el surgimiento de la estratificación entre Estados de primera clase y Estados de segunda clase, entre un centro europeo y una periferia europea. El modo como fue tratada la crisis de Grecia fue revelador del deterioro del proyecto europeo. El llamado rescate de los países en dificultades es la prueba de que este proyecto europeo, tal como está, no tiene rescate posible.

El deterioro del proyecto venía siendo anunciado hace mucho, solo que, como Brecht nos lo advirtió en vano, no nos dimos cuenta sino cuando tocó a nuestra puerta. La construcción de la idea de una Europa que contiene en su seno elementos indeseables comenzó por incidir sobre los inmigrantes con la agudización del racismo y de la xenofobia, alimentada por los siempre renovados preconceptos de inferioridad, peligrosidad y parasitismo de los inmigrantes, con el abandono de las políticas de reconocimiento intercultural (ya de por sí muy limitadas), y con la criminalización fascista (persecución y expulsión de los inmigrantes indocumentados). La misma idea comienza ahora a recaer sobre el "otro" europeo, el europeo de la periferia menos desarrollada; y los estereotipos que justifican la distancia y el rechazo son muy parecidos, sobre todo la inferioridad y el parasitismo. Para quien fue una colonia formal (Irlanda) o informal (Portugal) de otro país europeo (Inglaterra), nada de esto es nuevo y muestra que el pasado es siempre la dimensión del presente que más atropella nuestras aspiraciones de un futuro diferente y mejor. El acrónimo que en cierto momento estuvo en boga para identificar a los países en dificultades —PIGS (cerdos), las iniciales en ingles de Portugal, Irlanda, Grecia y España— es revelador del preconcepto racista y colonialista que habita esta Europa.

La Europa-Fortaleza tiene dos murallas: la externa y la interna. La externa fue la más visible al comienzo y fue construida para defenderse de los que estaban afuera; una muralla violadora del derecho internacional y del derecho humanitario que recorre el Norte de África. La muralla interna se fue construyendo en dos círculos. El primero se propuso defenderla de los que, estando en Europa, no eran europeos aunque tuvieran pasaportes europeos. El segundo, en plena construcción, pretende defenderla de los que, siendo europeos, comprometen la seguridad de la fortaleza y deben, por eso, ser expulsados de ella. Quien esté dentro de la fortaleza estará cada vez más seguro y cada vez más solo, y seguramente continuará defendiéndose hasta que alguien o algo le recuerde que se está defendiendo de sí mismo.

Muchos piensan con buenas razones que el europeísmo, aunque haya sido un sueño (lo que para algunos es dudoso) es hoy una pesadilla, infelizmente real y sin remedio. En este sentido, los países menos desarrollados de Europa tendrán que reaccionar contra una integración que se volvió represiva, lo que podrá implicar la necesidad de recuperar instrumentos de acción pública como la moneda, la política industrial y las iniciativas de transnacionalización fuera del marco europeo. Estas últimas las defendí arriba, al proponer la movilización e intensificación de la CPLP. La cuestión de la soberanía es compleja, sobre todo en el caso de un pequeño país como Portugal. Aunque sea necesario recuperar a corto plazo algunos de los instrumentos de política cedidos a cambio de las promesas de convergencia, un retroceso nacionalista debe ser contrarrestado debido a la marginalización que implica de los procesos de globalización que, todo indica, se continuarán intensificando, deseablemente en nuevas direcciones. Además, en Europa los nacionalismos nunca ocurren aisladamente, y fácilmente se transforman en rivalidades que pueden ser totalmente destructivas. La idea de la Europa benévola es un fraude histórico, cuando se trata de benevolencia interna como cuando se habla de benevolencia frente al mundo extraeuropeo. Entre mil ejemplos, basta tener en mente dos guerras llamadas mundiales, la imposición de Israel al pueblo palestino y el entusiasmo de la mayoría de los gobiernos europeos en el apoyo a la invasión ilegal y la destrucción de Irak.

La UE quiso ser una ruptura con este pasado y durante algún tiempo lo fue de modo creíble. Hoy ya no lo es, pero no es impensable que se pueda refundar como un proyecto de ciudadanía y democracia de alta intensidad, inclusiva e intercultural. Basta que los ciudadanos europeos, pasado el torbellino de políticas de derecha y de extrema derecha, lo quieran y se organicen para eso. Esta es la apuesta en la que Portugal se debe involucrar, asumiendo que el espacio europeo continuará siendo el contexto geopolítico necesario y privilegiado de su florecimiento.

DEMOCRATIZAR A EUROPA

Hay que refundar el proyecto de convergencia europea a través de una estructura más federalizante y basada en procesos de elección directa para los principales órganos de gobierno. Actualmente la democracia europea (concepto intrínsecamente problemático) tiene miedo de los demócratas europeos, y los demócratas europeos tienen miedo de la democracia europea. Mientras este miedo no sea sustituido por la esperanza, una esperanza basada en una relación de confianza democrática, asistiremos a la proliferación de aislacionismos reaccionarios e imperiales con expresión en los partidos de derecha y de extrema derecha, que van, por ahora, ganando terreno en Europa.

La esperanza en una Europa democrática y solidaria provendrá de las izquierdas después de que estas hayan absorbido y elaborado políticamente las transformaciones en la relación entre capitalismo, colonialismo, patriarcado y democracia que mencioné arriba. En el fondo, mientras no sea posible viabilizar un paradigma alternativo que seguramente vendrá por la vía de un nuevo pacto socioecológico, se tratará de construir políticamente a nivel europeo un adversario creíble del capitalismo, capaz de introducir un correctivo eficaz al vértigo depredador y destructivo que actualmente domina sin frenos el capitalismo global. Para que esto sea posible son necesarias diversas condiciones, todas ellas exigentes.

Desfinanciarizar a Europa

Una de las condiciones que más urgentemente debe ser concretizada consiste en liberar la economía europea del yugo de los mercados financieros desregulados. En diferentes países europeos comienza a definirse y organizarse la resistencia contra la confiscación del bienestar de los ciudadanos por parte de la economía de casino. Sindicatos y organizaciones no gubernamentales con gran competencia técnica en el área de la deuda pública (la *Debt and Development* de Irlanda; *la Association pour la Taxation des Transactions Financière et l'Aide aux Citoyens* —ATTAC—, francesa y su red europea; el *Comité pour l'annulation de la dette du Tiers Monde* (CATDM, belga, también con red europea) han venido proponiendo medidas para poner fin a la *financiarización* de Europa y para abrir, de nuevo, los caminos de creación de bienestar y de solidaridad, haciéndolos, entre tanto, basarse en nuevos principios que privilegien el empleo y la ecología.

Existe una significativa convergencia entre las medidas propuestas, que revela, en su conjunto, la pujanza de un pensamiento alternativo en busca de una voluntad política innovadora y valiente: todas se oponen a las condicionalidades impuestas por el FMI. Muchas de estas medidas tienen que ser tomadas a nivel europeo para evitar que sus blancos se aprovechen de las asimetrías fiscales y presupuestales. He aquí algunas de esas propuestas:

– Reducir los déficit públicos, no a través de recortes en la inversión social, sino, más bien, a través de: a) el aumento de los impuestos sobre el capital financiero (bancos, transacciones financieras) y sobre las grandes fortunas; b) medidas eficaces contra la evasión fiscal; y c) la reducción de los gastos en armamentos.
– Realizar auditorías permanentes a la deuda pública.
– Reestructurar la deuda y anular la que sea ilegal, ilegítima o producto del odio.
– Prohibir la socialización pública de las deudas privadas (ya está en la agenda política de Islandia gracias a la movilización de los ciudadanos).
– Prohibir los paraísos fiscales (medida que el G-20 ha venido discutiendo sin tomar ninguna iniciativa).
– Calibrar los impuestos indirectos, tendencialmente injustos (como el IVA), de modo que se castigue el consumo ostentoso y se facilite el acceso a bienes y servicios esenciales.
– Combatir la especulación financiera sobre la alimentación, los títulos del tesoro y las monedas.
– Revertir la injusticia fiscal retomando la tributación progresiva. Desde 1980, las tasas de impuestos directos sobre los ingresos más altos y sobre las grandes empresas han venido cayendo continuamente en la UE. Entre 2000 y 2008 la tasa más alta sobre el ingreso personal bajó al 7 % y la tasa sobre las grandes empresas bajó al 8.5 %.

- Revisar los tratados de la UE y siempre que sea necesario sustituirlos por otros a través de la participación democrática de los ciudadanos. Por ejemplo, revocar los artículos 63 y 125 del Tratado de Lisboa, que prohíben el control sobre movimiento de capitales y la ayuda a Estados en dificultad.
- Abandonar el Pacto de Estabilidad y Crecimiento y sustituirlo por un pacto de solidaridad para el empleo y la ecología (lo que incluye, entre muchas otras cosas, la apuesta por las energías renovables y el rechazo de la energía nuclear y de los organismos genéticamente modificados).
- Alterar el estatuto del Banco Central Europeo de modo que pueda actuar directamente (y no a través de los bancos comerciales) en la resolución de los problemas de países con dificultades financieras.
- Nacionalizar o someter a control público los bancos que solo sobreviven con fondos públicos.
- Prohibirles a los bancos que administren ahorros de los ciudadanos que asuman posiciones especulativas y tengan filiales en paraísos fiscales.

Estas y muchas otras propuestas son la conciencia anticipatoria de una Europa solidaria. Entrarán en las agendas políticas cuando los ciudadanos y los actores políticos se organicen para eso.

DESCOLONIZAR A EUROPA

Mucho más allá de su impacto económico, el colonialismo tuvo un papel determinante en la formación de la cultura europea y muy específicamente de la cultura política. La idea de la misión civilizadora le confirió a la cultura europea un complejo de superioridad que con el tiempo se transformó en una marca agobiante. La superioridad de la religión (cristianismo) y del conocimiento (ciencia moderna) justificó el privilegio de educar el mundo a cambio de su explotación colonial. El ejercicio prolongado de este privilegio conformó de tal manera el *ethos* europeo que incapacitó a Europa para imaginar relaciones horizontales entre diferencias culturales, religiosas, étnicas o epistemológicas. De ahí que se haya vuelto inimaginable para Europa dar valor intrínseco a otras experiencias y culturas del mundo extraeuropeo y aprender de ellas. Hubo mucha curiosidad por la alteridad pero fue siempre instrumental, para transformarla en materia prima que alimentaba y reforzaba la superioridad del cristianismo, de la cultura europea y de la ciencia moderna.[1]

Este complejo de superioridad pasó a ser constitutivo de las mismas relaciones intraeuropeas mediante la construcción de varios "otros" europeos inferiores, como dije arriba. Por otro lado, creó un vacío epistemológico, una especie de ceguera provocada por exceso de luz, que se manifestó como una arrogancia cultural y ontológica frente a todo lo que no cupiese en el canon del creer, del saber y del actuar europeos: cultural, porque la diferencia del otro es siempre concebida a partir de la inferioridad de este; ontológica, porque lo que queda fuera del canon es invisible e inconcebible, en suma, es declarado como inexistente. De ahí, no solo la inutilidad sino también la imposibilidad de aprender del otro. El vacío epistemológico se alimenta del vacío intercultural, y ambos del vacío ontológico. Son estos vacíos los que fundan la credibilidad del universalismo europeo.

Esta incapacidad de aprendizaje todavía hoy es constitutiva de la cultura europea, y es uno de los marcadores más evidentes, al lado del racismo, de la permanencia del colonialismo en las relaciones sociales más allá del fin del colonialismo de ocupación territorial.[2] No será fácil que Europa se despida de esta arrogancia colonial y vuelva a ser capaz de aprender con base en el valor intrínseco de lo que se aprende.[3] Pero algunos hechos recientes

---

[1]   Para un análisis profundo de estas cuestiones, ver Gurminder, 2009.

[2]   El propio fin del colonialismo de ocupación es cuestionable. Véase la intervención de la OTAN en Libia, instigada activamente por las tres potencias colonizadoras: Italia, Francia e Inglaterra.

[3]   Para analizar las posibilidades de aprendizaje está en curso, en el Centro de Estudios Sociales (CES) de la Universidad de Coímbra, bajo mi coordinación,

pueden venir a propiciar este cambio. Por un lado, se está generando un sentimiento de agotamiento en Europa, la idea de que Europa está entrando en crisis sin que se conozcan bien sus límites y sin que los informes sobre las soluciones realizados en el pasado resulten mínimamente convincentes. Por otro lado, fuera de Europa, varios países, llamados emergentes, algunos ex colonias europeas, están ganando suficiente fuerza en la economía mundial para poder oponerse a la hegemonía del eje UE-EE. UU., y lo hacen recurriendo a soluciones innovadoras. Algunas de esas soluciones contienen elementos recogidos de la experiencia de Europa pero que hoy Europa rechaza, como, por ejemplo, el fuerte desarrollo del Estado en la economía sin asfixiar la economía de mercado (el neodesarrollismo de Rusia, China, Brasil o India), una nueva forma de social-democracia que hace de la inversión social y de la redistribución (aunque modesta) de la riqueza un factor de desarrollo (Brasil).

Con el tiempo y alguna agitación social y política, Europa verificará que ya no es el centro cultural del mundo y que el vacío que la arrogancia colonial creó a su alrededor acabó por volverse en su contra, vaciándola de recursos preciosos para enfrentar los nuevos tiempos. La descolonización de Europa es decisiva para que Europa se reconcilie con el mundo, pero es todavía más decisiva para que Europa se reconcilie consigo misma.

el proyecto "ALICE - Espejos Extraños, Lecciones Inesperadas. Definiendo para Europa una nueva forma de compartir las experiencias del mundo", financiado por el European Research Council.

Capítulo 7
OTRO MUNDO ES POSIBLE

Más allá del torbellino de corto plazo, los problemas que Portugal enfrenta solo son resolubles en Europa, si Europa se refunda para que haya lugar en ella para países semiperiféricos como Portugal. Europa, por su parte, enfrenta desafíos que en buena medida comparte con el mundo y que solo a nivel mundial pueden ser examinados. Por ejemplo, el modo como el liberalismo se infiltró en el gobierno europeo es un episodio del movimiento más vasto del capitalismo global. Del mismo modo, el impacto del deterioro ambiental y del cambio climático no puede ser adecuadamente detenido en Europa si no es detenido a nivel global. Por su parte, la proliferación del fascismo social, que en Europa parecía contenida hasta hace algunos años, nos obliga a pensar que el excepcionalismo europeo (del cual el excepcionalismo norteamericano es una versión) es una ideología que sirve para ocultar la vigencia global de las formas más agresivas de desigualdad y de discriminación social.

Así como otra Europa es posible, también otro mundo es posible. Este ha sido el lema del Foro Social Mundial (FSM) realizado por primera vez en la ciudad brasileña de Porto Alegre, y que desde entonces se desdobló en centenares de foros regionales, nacionales, temáticos, locales, organizados en todo el mundo. El

FSM, incluso por su simetría confrontacional con el Foro Económico Mundial de Davos, vino a mostrar que otra globalización era posible. Una globalización alternativa a la del capitalismo global y los mercados financieros, a la del Banco Mundial, el FMI y la Organización Mundial del Comercio. Con esto, el FSM vino a cuestionar la idea, entonces común, de que el sentido y la racionalidad de la historia optaban finalmente por la consolidación permanente del capitalismo: el argumento neoliberal de que el mundo está hecho, y bien hecho, y de que el futuro llegó finalmente al presente para quedarse.

El FSM y sus antecedentes (el levantamiento de los zapatistas en el sur de México en 1994, la oposición contra la reunión de la OMC en Seattle en 1999) le dieron visibilidad al lado oculto de la hegemonía neoliberal: el aumento exponencial de la desigualdad social; la discriminación sexual y racial puesta al servicio de la sobreexplotación del trabajo; la explosión de la precariedad y la incontrolable pérdida del valor de la fuerza de trabajo; la explotación desenfrenada de los recursos naturales y el consecuente desastre ecológico; la destrucción de los medios de subsistencia de vastas capas de población mundial a través de la compra masiva de tierra; la introducción de las monoculturas del agronegocio, de los organismos genéticamente modificados y de los megaproyectos de "desarrollo"; la destrucción de la biodiversidad y de la diversidad cultural con consecuencias fatales para los pueblos indígenas, afrodescendientes y campesinos; la reemergencia de formas de trabajo esclavo; la obscena concentración de la riqueza y el empobrecimiento de las mayorías; las violaciones masivas de derechos humanos supuestamente para defender los derechos humanos; las invasiones ilegales de países pobres, pero estratégicamente importantes, bajo el pretexto de imponerles la democracia o de salvarlos de la dictadura; la connivencia con la ocupación colonial de Palestina por parte de Israel.

Las acciones de resistencia, combinadas con la revolución en las tecnologías de información y comunicación, posibilitaron la realización de articulaciones locales/globales, alianzas entre luchas y entre movimientos sociales en los más dispares lugares del mundo. Con base en tales alianzas y articulaciones gradualmente ha venido emergiendo una globalización contrahegemónica, una globalización alternativa a la globalización neoliberal, construida a partir de abajo, con los movimientos sociales y las clases populares. Esta globalización alternativa supera en mucho el proceso del FSM y hoy está presente en las formas de participación solidaria en las luchas de los más diversos países: en las luchas de los campesinos e indígenas argentinos, chilenos y peruanos contra la explotación minera; en las de los pueblos tribales de India (los *adivasi*) contra la compra masiva de tierra y los megaproyectos que obligan al desplazamiento de centenas de millares de personas; en las de las poblaciones ribereñas contra la gran represa de Belo Monte en la Amazonía brasileña; en las luchas de los pueblos indígenas de Ecuador y de Bolivia por el respeto de la plurinacionalidad y de la Consulta Previa al abrigo de la Resolución 169 de la OIT; en las de los campesinos sin tierra de Brasil por la reforma agraria y por la agricultura familiar; en las de los artistas y escritores por el conocimiento libre; en las de los ecologistas europeos y norteamericanos contra los transgénicos (OGM) y la energía nuclear y a favor de las energías renovables y nuevos modelos de consumo; en las de los inmigrantes indocumentados en Europa contra la deportación; en las de las mujeres afganas e iraníes por sus derechos de ciudadanía; en las de los campesinos africanos, asiáticos y latinoamericanos contra las semillas transgénicas y en defensa de la tierra comunal y de los derechos ancestrales; en las de los intelectuales y universitarios africanos en defensa de la universidad pública; en las de los jóvenes de Magreb en defensa de la libertad y el empleo; en las luchas de los griegos e irlandeses exigiendo la renegociación de la deuda soberana; en las de los estudiantes ingleses contra el aumento brutal de las matrículas en las universidades; en las de los ciudadanos del Estado de Wisconsin en Estados Unidos contra la tentativa del gobernador de prohibir la participación de los sindicatos en la contratación colectiva; en las luchas de los sindicatos en todo el mundo en defensa de los derechos laborales, muchas veces enfrentando la represión, como por ejemplo en la segunda mayor (en breve la mayor) economía del mundo: la china; etc., etc.

El conocimiento recíproco entre estas diferentes luchas y los movimientos sociales que las sustentan es hoy mayor que nunca. En conjunto, muestran que el neoliberalismo, al globalizar el capitalismo, creó también las condiciones para globalizar las luchas contra la injusticia y la opresión que él mismo genera. Tal globalización no se traduce, por el momento, en formas de luchas articuladas globalmente con alguna estabilidad, ni es previsible que tal cosa ocurra en el futuro cercano. Es, por encima de todo, una forma de interconocimiento difuso que les da fuerza a las diferentes luchas esparcidas por el mundo. Por un lado, la fuerza viene del simple hecho de saber que no se está solo cuando se lucha y se asumen riesgos. Por otro, a nivel sectorial, existen hoy organizaciones que articulan luchas a nivel regional o continental, como sucede en el caso de los movimientos de mujeres, de campesinos o de indígenas y en los movimientos de defensa de los derechos humanos.

Antes de mencionar algunas de las propuestas que vienen siendo formuladas e incluso forman parte de la agenda política de algunos países, es importante resaltar algunas de las características del activismo político de comienzos del siglo XXI.

La primera es que las personas y los grupos se movilizan y asumen riesgos por causas que consideran importantes y los tocan personalmente; nadie se moviliza y asume riesgos con base en meras consignas.

La segunda es que se pasó de una política de movimientos sociales a una política de intermovimientos sociales, esto es, a una política guiada por la idea de que ningún movimiento social aislado, sin la cooperación de otros movimientos, puede llevar a cabo su agenda política; una concepción muy amplia de poder y opresión, en la que la explotación del trabajo se articula con el racismo, el sexismo, la discriminación cultural, la intolerancia sexual y religiosa, las nuevas formas de esclavitud, el fetichismo de las mercancías, etc.

La tercera es que los activistas reaccionan contra las relaciones jerárquicas entre los movimientos u organizaciones, y en el seno de cada uno de ellos; las redes políticas que establecen están basadas en relaciones horizontales, y en la combinación entre autonomía, articulación y coalición; rechazan directrices principales, teorías generales y comandos centrales en favor de articulaciones y coaliciones consensuales y pluralidades despolarizadas (una concepción pragmática de las diferencias y semejanzas). No todas las luchas se reconocen como de izquierda, y cuando lo hacen tienen de esta concepciones muy diferentes. Está en extinción el concepto monolítico y monocultural de izquierda y estamos ante el surgimiento de lo que podemos llamar mosaico de izquierdas.

La cuarta es que la lucha por la democracia tiende a estar presente en todas las luchas, pero el modo como es concebida, e incluso los términos usados para designarla, varían de una cultura a otra; no solo existen varias formas de democracia (lo que arriba llamé demodiversidad) sino también varios modos de entender cada una de ellas (democracia intercultural).

La quinta característica, que de algún modo resume todas las otras, consiste en una nueva política basada en las siguientes ideas desigualmente presentes en las diferentes luchas o en las diferentes regiones del mundo: reconocimiento de la diversidad de las agendas y de los medios de lucha; concepción amplia de medios de lucha, que permite la coexistencia de acciones legales e ilegales (con excepción de la violencia ilegal contra personas), acción directa e institucional, acción dentro y fuera del Estado; rechazo a ver en el Estado a un amigo incondicional o a un enemigo incondicional; combinación del principio de igualdad con el principio de reconocimiento de la diferencia (tenemos el derecho a ser iguales cuando la diferencia nos inferioriza, y tenemos el derecho a ser diferentes cuando la igualdad nos descaracteriza); privilegio dado a la rebelión, al inconformismo y a la rebeldía, en detrimento del reformismo y de la revolución característicos del siglo XX; esfuerzo viable en no convertir a militantes en funcionarios, la maldición de la izquierda durante el siglo pasado; combinación pragmática de agendas de corto y largo plazo; articulación entre diferentes escalas de lucha —locales, nacionales y globales—, recurriendo de modo privilegiado a internet y a las nuevas tecnologías de información y comunicación.

¿Serán utópicas estas luchas? Ernst Bloch dice que "las utopías tienen su hora" (1995: 479). Las concepciones y deseos de una vida y una sociedad mejores, presentes desde siempre en la historia humana, varían en cuanto a la forma y el contenido de acuerdo con el tiempo y el espacio. Expresan las tendencias y latencias de una época y una sociedad dada. Constituyen una conciencia anticipatoria que se manifiesta a través de la ampliación de las señales o rasgos de las realidades emergentes.

Es, pues, apropiado preguntar: ¿la idea de una globalización contrahegemónica contra la injusticia social y la destrucción ambiental tiene una dimensión utópica? Y, si la tiene, ¿cuál es su hora?

La dimensión utópica que mencioné consiste en proclamar la existencia de alternativas contra la globalización neoliberal. La crítica de la utopía, tan común hoy en día, es propia de un tiempo que es utópico a su modo. Como lo afirma Franz Hinkelammert, vivimos en un tiempo de utopías conservadoras, cuyo carácter utópico reside en su negación radical de alternativas contra la realidad del presente. La posibilidad de alternativas es desacreditada precisamente por ser utópica, idealista, no realista. Todas las utopías conservadoras se sustentan en una lógica basada en un único criterio de eficacia que rápidamente se vuelve un criterio ético supremo. Según este criterio, solo tiene valor lo que es eficaz. Cualquier otro criterio ético es desvalorizado como ineficaz. El neoliberalismo es una de esas utopías conservadoras para las cuales el único criterio de eficacia es el mercado o las leyes del mercado. Su carácter utópico radica en la promesa de que su realización o aplicación totales elimina a todas las otras utopías. Según Hinkelammert, "esta ideología extrae de su furioso antiutopismo la promesa utópica de un nuevo mundo. La tesis básica es: quien destruye la utopía, la realiza" (2002: 178).

Lo que distingue las utopías conservadoras de las utopías críticas es el hecho de que aquellas se identifican con la realidad presente y descubren su dimensión utópica en la radicalización o la realización completa del presente. Además de eso, no conciben los problemas o dificultades de la realidad presente como consecuencia de las deficiencias o de los límites del criterio de eficacia, sino como resultado del hecho de que la aplicación de ese criterio no haya sido suficientemente completa. Para la utopía conservadora del neoliberalismo, si hay desempleo o exclusión social, si hay hambre y pandemias, eso no es el efecto de las deficiencias o de los límites de las leyes del mercado. Es más bien el resultado del hecho de que esas leyes todavía no hayan sido plenamente aplicadas.

La utopía conservadora es hoy más poderosa que nunca porque es reproducida todos los días e incesantemente por los medios de comunicación de masas. Las alternativas al neoliberalismo nunca son mencionadas y, cuando lo son, se mencionan con el único propósito de desacreditarlas. Por esa razón, la dimensión utópica de las luchas que reaccionan contra este estado de cosas reside básicamente en rechazar la idea de que no hay alternativa. Asume un carácter negativo: sabe más lo que no quiere que lo que quiere. Es más importante afirmar la posibilidad de alternativas que definirlas en detalle. Pero hoy ya es posible identificar algunas ideas reguladoras de los procesos de cambio (a veces, civilizacional) que están en curso. Se pueden resumir en tres grandes imperativos: democratizar, descolonizar, desmercantilizar.

DEMOCRATIZAR

Muchas de las propuestas para democratizar la democracia que mencioné en el capítulo cuarto, hoy están siendo formuladas a nivel mundial, con las variaciones y adaptaciones necesarias según el país o la región del mundo. Es esta una de las dimensiones más consistentes de la globalización contrahegemónica. Democratizar significa democratizar la democracia en el sentido que expuse arriba: rechazar la idea de que la democracia liberal representativa es la única forma válida de democracia y legitimar otras formas de deliberación democrática, la ya referida demodiversidad; buscar nuevas articulaciones entre la democracia representativa y la democracia participativa y, en ciertos contextos, entre ambas y la democracia comunitaria propia de las comunidades indígenas y campesinas de África, América Latina y Asia; ampliar los campos de deliberación democrática más allá del campo político-estatal, con el fin de evitar que la democracia política se transforme en una pequeña isla democrática integrada en un archipiélago de despotismos (el fascismo social): en la fábrica, en la familia, en la calle, en la religión, en la comunidad, en los conocimientos, en los medios de comunicación social. Si el socialismo fuera definible, sería definido como democracia sin fin.

El imperativo de la democratización tiene, a nivel mundial, otra dimensión: la reforma democratizadora de la ONU y de las agencias internacionales, comenzando por las instituciones financieras multilaterales, como el Banco Mundial y el FMI.

DESCOLONIZAR

Europa fue el centro del colonialismo moderno y eso le confiere un enfoque específico (crea problemas, desafíos y responsabilidades específicos) a la lucha por la descolonización. Por eso, autonomicé la tarea de la descolonización cuando abordé atrás el tema de otra Europa posible. Pero, obviamente, estamos ante una tarea de ámbito global, por más locales y circunscritos que sean los lugares en los que ella deberá ser llevada a cabo.

Descolonizar es un imperativo muy difícil de concretar. Por un lado hay quien piensa que la descolonización ya tuvo lugar y que por eso el colonialismo es un hecho del pasado. Por otro lado, incluso admitiendo que el colonialismo continúa existiendo bajo otras formas, siempre es posible confundirlo con otras relaciones de poder desigual o justificarlo en nombre de valores o exigencias prioritarias. Colonialismo es toda relación de opresión basada en la inferioridad supuestamente natural, racial o étnico-cultural del oprimido. Son muy diversos los movimientos que conciben sus luchas apuntando hacia una u otra manifestación del colonialismo y proponiendo alternativas descolonizadoras. He aquí algunas de esas manifestaciones. Tal vez la más importante y más presente globalmente es el racismo. En la versión que le da la modernidad occidental, el racismo deriva de la germinación del colonialismo y el capitalismo. Es hoy una de las presencias más insidiosas del colonialismo de nuestro tiempo, porque actúa en las instituciones y por fuera de ellas, porque existe a nivel interno y a nivel de las relaciones internacionales, porque se disfraza frecuentemente de antirracismo bloqueando así la lucha contra él. Está en los libros de historia, en los noticieros, en la represión policial, en los preconceptos semánticos (frases y bromas racistas), en los preconceptos de la desconfianza (lo *ethnic profiling* —el color de la piel como señal automática de peligro— tanto en los aeropuertos como en los taxis y en los barrios de las ciudades, tanto en el reclutamiento de personal como en el alquiler de casas), en la desvalorización o represión de la diversidad cultural, en los transportes públicos, en la cotidianidad de las relaciones interpersonales.

Otra manifestación se da en las relaciones internacionales, sobre todo en las relaciones entre las potencias colonizadoras y los nuevos países independientes. En este caso, el colonialismo se combina con el imperialismo. La independencia de los nuevos países, además de conquistada a costa de mucha violencia y destrucción, fue frecuentemente condicionada, sobre todo en el caso del colonialismo inglés y francés, por privilegios económicos concedidos al ex colonizador, que hipotecaron el desarrollo futuro de los nuevos países. Esta forma de colonialismo ha sobrevivido hasta hoy y explica en parte muchas de las formas de intervención extranjera, mediada o no por la ONU.

Una manifestación particularmente insidiosa de colonialismo actual es el rechazo a hacer las cuentas del colonialismo histórico, a revelar lo que ocurrió y cómo ocurrió. Este silenciamiento existe tanto del lado de las ex potencias coloniales como del lado de los nuevos países independientes. Bajo el pretexto de que "no debemos abrir heridas antiguas" se deja a sucesivas generaciones sin saber de qué historia vinieron, y se impide que mucha injusticia y sufrimiento sean finalmente reconocidos, aunque no sea posible repararlos. En el fondo, es una lucha entre los que no quieren recordar y los que no pueden olvidar.

En el plano epistemológico, el colonialismo se manifiesta de una forma virulenta al atribuirle el monopolio del conocimiento válido a la ciencia moderna y a la filosofía occidental. Así se desvalorizan, suprimen o marginalizan otros conocimientos legos, populares, tradicionales, urbanos y campesinos, que al final orientan la vida cotidiana de la gran mayoría de la población mundial. La desvalorización de estos saberes trae consigo la desvalorización de los grupos sociales que los detentan.

El colonialismo interno es otra manifestación del colonialismo contemporáneo, y fue acuñado para caracterizar las relaciones entre grupos sociales desiguales o entre regiones del mismo país, que fueron generadas en el tiempo del colonialismo histórico y que permanecieron después de él. Es el colonialismo ejercido por las élites nacionales, muchas veces disfrazado de defensa del interés nacional. El colonialismo interno se presenta bajo tres formas principales: la primera corresponde a lo que arriba llamé fascismo territorial, o sea, la privatización de parcelas del territorio nacional, de tal manera que quien las controla asume funciones y prerrogativas propias del poder soberano (justicia y política privadas). La segunda reside en las continuidades entre el Estado colonial y el Estado independiente, tales como el autoritarismo en la administración pública frente a los ciudadanos y la manipulación o represión de la diversidad cultural y de las autoridades políticas y jurídicas, muchas veces preexistentes al colonialismo. La tercera versión de colonialismo interno afecta a las minorías (y, a veces, mayorías) étnicas (por ejemplo, a pueblos indígenas), y reside en no reconocer sus lenguas y culturas y en negarles el derecho a la autonomía territorial y al autogobierno.

No podemos olvidar que hace un siglo gran parte del planeta eran colonias europeas, por lo que la persistencia del colonialismo bajo nuevas formas, que le parece extraña a un europeo (excepto en el caso del racismo), tiene una importancia mundial enorme, y la lucha contra este es un componente esencial de la construcción de otro mundo posible.

DESMERCANTILIZAR

Desmercantilizar es un imperativo indispensable en la búsqueda de una sociedad mejor. Sobrepuestas a las crisis financiera, económica y social que acompañan al capitalismo desde su inicio, las crisis ecológica, energética y alimentaria les confirieron un grado de convicción mayor a algunas constataciones que hasta ahora no habían merecido la atención del ciudadano común. He aquí algunas de esas constataciones.

Primero, concebir el desarrollo como crecimiento infinito basado en la apropiación intensa de la naturaleza es una concepción que nos conduce al desastre. La naturaleza está dando múltiples señales de que sus ciclos de regeneración vital han venido siendo violados mucho más allá de lo que es sostenible. El estilo de vida en los países desarrollados es energívoro y somete las energías no renovables a una presión insostenible.

Segundo, la reducción del bienestar al bienestar material, basado en el consumo de bienes disponibles en el mercado, deja de lado muchas dimensiones de la vida (la espiritualidad, el cuidado, la solidaridad, los valores éticos) esenciales para el florecimiento humano. Se hacen necesarios otros indicadores de bienestar. Suena hoy menos absurda o exótica la iniciativa de un pequeño país budista enclavado en el Himalaya —Bután— que, en 1972, decidió crear un índice de Felicidad Interna Bruta (por analogía con Producto Interno Bruto) para medir el desarrollo humano con base en los valores de su cultura.

Tercero, como cualquier otro fenómeno histórico, si el capitalismo tuvo un inicio seguramente tendrá un fin. Además, la crisis ecológica está cambiando los términos de los desafíos que enfrentamos: si el problema no es saber si el capitalismo sobrevivirá, seguramente sí lo es saber si sobreviviremos al capitalismo.

Cuarto, el capitalismo, por más dominante que fuera, no consiguió nunca erradicar totalmente otras lógicas de relación económica que no pasan ni por la acumulación infinita de riqueza ni por el lucro a cualquier precio; esas lógicas (algunas existían antes del capitalismo y sobrevivieron, otras surgieron con el capitalismo para oponérsele) contienen un repertorio de innovación social y económica que puede ser valioso en un contexto en el que se agudizan las crisis social, ecológica, alimentaria y energética. Refiérase, a título de ejemplo, el concepto de "vivir bien", *Sumak Kawsay*, en quechua, que los indígenas de Ecuador lograron transformar en un imperativo constitucional, al tiempo que le atribuyeron a la naturaleza (*Pachamama*, la madre tierra) la titularidad de derechos propios de ella y no de los humanos.

Desmercantilizar significa impedir que la economía de mercado extienda su campo de acción a tal punto que transforme toda la sociedad en una sociedad de mercado, en una sociedad en la que todo se compra y todo se vende, incluso los valores éticos y las opciones políticas. El imperativo de desmercantilizar implica la promoción del más amplio conjunto de iniciativas, muchas de ellas ya probadas por el tiempo y por su capacidad de crear bienestar para los que en ellas participan. Con algunas adaptaciones, las propuestas de desfinanciarización de Europa hoy están siendo formuladas a nivel mundial. Constituyen uno de los núcleos centrales del objetivo de desmercantilizar la vida personal, social, política y cultural. Con el mismo objetivo, muchas otras propuestas e iniciativas han venido siendo presentadas. Hacen parte de la conciencia anticipatoria del mundo y esperan la hora de que haya voluntad política para llevarlas a la práctica. He aquí algunas, entre muchísimas otras.

- Promover formas de economía social, tales como cooperativas, economía solidaria, sistemas de ayuda mutua y de intercambio de tiempo y de trabajo.
- Someter al control público (no necesariamente estatal) democrático (no burocrático) la explotación y gestión de recursos y de servicios esenciales o estratégicos.
- Desmercantilizar la naturaleza en la medida de lo posible —de lo cual es un buen ejemplo el pacto internacional del agua,

hace algún tiempo en discusión—, promoviendo una nueva relación entre los seres humanos y la naturaleza basada en la idea de que los primeros son parte de la segunda (no existen por fuera de ella) y que por eso deberán respetar los ciclos vitales de regeneración de la naturaleza, so pena del suicidio colectivo.

- Definir una nueva generación de derechos fundamentales: los derechos de la naturaleza, los derechos humanos al agua, a la tierra, a la biodiversidad, y la consecuente consagración de nuevos bienes comunes no susceptibles de ser privatizados.
- Prohibir la especulación financiera sobre la tierra y los productos alimenticios, con el fin de evitar la concentración de la tierra (está en curso una contrarreforma agraria) y la subida artificial de los precios de los alimentos.
- Transformar la soberanía alimentaria en el eje de las políticas agrarias para que los países dejen de ser, en la medida de lo posible, dependientes de la importación de alimentos.
- Regular estrictamente los agrocombustibles por el impacto que tienen en la seguridad alimentaria y en la soberanía alimentaria.[1] El impacto de estos proyectos en la agricultura y en la vida de los campesinos no es difícil de imaginar.
- Aumentar el promedio de vida de los productos manufacturados. Un carro o una lámpara pueden durar mucho más tiempo sin aumentar los costos.
- Aumentar los impuestos de algunos productos agrícolas que viajan más de mil kilómetros entre el productor y el consumidor, creando, con su recaudación, un fondo para apoyar el desarrollo local de los países menos desarrollados.
- Incluir la disminución del tiempo de trabajo en las políticas de promoción de empleo.

---

[1]   Ya que la CPLP es un espacio geopolítico al que atribuyo gran importancia, se justifica alertar para lo que puede ocurrir en él en este campo. En la Guinea-Bissau estuvo en estudio un plan para convertir 1/7 de la superficie del país en cultivo de jatrofa para producir agrodiesel con financiamiento de los casinos de Macao. Existe un plan de la misma magnitud en Mozambique para el cultivo de caña de azúcar, con financiamiento europeo y tecnología brasileña.

- Prohibir las patentes de los saberes tradicionales y reducir drásticamente la vigencia de los derechos de propiedad intelectual en el área de los productos farmacéuticos.
- Aprovechar al máximo las potencialidades democráticas de la revolución digital para promover una cultura libre, que recompense colectivamente la creatividad de artistas e investigadores, generalizando la innovadora experiencia del movimiento *Open Source Software* y de *Wikipedia.*

Estas son algunas imágenes de la conciencia anticipatoria del mundo. Se dirá que son utópicas o que están impregnadas de romanticismo. Sin duda. Pero debemos ser cuidadosos al estigmatizar la utopía. Muchas de estas propuestas, cuando son detalladas técnicamente, disponen de medidas de transición y son susceptibles de aplicaciones parciales. Además, una idea innovadora es siempre utópica antes de transformarse en realidad. Finalmente, porque muchos de nuestros sueños fueron reducidos a lo que existe y lo que existe es muchas veces una pesadilla, ser utópico es la manera más consistente de ser realista a comienzos de siglo XXI.

CONCLUSIÓN

Procuré mostrar que los desasosiegos de Portugal son de largo y mediano plazo y que solo ellos nos ayudan a entender el modo como damos respuesta a las crisis de corto plazo. No podemos olvidar que durante el siglo XVIII los barcos que traían el oro de Brasil atracaban en el puerto de Lisboa, pero seguían muchas veces hacia Inglaterra para pagar nuestra deuda soberana. A quien quiera ver paralelos con lo que ocurre hoy le basta sustituir barcos por Internet e Inglaterra por acreedores sin rostro. En el actual sistema mundial es muy difícil salir de este estatuto de desarrollo intermedio, ni para arriba (ascenso a país desarrollado) ni para abajo (degradación a país en desarrollo). Las convulsiones o grandes transformaciones políticas generan oportunidades y riesgos, y los países cambian de estatuto para aprovechar mejor las oportunidades y evitar los riesgos. Fue así como en la posguerra Italia fue ascendida a país desarrollado. Portugal, debido al fascismo y a la guerra colonial, desperdició esa oportunidad. Lo mismo ocurrió con España. El 25 de Abril y la entrada en la CEE crearon para Portugal otras oportunidades y trajeron otros riesgos, y una vez más no aprovechamos las primeras y no evitamos los segundos. La tentativa socialista estatizante de 1975 fue un riesgo enorme; por su parte, la oportunidad dada por la integración no pudo ser plenamente aprovechada, en parte porque los términos de la integración no protegían la agricultura ni la pesca portuguesas, ni las relaciones históricas con las ex colonias. Por otro lado, los fondos estructurales y de cohesión fueron despilfarrados en lo que constituyó la más secreta historia de corrupción en Portugal. El euro, combinado con la apertura de la economía europea al mercado mundial, fue la última estocada a las aspiraciones portuguesas, pues teníamos textiles y zapatos para vender, pero no aviones ni trenes de alta velocidad.

Los términos de la integración fueron siendo progresivamente más desfavorables para nosotros, el proyecto europeo se fue desviando de los deseos originales, y los mercados financieros se aprovecharon de las brechas creadas en la defensa de la zona euro para lanzarse al pillaje en el que son peritos, agravando las condiciones del país mucho más allá de lo que puede ser legítimamente atribuido a nuestra incuria o incompetencia. La verdad es que vivimos el momento de los grupos y clases dominantes, cuyo poder parece demasiado fuerte para que pueda ser desafiado; y nunca tanta fuerza estuvo ligada a tanta falta de proyecto. La democracia, que aparentemente controla su poder, parece secuestrada por él. Vivimos un tiempo de explosión de la precariedad, de obscena concentración de la riqueza, de empobrecimiento de las mayorías y de pérdida incontrolable del valor de la fuerza de trabajo.

Si es verdad que todas las crisis son políticas, no es menos verdad que no se politizan por sí mismas. La lucha por la definición de los términos de la crisis es siempre el primer momento de politización y el más adverso para los grupos sociales que más sufren con la crisis. Los grupos sociales que producen las crisis mantienen en general, salvo casos raros de colapso sistémico, la capacidad de definir la crisis de modo que se perpetúen sus intereses durante y después de ella. La crisis solo deja de ser destructiva en la medida en que se transforma en oportunidad nueva para las clases y grupos sociales que más la padecen. Y para eso es necesario que los términos de la crisis sean redefinidos de modo que se libere y acredite la posibilidad de la resistencia contra los intereses dominantes, lo que implica una lucha social y política.

A corto plazo, la crisis portuguesa es financiera y está siendo definida por los grupos que la causaron; esto es: externamente, por los intereses de los acreedores y especuladores financieros; de ahí que no puedan entrar en la ecuación de la definición de la crisis la desregulación de los mercados financieros, la inmoralidad de los lucros especulativos o la subordinación de intereses soberanos democráticamente legitimados a designios financieros antidemocráticos. Internamente, está siendo definida por los dirigentes políticos que causaron la crisis, al ser rehenes de la corrupción y de los intereses partidarios que ponen por encima de los intereses nacionales; de ahí que no puedan entrar en la ecuación de la definición de la crisis la mediocridad de los dirigentes, la crisis del actual sistema político, la baja intensidad de nuestra democracia, el predominio de la cultura política autoritaria que confunde consenso con resignación, que paraliza el potencial de rebelión de la sociedad civil.

A corto plazo, muy probablemente, una redefinición de la crisis que le abra ventanas de oportunidad a la mayoría de la población fuertemente vulnerabilizada por la crisis, solo puede ocurrir por vía de acciones colectivas extrainstitucionales. El predominio de la cultura autoritaria y el papel de la sociedad de bienestar hacen tal acontecimiento improbable, a menos que la crisis se agudice hasta el extremo del desespero o surjan acciones colectivas extrainstitucionales en otros países europeos que, por contagio, lleven a los portugueses a las calles. Lo que sucedió recientemente en el Norte de África no es una especificidad africana.

A mediano plazo, la crisis portuguesa es económica, política y cultural, y tendrá que ser resuelta en el contexto europeo —por la participación que tengamos en el surgimiento de otra Europa más democrática y más solidaria—, en el contexto de la CPLP —por el modo como seamos capaces de crear intereses recíprocos verdaderamente poscoloniales— y en el contexto global, mediante nuestra contribución para una globalización contrahegemónica, un nuevo pacto socionatural o socioecológico inmune al fetichismo del progreso y, siempre en el horizonte, otro modelo civilizacional donde la humanidad se sienta toda ella en casa y la sepa compartir con la naturaleza que proporciona los materiales y los inmateriales para su construcción. Por eso, y a pesar de que nos sintamos sofocados por las urgencias del corto plazo, procuré mostrar en el último capítulo que nuestros horizontes de mediano plazo son los del mundo que compartimos, cuyo futuro también depende de nosotros.

A mediano plazo, si no civilizamos la economía tendremos que cambiar de civilización. En diferentes espacios-tiempo, según ritmos y grados de ambición distintos, recurriendo a gramáticas semánticas que solo se reconocen mediante la traducción, los objetivos son democratizar, descolonizar, desmercantilizar. Este proyecto sería ambicioso y utópico si la alternativa no fuera la guerra incivil, la catástrofe ecológica, el fascismo social montado sobre la espalda de la democracia política.

Procuré que este libro fuera una manifestación de optimismo trágico. Se trata de la actitud que considero más adecuada para que enfrentemos los desafíos que se nos presentan en Portugal o en cualquier otra sociedad. Consiste en que seamos muy conscientes de las dificultades a las que nos enfrentamos pero nos rehusemos a admitir que no hay alternativas. La conciencia de las dificultades impide el facilismo, tanto como la conciencia de las alternativas impide la autoflagelación. Este libro fue escrito contra esos dos vicios tan dominantes en nuestro país.

BIBLIOGRAFÍA

Acosta, A., y O. Ugarteche (2007), "Global economy issues and the International Board of Arbitration for Sovereign Debt (IBASD)", *El Norte – Finnish Journal of Latin American Studies*, 2.

Acosta, A. (2008), *La auditoría de la deuda e(x)terna ecuatoriana: Un paso histórico para una solución definitiva* (disponible en http://www.flacsoandes.org/web/debate.php?c=1486&debate=434; consultada el 2 de mayo de 2011).

Albuquerque, Joaquim Mouzinho de (1899), *Moçambique, 1896-1898*, Tipographya Manoel Gomes, Lisboa.

_____ (1955), *Carta de Mouzinho de Albuquerque a sua Alteza Real o Príncipe D. Luís Filipe*, Comissão de Angola do Centenário do Nascimento de Mouzinho de Albuquerque, Luanda.

Alves, Nuno; Mário Centeno y Álvaro Novo (2010), "O investimento em educação em Portugal: retornos e heterogeneidade", *Boletim Económico do Banco de Portugal*, n° 16-1, 9-39.

Artus, Patrick (2011), "Quelle est maintenant l'issue la plus probable de la crise des dettes publiques dans la zone euro?", *Flash Economie*, 24 de marzo de 2011 (disponible en http://gesd.free.fr/flas1218.pdf; consultada el 27 de abril de 2011).

Atkinson, Anthony y Eric Marlier (comp.) (2010), *Income and living conditions in Europe*, Publication Office of the European Union, Luxembourg.

Bloch, Ernst (1995), *The principle of hope*, MIT Press, Cambridge, Mass.

Brandão, Raúl (1988), *Memórias,* Perspectivas e Realidades, Lisboa.

Camões, Luís Vaz de (1981 [1572]), *Os Lusíadas*, Sá da Costa, Lisboa.

Caetano, Marcello (1947), *As campanhas de Moçambique em 1895 segundo os contemporâneos*, Agência Geral das Colónias, Lisboa.

Carmo, Renato Miguel do, Frederico Cantante e Inês Baptista (2010), "Taxa de risco de pobreza. Incidências diferenciadas", en Renato Miguel do Carmo (comp.), *Desigualdades sociais 2010. Estudos e indicadores*, Editora Mundos Sociais e Observatório das Desigualdades, Lisboa, 15-32.

Checchi, Daniele, Vito Peragine y Laura Serlenga (2010), *Fair and unfair income inequalities in Europe*. IZA Discussion Paper Series, 5025 (disponible en http://ftp.iza.org/dp5025.pdf ; consultada el 23 de abril de 2011).

Coelho, Pedro Passos (2011), "Our plan to fix Portugal", *The Wall Street Journal* (disponible en http://online.wsj.com/article/SB10001424052748704559904576230090187012196.html; consultada el 27 de abril de 2011).

Couto, Diogo de (1937 [1590]), *O soldado pratico*, Livraria Sá da Costa, Lisboa.

Coxito, Amândio (1980), "Método e ensino em Pedro da Fonseca e nos conimbricenses", *Revista Portuguesa de Filosofia*, nº 36, 88-107.

_____ (2001), "Os Conimbricenses", en P. Calafate (comp.), *História do Pensamento Filosófico Português, II: Renascimento e Contra-Reforma,* Editorial Caminho, Lisboa, 503-543.

Desai, Ashwin (2002), *We are the poors: Community struggles in post-Apartheid South Africa*, Westview Press, New York.

Doyle, John Patrick (2001), *The Conimbricenses: Some questions on signs*, Marquette University Press, Milwaukee.

Dussel, Enrique (1998), *Ética de la liberación en la edad de la globalización y de la exclusión,* Trotta, Madrid.

Ennes, António (1946), *O 'Ultimatum' visto por António Ennes, com um estudo biográfico por F. A. Oliveira Martins*, Parceria A. M. Pereira, Lisboa.

European Credit Research Institute (2010), *Lending to households in Europe (1995-2009): ECRI Statistical Package 2010,* European Credit Research Institute, Brussels.

ESS Data (2008), *The European social survey* (disponible en http://ess.nsd.uib.no/; consultada el 2 de mayo de 2011).

Eurostat (2011), EU *Statistics on Income and Living Conditions (EU-SILC)* (disponible en http://epp.eurostat.ec.europa.eu/statistics_explained/index.php/Living_conditions_statistics; consultada el 23 de abril de 2011).

Faria, Manuel Severim de (1974 [1665]), "Dos remédios para a falta de gente", en António Sérgio (comp.), *Antologia dos economistas portugueses (séc. XVII)*, Livraria Sá da Costa Editora, Lisboa, 117-163.

Ferreira, António Casimiro (2011), *O trabalho e os seus direitos: perspectivas da sociologia do direito do trabalho*, Almedina, Coimbra.

_____ (2005a), *Acesso ao direito e mobilização dos tribunais de trabalho: o caso da discriminação entre mulheres e homens*, CITE, Lisboa.

_____ (2005b), *Trabalho procura justiça: os tribunais de trabalho na sociedade portuguesa,* Almedina, Coimbra.

FMI (2010), *Statement by IMF Managing Director Dominique Strauss-Kahn on the Passing of Mr. Néstor Kirchner, Former President of Argentina* (disponible en http://www.imf.org/external/np/sec/pr/2010/pr10403.htm; consultada el 29 de abril de 2011).

Fonseca, Pedro da (1964 [1564]), *Instituições dialécticas*, Universidade de Coimbra, Coimbra.

Frade, Catarina (2006), *Desemprego e sobreendividamento: contornos de uma ligação perigosa*, Centro de Estudos Sociais, Coimbra.

_____ (2007), *A regulação do sobreendividamento.* Tesis de doctorado, FEUC, Coimbra.

       et al. (2008), *Um perfil dos sobreendividados em Portugal*, CES/OEC, Coimbra.

Genworth Financial, Inc. (2010), *The Genworth Index. Measuring consumer financial vulnerability and security in 18 countries,* vol. 4 (disponible en http://www.genworth.co.uk/content/etc/medialib/genworth_uk/UK_PDFs.Par.15649.File.dat/GenworthIndexVolume4October2010_bookmarks.pdf#pagemode=bookmarks; consultada el 27 de abril de 2011).

Gil, José (2004), *Portugal hoje: o medo de existir*, Relógio D'Água, Lisboa.

Gurminder, Bhambra (2009), "Postcolonial Europe: Or, understanding Europe in times of the postcolonial", en *Sage Handbook of European Studies*, Sage, London, 69-85.

Hespanha, Pedro (2000), *Entre o Estado e o mercado. As fragilidades das instituições de protecção social em Portugal*, Quarteto, Coimbra.

Herculano, Alexandre (1982 [1858]), "Carta aos eleitores do círculo de Sintra", en *Opúsculos I,* Editorial Presença, Porto, 319-325.

Hinkelammert, Franz (2002), *Crítica de la razón utópica*, Desclée de Brouwer, Bilbao.

IEFP (2011), *Informação mensal do mercado de emprego*, marzo de 2011, n° 3.

Instituto de Gestão da Tesouraria e do Crédito Público (2011), *Boletim Mensal - Dívida Pública* (disponible en http://www.igcp.pt/fotos/editor2/2011/Boletim_Mensal/02BolMensal.pdf; consultada el 27 de abril de 2011).

IMF (2011), *Sovereign rating news and financial markets spillovers: Evidence from the European debt crisis.* Working Paper (disponible en http://www.imf.org/external/pubs/ft/wp/2011/wp1168.pdf; consultada el 27 de abril de 2011).

INE (2010), *Rendimento e condições de vida 2009 (Dados Provisórios).* Destaque. Informação à comunicação social de 15 de Julho de 2010 (disponible en www.eapn.pt/download.php?file=1069; consultada el 23 de abril de 2011).

IPEA (2011), Gastos com a política social: alavanca para o cresci-mento com distribuição de renda, 75, 3 de febrero (disponi-ble en http://www.ipea.gov.br/portal/images/stories/PDFs/comunicado/110203_comunicadoipea75.pdf; consultada el 27 de abril de 2011).

Louçã, Francisco; Caldas, José Castro (2009), Economia(s), Afron-tamento, Porto.

Lourenço, Eduardo (2005), *A morte de Colombo. Metamorfose e fim do Ocidente como mito*, Gradiva, Lisboa.

Macedo, Duarte Ribeiro de (1974 [1675]), "Discurso sobre a in-trodução das artes", en António Sérgio (comp.), *Antologia dos economistas portugueses (séc. XVII),* Livraria Sá da Costa Editora, Lisboa, 165-229.

Marques, M. M., V. Neves, C. Frade, F. Lobo, P. Pinto y C. Cruz (2000), *O endividamento dos consumidores,* Almedina, Coim-bra.

Martins, António Manuel (1989), "Conimbricenses", en *Logos: Enciclopédia Luso-Brasileira de Filosofia*, Editorial Verbo, Lisboa, 1112-1126.

Mauss, Marcel (1950), *Essai sur le don,* PUF, Paris.

Melo, Francisco Manuel de Melo (1998-1999 [1721]), *Apólogos dialogais,* Angelus Novus, Braga.

Mendes, José Manuel (2003), "Destinos traçados?: mobilidade in-tergeracional e desigualdades sociais numa perspectiva com-parada", en Manuel Villaverde Cabral, Jorge Vala y André Freire (comp.), *Desigualdades e justiça social em perspectiva comparada,* ICS, Lisboa, 107-150.

———— (2009), "Social vulnerability indexes as planning tools: Be-yond the preparedness paradigm", *Journal of Risk Research*, Vol. 12, Issue 1, 43-58.

———— (2005), "'Só é vencido quem deixa de lutar': protesto e es-tado democrático em Portugal", *Revista Crítica de Ciências Sociais*, nº 72, 161-185.

Observatório do Endividamento dos Consumidores Catarina Frade (comp.) (2008), *Um perfil dos sobreendividados em Portugal*, Centro de Estudos Sociais, Coimbra.

OCDE (2008), Growing Unequal? Income Distribution and Poverty in OECD Countries. OECD Publishing (disponible en http://www.oecd.org/document/4/0,3343, en_2649_33933_41460917_1_1_1_1,00.html; consultada el 27 de abril de 2011).

_____ (2011), Society at a Glance 2011. OECD Social Indicators. OECD Publishing. (disponible en http://www.oecd.org/docu ment/24/0,3746,en_2649_34637_2671576_1_1_1_1,00.html; consultada el 23 de abril de 2011).

Oliveira Martins, Joaquim Pedro (1904 [1880]), *O Brasil e as colónias portuguesas*, Parceria António Mário Pereira, Lisboa.

_____ (1994 [1887]), *Fomento rural e emigração,* Guimarães Editores, Lisboa.

Pereira, Miguel Baptista (1967), *Ser e Pessoa. Pedro da Fonseca I: o método da filosofia.* Tesis de doctorado, Universidade de Coimbra, Coimbra.

PNUD (2010), *A verdadeira riqueza das nações: Caminhos para o desenvolvimento humano* (disponible en http://hdr.undp.org/ en/reports/global/hdr2010/chapters/pt/; consultada el 27 de abril de 2011).

Polanyi, Karl (1944), *The great transformation*, Beacon Press, Boston.

Portugal, Sílvia y Paulo Henrique Martins (comp.) (2011), *Cidadania, políticas públicas e redes sociais*, Imprensa Universidade de Coimbra, Coimbra.

Queiroz, Eça (1965), *Uma campanha alegre: de 'As Farpas'*, Lello & Irmão, Porto.

Quental, Antero de (1923-31), *Prosas*, Imprensa da Universidade, Coimbra.

_____ (1994 [1890]), "Expiação", en *Política,* Edição Universidade dos Açores, Ponta Delgada, 220-221.

Reis, José (2007), *Ensaios de economia impura*, Almedina/CES, Coimbra.

Rousseau, Jean Jacques (1968), *Do contrato social*, Portugalia, Lisboa.

Said, Edward (1978), *Orientalism*, Vintage Books, New York.

Santos, Boaventura de Sousa (1993), "O Estado, as relações salariais e o bem-estar social na semiperiferia: o caso português", en

Boaventura de Sousa Santos (comp.), *Portugal: um retrato singular*, Edições Afrontamento, Porto, 15-56.

_____ (1994), Pela mão de Alice: O social e o político na pós-modernidade, Afrontamento, Porto. (*De la mano de Alicia. Lo social y lo político en la postmodernidad*, Siglo del Hombre Editores/Universidad de los Andes, Bogotá, 1998).

_____ (1995), *Toward a new common sense: Law, science and politics in the paradigmatic transition*, Routledge, New York.

_____, Maria Manuel L. Marques, João Pedroso y Pedro Lopes Ferreira (1996), *Os tribunais nas sociedades contemporâneas: o caso português,* Afrontamento, Porto.

_____ (2000), *A crítica da razão indolente. Contra o desperdício da experiência, para um novo senso comum*, Afrontamento, Porto. (*Crítica de la razón indolente. Contra el desperdicio de la experiencia*, Desdée de Brouwer, Bilbao, 2000).

_____ (2001a), "Entre Próspero e Caliban: colonialismo, pós-colonialismo e inter-identidade", en Maria Irene Ramalho y António Sousa Ribeiro (comp.), *Entre ser e estar: raízes, percursos e discursos de identidade,* Afrontamento, Porto, 23-113.

_____ (2001b), "Os processos da globalização", en Boaventura de Sousa Santos (comp.), *Globalização: fatalidade ou utopia?*, Afrontamento, Porto, 31-106.

_____ (comp.) (2003), *Democratizar a democracia: os caminhos da democracia participativa,* Afrontamento, Porto.

_____ (2004), *A universidade no século XXI. Para uma reforma democrática e emancipadora da universidade*, Cortez Editora, São Paulo. (*La universidad en el siglo XXI. Para una reforma democrática y emancipatoria de la universidad*, Plural Editores, La Paz, 2007).

_____ (2005), Fórum Social Mundial: manual de uso, Afrontamento, Porto.

_____ (2006), *A gramática do tempo: para uma nova cultura política*, Afrontamento, Porto.

_____, Maria Paula G. Meneses y João Arriscado Nunes (2004), "Introdução: para ampliar o cânone da ciência: a diversidade epistemológica do mundo", en Boaventura de Sousa Santos (comp.), *Semear outras soluções: os caminhos da biodiversidade e dos conhecimentos rivais,* Afrontamento, Porto, 19-101.

_____ y Maria Paula G. Meneses (2006), *Identidades, colonizadores e colonizados: Portugal e Moçambique.* Informe final del proyecto de investigación POCTI/41280/SOC/2001. Centro de Estudos Sociais, Coimbra.

_____ (2008), "A filosofia à venda, a douta ignorância e a aposta de Pascal", *Revista Crítica de Ciências Sociais,* n° 80, 11-43.

Sen, Amartya (2009), *The idea of justice,* Allen Lane, London.

Sérgio, António (1920), "Da opinião pública e da competência em democracia", en *Ensaios I,* Renascença Portuguesa, Porto, 241-260.

Sérgio, António (1932), "Prefácio", en *Ensaios III,* Renascença Portuguesa, Porto, 9-29.

Schumpeter, Joseph (1942), *Capitalism, socialism and democracy,* Harper and Row, New York.

Teubal, M. (2007), "Economic groups and the rise and collapse of neoliberalism in Argentina", en Alex Jilberto y Barbara Hogenboom (comp.), *Big business and economic development,* Routledge, London.

Vitali, S., J. Glattfelder y S. Battiston (2011), *The network of global corporate control.* Chair of Systems Design, ETH Zurich (disponible en http://arxiv.org/PS_cache/arxiv/pdf/1107/1107.5728v2.pdf).

Wallerstein, Immanuel (1984), *The politics of the world-economy. The states, the movements, and the civilizations: Essays,* Cambridge University Press, Cambridge.

Warde, Ibrahim (1997), "Quién controla los mercados? Poderosas oficinas dan su calificación a los Estados", *Le Monde Diplomatique* (versión española), 10 de febrero, 10-11.

Parte II
DIARIO DE LA CRISIS[1]

---

[1] La traducción del portugués al español fue realizada por Jineth Ardila Ariza y revisada por José Luis Exeni.

Lejos de ser una cronología de la crisis, este nuevo capítulo consta de un conjunto de artículos de opinión sobre el desarrollo de la crisis, que he publicado a lo largo de los últimos meses en la prensa portuguesa e internacional. Algunos de estos textos preceden a la publicación de la primera edición portuguesa del libro (mayo de 2011) y otros aparecieron después (hasta noviembre de 2011). Algunos de ellos fueron traducidos al español, italiano, inglés y griego, y publicados en diferentes medios de comunicación. Las fechas de publicación son cruciales para entender el modo como he venido reflexionando sobre la crisis en la medida en que la crisis ha venido reflejándose en mí, en mis convicciones, en mis solidaridades, en los caminos insondables de la búsqueda de objetividad sin neutralidad.

EL CRIMEN PAGA
(*Visão*, 8 de abril de 2010)

La corrupción es un crimen que paga. Las ganancias son seductoras, los riesgos de que sea detectada no son elevados. La eventualidad de llegar a ser juzgado y condenado es remota; la pérdida de la reputación, cuando ocurre, es pasajera y es casi siempre neutralizada por el "comprensible deseo" de ganar (o de dejar hacer) un negocio que al final "revierte a favor" del país, de la economía, de la ciudad, etc. En general, el corrupto activo o pasivo no se ve encaminándose hacia una carrera criminal. Observa la ocasión como una oportunidad que puede no repetirse y que cualquiera en la misma situación no desperdiciaría. Durante mucho tiempo los policías de investigación criminal entrenados para investigar homicidas y bandidos tenían dificultad para colgarle la imagen de criminal a personas bien vestidas y bien habladas de clase superior a la de ellos, que muchas veces amenazaban con una retaliación a través de sus "relaciones con los de arriba". Frente a esto, ¿por qué en ciertos países hay tanta corrupción y en otros tan poca?

Hay poca corrupción cuando se verifican tres condiciones: cultura de distinción entre lo público y lo privado y prevalencia de lo público sobre lo privado; prevención por vía de una cultura de la transparencia y de mecanismos de acompañamiento a la par y al paso de los procesos donde puede ocurrir corrupción; combate eficaz contra el crimen cuando ocurre y castigo rápido y ejemplar. La presencia de cualquiera de estas condiciones implica leyes, instituciones y medios; pero, sobre todo, implica una cultura pública de prioridad del bien común y del Estado como principal garante de él. En nuestro país no se verifica actualmente ninguna de estas condiciones. En los últimos treinta años dominó una cultura tramposa de instrumentalización del Estado a través del discurso anti-Estado. La crítica del Estado, en vez de haber sido utilizada para crear espacios de genuina autonomía de la economía y de la sociedad civil —espacios que implican riesgos como condición de oportunidades— fue utilizada para crear oportunidades sin riesgos mediante el recurso a un Estado-prostituto seguro, que, no teniendo utilidad general, puede ser utilizado para servir intereses particulares cuya satisfacción supera siempre la retribución. El PSD y el PS contribuyeron por igual a la cultura de la prostitución del Estado, auxiliados por un grupo de comentaristas y analistas conservadores que, con una intensidad sin paralelo en Europa, fueron convirtiendo diariamente la realidad del *Estado a menos* en la ficción del *Estado a más*. Invertir este proceso durará décadas, y no hay señales de que haya comenzado.

Siendo menos un crimen de convicción que un crimen de oportunidad, la corrupción puede ser eficazmente prevenida reduciendo las oportunidades de que ocurra. Las oportunidades tienen lugar en cuatro ámbitos relacionados: grandes contratos de obras y de abastecimiento del Estado, compañías público-privadas, urbanismo, financiamiento de los partidos. Para cualquiera de estos casos hay medidas de prevención cuya eficacia está ampliamente probada. Para los grandes contratos y compañías, la creación de unidades de acompañamiento de los contratos, constituidas por magistrados y técnicos suficientemente especializados para saber que una coma o un adjetivo puede significar millones de euros. El Tribunal de Cuentas hoy hace una fiscalización concomitante pero limitada a los aspectos jurídicos. Ahora la corrupción ocurre casi siempre en una zona gris entre lo legal y lo ilegal, la zona de lo alegal. Para el urbanismo, la introducción de mecanismos de democracia participativa, especialmente del presupuesto participativo a nivel municipal. Para el financiamiento de los partidos, el financiamiento público exclusivo. Cuando no es prevenida, la corrupción puede ser eficazmente combatida con las siguientes medidas: renuncia inmediata de los responsables de los institutos de control en caso de corrupción en un área controlada; selectividad del combate centrándolo en la gran corrupción; creación de equipos de investigación especializados y multidisciplinares; acceso ilimitado del MP a las cuentas bancarias; protección de denunciantes o arrepentidos; sistema de asegurar en caja fuerte y con acceso limitado las investigaciones que inciten a la violación del secreto de justicia; castigo ejemplar a los medios por hacer revelaciones indebidas que destruyen pruebas.

Afirmar la voluntad política de eliminar la corrupción y no adoptar estas medidas es pura hipocresía.

EL FASCISMO FINANCIERO
(*Visão*, 4 de mayo de 2010)

Hace doce años publiqué, a petición del doctor Mário Soares, un pequeño texto (*Reinventar la Democracia*) que, por su extrema actualidad, no resisto la tentación de evocar aquí. En él considero que una de las señales de la crisis de la democracia es el surgimiento del fascismo social. No se trata del regreso al fascismo del siglo pasado. No se trata de un régimen político sino más bien de un régimen social. En vez de sacrificar la democracia a las exigencias del capitalismo, promueve una versión empobrecida de democracia que vuelve innecesario e incluso inconveniente el sacrificio. Se trata, pues, de un fascismo pluralista y, por eso, de una forma de fascismo que nunca existió. Identificaba entonces cinco formas de sociabilidad fascista, una de las cuales era el fascismo financiero. Y sobre este decía lo siguiente.

El fascismo financiero es tal vez el más virulento. Dirige los mercados financieros de valores y de monedas, la especulación financiera global, un conjunto hoy llamado "economía de casino". Esta forma de fascismo social es la más pluralista en la medida en que los movimientos financieros son el producto de decisiones de inversionistas individuales o institucionales esparcidos por todo el mundo, y sin nada en común sino el deseo de rentabilizar sus valores. Por ser el fascismo más pluralista es también el más agresivo porque su espacio-tiempo es el más refractario a cualquier intervención democrática. Significativa, a este respecto, es la respuesta del corredor de la bolsa de valores cuando le preguntaban lo que para él era el largo plazo: "Largo plazo para mí son los próximos diez minutos". Este espacio-tiempo virtualmente instantáneo y global, combinado con la lógica de lucro especulativa que lo sostiene, le confiere un inmenso poder discrecional al capital financiero, prácticamente incontrolable a pesar de ser suficientemente poderoso para estremecer, en segundos, la economía real o la estabilidad política de cualquier país. La virulencia del fascismo financiero reside en que, siendo de todos el más internacional, está sirviendo como modelo a instituciones de regulación global crecientemente importantes a pesar de ser poco conocidas por el público. Entre ellas, a las empresas de *rating*, las empresas internacionalmente acreditadas para evaluar la situación financiera de los Estados y los consecuentes riesgos y oportunidades que ellos ofrecen a los inversionistas internacionales. Las calificaciones atribuidas —que van de AAA a D— determinan las condiciones en las que un país o una empresa de un país puede acceder al crédito internacional. Cuanto más alta es la calificación, mejores son las condiciones. Estas empresas tienen un poder extraordinario. Según el columnista del *New York Times*, Thomas Friedman, "el mundo de la posguerra fría tiene dos superpotencias, los Estados Unidos y la agencia Moody's". Moody's es una de esas agencias de *rating*, al lado de la *Standard and Poor's* y *Fitch Investors Services*. Friedman justifica su afirmación agregando que "si es verdad que los Estados Unidos de América pueden aniquilar a un enemigo utilizando su arsenal militar, la agencia de calificación financiera Moody's tiene poder para estrangular financieramente a un país, atribuyéndole una mala calificación".

En un momento en el que los deudores públicos y privados entran en una batalla mundial para atraer capitales, una mala calificación puede significar el colapso financiero del país. Los criterios adoptados por las empresas de *rating* son en gran medida arbitrarios, refuerzan las desigualdades en el sistema mundial y dan origen a efectos perversos: el simple rumor de una cercana descalificación puede provocar una enorme convulsión en el mercado de valores de un país. El poder arbitrario de estas empresas es tanto mayor cuanto les asiste la prerrogativa de atribuir calificaciones no solicitadas por los países o deudores examinados. La virulencia del fascismo financiero reside en su potencial de destrucción, en su capacidad para lanzar al abismo de la exclusión a países pobres enteros.

Escribía esto pensando en los países del llamado Tercer Mundo. No podía imaginar que lo fuera a recuperar pensando en países de la Unión Europea.

CRÓNICA DE UNA TRAGEDIA ANUNCIADA
(*Mémoire des luttes*, 7 de junio de 2010)

La tragedia griega de la Antigüedad clásica se distinguió por ser portadora de preguntas universales. Las preguntas ya habían sido elevadas en otros lugares y por otras culturas pero se volvieron universales al servirle de base a la cultura europea. La actual tragedia griega no escapa a la regla. Identifiquemos las cuestiones principales y las lecciones que de ellas sacamos.

LOS CASTILLOS NEOFEUDALES: DE DISNEYLANDIA A EUROLANDIA

Todo lo que ha pasado en los últimos meses en Europa del sur ocurrió antes en muchos países del sur global, pero mientras ocurría en "el resto del mundo" fue visto como un mal necesario impuesto globalmente para corregir errores locales y promover el enriquecimiento general del mundo. La existencia de criterios dobles para los mismos errores —la deuda externa de Estados Unidos supera el valor total de la deuda de los países europeos, africanos y asiáticos; comparada con los fraudes cometidos por Wall Street el fraude griego es un truco mal hecho por falta de práctica— pasó desapercibida y lo mismo sucedió con las estrategias y decisiones de actores muy poderosos con el propósito de obtener un resultado bien identificado: el empobrecimiento general de los habitantes del planeta y el enriquecimiento sin sentido de unos pocos señores neofeudales, resueltos a librarse de los dos obstáculos que el siglo pasado puso en su camino alucinado: los movimientos sociales y el Estado democrático (la eliminación del tercer obstáculo, el comunismo, les fue ofrecida por los pregoneros del "fin de la historia"). La tragedia griega vino a revelar todo eso.

Hoy está relatada en detalle (con nombres y apellidos, hora y dirección en Manhattan) una reunión de directores de fondos especulativos de alto riesgo (*hedge funds*) en la que fue tomada la decisión de atacar al euro a través de su eslabón débil, Grecia. algunos días después de febrero de 2010, el *Wall Street Journal* daba cuenta del ataque en preparación. En esa reunión participaron, entre otros, el representante del banco Goldman Sachs, que había sido el facilitador del sobreendeudamiento de Grecia y de su engaño, y el representante del especulador de más éxito y menos castigado de la historia de la humanidad, George Soros, quien en 1988 condujera el ataque a la Société Générale y en 1992 planeara la depresión de la libra esterlina (habiendo ganado en un día mil millones de dólares). La idea del mercado como un ser viviente que reacciona y actúa racionalmente dejó de ser una contradicción para pasar a ser un mito: el mercado financiero es el castillo de los señores neofeudales.

Lo que los relatos raramente mencionan es que esos inversionistas institucionales, reunidos en Manhattan en una noche de febrero, sentían que estaban cumpliendo una misión profética: liquidar la pretensión del euro de rivalizar con el dólar como moneda internacional. Estados Unidos es hoy un país insostenible sin ese privilegio del dólar. Si los países emergentes, los países con recursos naturales y productores de *commodities* —que el capital financiero hace mucho identificó como el nuevo *El Dorado*— cayeran en la tentación de colocar sus reservas en euros (como antes lo intentara Saddam Hussein, y por lo cual pagó un precio alto), el dólar correría el riesgo de dejar de ser el robo institucionalizado de las reservas del mundo, y el privilegio extraordinario de imprimir billetes de dólares de poco le serviría a Estados Unidos. El golpe fue dado con peso y medida: a Estados Unidos le interesa un euro estable con la condición de que tal estabilidad sea protegida por el dólar. Es eso lo que está en curso y es esa la misión del FMI. Tal como ocurrió en el pasado, el poder financiero es el último en ser perdido por la potencia hegemónica en el sistema mundial. En su larga transición, "los intereses convergentes" son sobre todo con los países emergentes (es el caso de China, India, Brasil) y no con su rival más directo (el capitalismo europeo). Todo esto se hizo patente en la Conferencia de la ONU sobre el Cambio Climático realizada en diciembre pasado en Copenhague.

LA FALTA QUE HACE EL COMUNISMO

Los economistas latinoamericanos Oscar Ugarteche y Alberto Acosta describen cómo el 27 de febrero de 1953 fue acordada, por los acreedores, la regularización de la inmensa deuda externa de la entonces República Federal Alemana (Ugarteche y Acosta, s.f.). Este país obtuvo una reducción del 50% al 75% de la deuda derivada, directa o indirectamente, de dos guerras mundiales; las tasas de interés fueron drásticamente reducidas a entre el 0% y el 5%; fue ampliado el plazo para los pagos; el cálculo del cubrimiento de la deuda fue definido en función de la capacidad de pago de la economía alemana y, por lo tanto, vinculado al proceso de reconstrucción del país. La definición de tal capacidad fue entregada al banquero alemán Herman Abs, quien presidía la delegación alemana en las negociaciones. Fue creado un sistema de arbitraje al cual nunca se recurrió dadas las ventajosas condiciones ofrecidas al deudor.

Este acuerdo tuvo muchas justificaciones, pero la menos comentada fue la necesidad de, en pleno periodo de la Guerra Fría, llevar el éxito del capitalismo hasta bien cerca de la Cortina de Hierro. El mercado financiero tenía entonces, tal como hoy, motivaciones políticas; solo que las de entonces eran muy diferentes de las de hoy, y en buena parte la diferencia se explica por el hecho de que la democracia liberal se ha convertido en la *energy drink* del capitalismo, que aparentemente lo vuelve invencible (solamente no lo defiende de sí mismo, como ya lo profetizó Schumpeter). Angela Merkel nacería al año siguiente, y solo después de 1989 vendría a conocer de primera mano el mundo del lado de acá de la Cortina. Nació políticamente bebiendo esa *energy drink*, lo que, combinado con la militante ignorancia de la historia que el capitalismo impone a los políticos, transforma su falta de solidaridad para con el proyecto europeo en un acto de valentía política. Sesenta años después de la "Declaración de Interdependencia" de Robert Schumman y Jean Monet, la guerra continúa siendo "impensable y materialmente imposible", pero, parafraseando a Clausewitz, nos preguntamos si la guerra no está volviendo por otros medios.

EL ESTADO COMO IMAGINACIÓN DEL ESTADO

He venido escribiendo que el orden moderno occidental se basa en tres pilares: el principio del mercado, el principio del Estado y el principio de la comunidad (Santos, 1995). Estos tres principios (sobre todo los dos primeros) se han alternado históricamente el protagonismo para definir la lógica del orden. Ha sido convencionalmente entendido que el orden social del periodo de posguerra hasta 1980 estuvo dominado por el principio del Estado, y que desde entonces pasó a dominar el principio del mercado, lo que se convino en llamar neoliberalismo. Muchos vieron en la crisis del *subprime* y de la debacle financiera de 2008 el regreso del principio del Estado y el consecuente fin del neoliberalismo. Esta conclusión fue precipitada. Debería haber funcionado como alerta la rapidez con que los mismos actores que durante la noche neoliberal consideraron al Estado como el "Gran Problema" pasaron a considerarlo como la "Gran Solución". La verdad es que, en los últimos treinta años, el principio del mercado colonizó de tal manera el principio del Estado que este pasó a funcionar como un *ersatz* del mercado. Por eso, el Estado que era el problema fue muy diferente del Estado que vino a ser la solución. La diferencia pasó desapercibida porque solo el Estado sabe imaginarse como Estado, independientemente de lo que hace en cuanto Estado. El síntoma más evidente de esta colonización fue la adopción de la doctrina neoliberal por parte de la izquierda europea y mundial, lo que la dejó desarmada y desprovista de alternativas cuando la crisis surgió. De ahí el triunfo de la derecha sobre las ruinas de la devastación social que creara. De ahí que los gobiernos socialistas de Grecia, Portugal y España consideren más natural reducir los salarios y las pensiones que tributar las plusvalías financieras o eliminar los paraísos fiscales. De ahí, finalmente, que la Unión Europea ofrezca el mayor rescate del capital financiero de la historia moderna sin imponer la estricta regulación del sistema financiero.

EL FASCISMO DENTRO DE LA DEMOCRACIA

En los años veinte del siglo pasado, después de una larga estadía en Italia, José Mariátegui, gran intelectual y líder marxista peruano, consideraba que la Europa de aquel tiempo se caracterizaba por la aparición de dos violentas negaciones de la democracia liberal: el comunismo y el fascismo (s.f. [1929]: 113). Cada una a su manera intentaría destruir la democracia liberal. Pasado un siglo, podemos decir que en nuestro tiempo las dos negaciones de la democracia liberal —que hoy llamaríamos socialismo y fascismo— no enfrentan la democracia desde afuera; la enfrentan desde adentro. Las fuerzas socialistas son hoy particularmente visibles en el continente latinoamericano y se afirman como revoluciones de nuevo tipo: la revolución bolivariana (Venezuela), la revolución ciudadana (Ecuador), la revolución comunitaria (Bolivia). Es común a todas ellas el hecho de haber emergido de procesos electorales propios de la democracia liberal. En vez de negar la democracia liberal la enriquecen con otras formas de democracia: la democracia participativa y la democracia comunitaria. Si consideramos la democracia liberal como un dispositivo político hegemónico, las luchas socialistas de hoy configuran un uso contrahegemónico de un instrumento hegemónico.

Por su parte, las fuerzas fascistas actúan globalmente para mostrar que solo es viable una democracia de muy baja intensidad (sin capacidad de redistribución social), confinada a la alternativa: ser irrelevante (no afectar los intereses dominantes) o ser ingobernable. En vez de promover el fascismo político promueven el fascismo social. No se trata del regreso al fascismo del siglo pasado. No se trata de un régimen político, sino, antes bien, de un régimen social. En vez de sacrificar la democracia a las exigencias del capitalismo promueve una versión empobrecida de democracia que vuelve innecesario e incluso inconveniente el sacrificio. Se trata, pues, de un fascismo pluralista y, por eso, de una forma de fascismo que nunca existió. El fascismo social es una forma de sociabilidad en la que las relaciones de poder son tan desiguales que la parte más poderosa adquiere un derecho de veto sobre las condiciones de sostenibilidad de la vida de la parte más débil. Quien está sujeto al fascismo social no vive verdaderamente en sociedad civil; vive más bien en un nuevo estado de naturaleza, la sociedad civil incivil.

Una de las formas de sociabilidad fascista es el fascismo financiero, hoy en día tal vez el más virulento.[2] Cuando el presupuesto

---

[2]   Sobre este tema véase mi crónica *El fascismo financiero* (*Visão*, 4 de mayo de 2010). Reproducida arriba.

del Estado queda expuesto a la especulación financiera —como sucede ahora en los países del sur de Europa— las reglas de juego democrático que aquél refleja se vuelven irrelevantes, la estabilidad de las expectativas que ellas promueven se deshace en el aire.

TODO LO QUE ES SÓLIDO SE DESHACE EN EL AIRE

Es bien conocido el modo como el *Manifiesto Comunista* de 1848 describe la incesante revolución de los instrumentos de producción por parte de la burguesía: "Todo lo que era sólido se desvanece en el aire, todo lo que era sagrado es profanado, y las personas son finalmente forzadas a encarar fríamente su posición social y sus relaciones mutuas". Cuando la usurpación de la política por parte de una econo-policía salvaje afecta los lugares sagrados de la democracia, de los derechos humanos, del contrato social y de la primacía del derecho, que hasta hace poco les servían de santuario de peregrinación a los pueblos de todo el mundo, la perturbación y el desasosiego son lo que queda de la solidez. La gran incógnita es saber hasta qué punto el empobrecimiento del mundo y de la democracia producido por el casino financiero continuará ocurriendo dentro del marco democrático, aunque de baja intensidad. ¿Podemos olvidar a Mariátegui?

CIUDADANOS EUROPEOS, ¡UNÍOS!
(*Visão*, 3 de junio de 2010)

Los dados están lanzados, el juego es claro y mientras más tarde identifiquemos las nuevas reglas más elevado será el costo para los ciudadanos europeos. La lucha de clases está de regreso en Europa y en términos tan nuevos que los actores sociales están perplejos y paralizados. En cuanto práctica política, la lucha de clases entre el trabajo y el capital nació en Europa y, después de muchos años de confrontación violenta, fue en Europa donde fue entablada con más equilibrio y donde dio frutos más prometedores. Los adversarios verificaron que la institucionalización de la lucha sería mutuamente ventajosa: el capital aceptaría altos niveles de tributación y de intervención del Estado a cambio de no ver su prosperidad amenazada; los trabajadores conquistarían importantes derechos sociales a cambio de que desistieran de una alternativa socialista. Así surgieron la concertación social y sus más apreciables resultados: altos niveles de competitividad indexados a altos niveles de protección social; el modelo social europeo y el Estado de bienestar; la posibilidad, sin precedentes en la historia, de que los trabajadores y sus familias puedan hacer planes de futuro a mediano plazo (educación de los hijos, compra de casa); la paz social; el continente con los más bajos niveles de desigualdad social.

Todo este sistema está al borde del colapso y los resultados son imprevisibles. El informe que el FMI acaba de divulgar sobre la economía española es una declaración de guerra: la acumulación histórica de las luchas sociales, de tantas y tan laboriosas negociaciones y de equilibrios tan duramente obtenidos es lanzada por tierra con inaudita arrogancia y España es obligada a retroceder décadas en su historia: reducir drásticamente los salarios, destruir el sistema de pensiones, eliminar derechos laborales (facilitar despidos, reducir indemnizaciones). La misma receta será impuesta a Portugal, como ya ocurrió en Grecia y en otros países de Europa, mucho más allá de la Europa del sur. Europa está siendo víctima de una OPA por parte del FMI, cocinada por los neoliberales que dominan la Unión Europea, de Merkel a Barroso, escondidos detrás del FMI para no pagar los costos políticos de la devastación social.

El sentido común neoliberal nos dice que la culpa es de la crisis, que vivimos por encima de nuestras posibilidades y que no hay dinero para tanto bienestar. Pero cualquier ciudadano común entiende esto: si la FAO calcula que 30.000 millones de dólares serían suficientes para resolver el problema del hambre en el mundo y los gobiernos insisten en decir que no hay dinero para eso, ¿cómo se explica que, de repente, hayan surgido 900.000 millones para salvar el sistema financiero europeo? La lucha de clases está volviendo bajo una nueva forma pero con la violencia de hace cien años: esta vez es el capital financiero quien le declara la guerra al trabajo.

¿Qué hacer? Habrá resistencia; pero esta, para que sea eficaz, tiene que tener en cuenta dos hechos nuevos: primero, la fragmentación del trabajo y la sociedad de consumo dictaron la crisis de los sindicatos. Nunca los que trabajan trabajaron tanto y nunca les fue tan difícil identificarse como trabajadores. La resistencia tendrá en los sindicatos un pilar pero será muy frágil si la lucha no es compartida en pie de igualdad por movimientos de mujeres, ambientalistas, de consumidores, de derechos humanos, de inmigrantes, contra el racismo, la xenofobia y la homofobia. La crisis afecta a todos porque todos son trabajadores. Segundo, no hay economías nacionales en Europa, y por eso la resistencia o es europea o no existe. Las luchas nacionales serán un blanco fácil de los que claman por la gobernabilidad al mismo tiempo que desgobiernan. Los movimientos y las organizaciones de toda Europa tienen que articularse para mostrar a los gobiernos que la estabilidad de los mercados no puede ser construida sobre las ruinas de la estabilidad de las vidas de los ciudadanos y sus familias. No es el socialismo; es la demostración de que o la UE crea las condiciones para que el capital productivo se desvincule relativamente del capital financiero o el futuro es el fascismo y tendrá que ser combatido por todos los medios.

¿UN PRESIDENTE INSOSTENIBLE?
(*Visão*, 28 de junio de 2010)

Las intervenciones del Presidente de la República sobre la situación del país, al que declaró insostenible, son difíciles de aceptar y causarían un rechazo público si los portugueses todavía les prestaran mucha atención a los dirigentes políticos y si los medios de comunicación no estuvieran dominados por comentaristas conservadores. El ritmo pausado contribuye a conferirle solemnidad y finalidad a la verdad del discurso, haciéndola pasar por discurso de la verdad, una verdad parida por la sabiduría oracular y registrada en la página de internet de la Presidencia de la República.

Los portugueses saben por experiencia que viven momentos difíciles, y que esas dificultades son el resultado de una acumulación de factores nacionales, europeos y globales. En lo que respecta a los factores nacionales, la acumulación viene de lejos. Todo comenzó cuando los fondos estructurales y de cohesión, después de contribuir a la necesaria infraestructuración física del país, quedaron rehenes de la mafia del cemento y se descuidó la inversión en educación, en la formación superior, en la creación de un sistema nacional de ciencia, en la disminución de las desigualdades sociales, de modo que las ganancias de productividad se transformaran en bienestar para los portugueses. Los gobiernos de Cavaco Silva contribuyeron a este desvío fatídico. La formación profesional fue entregada a la corrupción generalizada; se inició la desinversión en las universidades públicas, sometiéndolas al saqueo de sus recursos para alimentar a las universidades de garaje que entonces proliferaron; en términos de desigualdad social, el país era más injusto en 1995 que en 1990 (y más que en 1980). Lo que hoy es "insostenible" comenzó a serlo hace mucho, y en ese proceso Cavaco Silva fue más parte del problema que de la solución.

En cuanto a los factores europeos, los portugueses saben que Europa está en un momento de bifurcación: o se desagrega o se transforma en una Europa federal o confederal, con una distribución democrática de costos y beneficios, de políticas y aspiraciones. La segunda opción es la única deseable y solo se realizará cuando los ciudadanos europeos la asuman como suya y digan "¡Basta!" a la transformación de la crisis real en pretexto mal disfrazado para destruir todos los derechos sociales por los que lucharon, con tanta sangre vertida, a lo largo de todo el siglo XX. En cuanto a los factores globales, los portugueses comienzan a saber que la Unión Europea se dejó minar por el capitalismo financiero global. El FMI es una institución nefasta, a la cual Estados Unidos no le permitió intervenir en el país durante la crisis, pero a la que la UE acoge como un inmenso caballo de Troya en cuyo vientre se esconden los bancos alemanes y franceses a la espera de que les sean pagados préstamos hechos a intereses confiscatorios. Con objetivos afines, les fue permitido a las agencias de análisis de riesgo convertir los presupuestos nacionales en campos de apuestas para el casino financiero. Tales agencias son expertas en utilizar las afirmaciones irresponsables de los responsables políticos "locales" para transformar en realidad las especulaciones en las que basan sus previsiones. Objetivamente, el Presidente de la República les recomienda a las agencias que obliguen a los portugueses a confiar en el mercado financiero y a confiar tanto más cuanto menos el mercado confíe en ellos. ¡Esto sí es insostenible!

¿Por qué razón todo esto, siendo tan claro, se le escapa al Presidente? Porque está en campaña electoral; ha dejado de hacer política de Estado para pasar a hacer política partidaria, y quiere probar la sensibilidad de los medios para apoyarlo, a él y a su evasivo partido. Los resultados muestran que tiene razones para sentirse confiado. Trágicamente, su confianza es construida a costa de la destrucción imprudente e injusta de la confianza de los portugueses en el país y en el mundo en que viven, lo que es particularmente grave en un periodo de crisis. Pero la ceguera electoral es, asimismo, más selectiva cuando menos lo debía ser. Al Presidente se le escapa que los portugueses pueden comenzar a pensar que él quiere por encima de todo ser reelegido, y que poco le importa si es reelegido Presidente de un país o Presidente de una ruina de país.

LA REVOLUCIÓN SILENCIOSA
(*Diário económico*, 14 de julio de 2010)

El estado de la Nación es heterogéneo y no puede ser debatido con base en *slogans* fáciles y negativos de decadencia y de miserabilismo, que crean la idea de que nada puede funcionar en Portugal. En este debate del estado de la Nación abundarán las novedades. Así ocurre actualmente en toda Europa, y Portugal no será la excepción. Me gustaría enfatizar una buena noticia que tiene que ver con la inversión en ciencia, investigación, desarrollo y formación superior. Portugal es uno de los países europeos con avances más significativos en esta área. La inversión en investigación científica representaba en 1980 el 0,28% del PIB, en 2005 creció hasta el 0,81% del PIB y en 2008 llegó al 1,55% del PIB. Si verificamos que la mitad de esta inversión es realizada por empresas, tenemos de hecho aquí una muy buena señal. La agenda 2020 de la UE establece como meta para los países de la conforman el 3% del PIB en gastos de investigación. Portugal está en condiciones de alcanzar esta meta, lo que es muy bueno para recualificar la especialización económica de nuestro país.

Otro aspecto relevante es el del número de investigadores: en 2008 teníamos 7,2 investigadores por mil trabajadores activos, cuando el promedio de la Unión Europea era de 6 por mil y el de la OCDE de 8 por mil. En la misma sintonía, el número de doctorados tuvo un aumento dramático en la última década: en 1990 había 337 programas y en 2008 el número llegó a 1.500. Y todavía hay más: el índice de citaciones de artículos científicos de investigadores portugueses (*Sciencie Citation Index*) también aumentó: pasó de 3.906 citaciones en 2004 a 7.470 citaciones en 2009, lo que revela la creciente presencia de portugueses en la comunidad científica internacional. Por último, el número de patentes portuguesas sometidas a registro en la European Patent Office era de apenas 3 en 1980, pasó a 58 en 2006, y subió a 165 en 2008.

Todo esto es el resultado de la notable inversión en ciencia de los últimos diez años. En los "Encuentros con la Ciencia 2010", realizados del 4 al 7 de julio pasados, el primer ministro y el ministro de la Ciencia y la Educación Superior confirmaron que no habrá recortes en las áreas de la ciencia y la investigación. Excelente noticia. Es crucial mantener esta política pues, siendo difícil crear un ritmo y una dinámica positivos en la ciencia, es muy fácil destruirlos.

Estas buenas noticias suceden en medio de malas noticias. Por ejemplo, los recortes en las políticas sociales pueden lanzar a la pobreza a muchos portugueses. Cuando sabemos que el 40% de los trabajadores portugueses llevan a casa 600 euros o menos al mes, y que el 67% de los pensionados ganan hasta 435 euros, es fácil concluir que tenemos una capa muy alta de la población en peligro de caer en la pobreza.

LA *DICTABLANDA*
(*Visão*, 21 de octubre de 2010)

Si nada hacemos para corregir el curso de las cosas, dentro de algunos años se dirá que la sociedad portuguesa vivió entre el final del siglo XX y comienzos del siglo XXI un luminoso pero breve intervalo democrático. Duró menos de cuarenta años, entre 1974 y 2010. En los 48 años que antecedieron a la Revolución del 25 de Abril de 1974 vivió bajo una dictadura civil nacionalista personalizada en la figura de Oliveira Salazar. A partir de 2010 entró en otro periodo de dictadura civil, esta vez internacionalista y despersonalizada, conducida por una entidad abstracta llamada "mercados". Las dos dictaduras comenzaron por razones financieras y después crearon sus propias razones para mantenerse. Ambas condujeron al empobrecimiento del pueblo portugués, al que dejaron en la retaguardia de los pueblos europeos. Pero mientras la primera eliminó el juego democrático, destruyó las libertades e instauró un régimen de fascismo político, la segunda mantuvo el juego democrático pero redujo al mínimo las opciones ideológicas, mantuvo las libertades pero destruyó las posibilidades de que fueran efectivamente ejercidas, e instauró un régimen de democracia política combinado con fascismo social. Por esta razón la segunda dictadura puede ser llamada *dictablanda*.

Las señales más preocupantes de la actual coyuntura son las siguientes: primero, está aumentando la desigualdad social en una sociedad que ya es la más desigual de Europa. Entre 2006 y 2009 aumentó a 38,5% el número de trabajadores asalariados cobijados por el salario mínimo (450 euros): son ahora 804.000, esto es, cerca del 15% de la población activa; en 2008, un pequeño grupo de ciudadanos ricos (4.051 agregados fiscales) tenían un ingreso semejante al de un vastísimo número de ciudadanos pobres (634.836 agregados fiscales). Si es verdad que las democracias europeas valen lo que valen sus clases medias, la democracia portuguesa puede estar cometiendo suicidio. Segundo, el Estado social, que permite corregir en parte los efectos sociales de la desigualdad, es muy débil en Portugal, y aun así está bajo un ataque intenso. La opinión pública portuguesa está siendo intoxicada por comentaristas políticos y económicos conservadores —que dominan los medios como en ningún otro país europeo— para quienes el Estado social se reduce a impuestos: sus hijos son educados en colegios privados, tienen buenos seguros de salud, se sentirían en peligro de muerte si tuvieran que recurrir a "la chusma de los hospitales públicos", no usan transportes públicos, reciben jugosos salarios o acumulan jugosas pensiones. El Estado social debe ser abatido. Con un sadismo repugnante y un monolitismo ensordecedor, insultan a los portugueses empobrecidos con las letanías liberales de que viven por encima de sus posibilidades y que la fiesta terminó. Como si aspirar a una vida digna y decente y comer tres platos al día fuera un lujo censurable. Tercero, Portugal se transformó en una pequeña isla de lujo para los especuladores internacionales. ¿Tienen otro significado los actuales intereses de la deuda soberana en un país del euro y miembro de la UE? ¿Dónde está el principio de cohesión del proyecto europeo? Para regocijo de los verdugos de la desgracia nacional, el FMI ya está aquí dentro, y en breve, cuando el Pacto de Estabilidad y Crecimiento-PEC llegue al IV o V, anunciará lo que los gobernantes no quieren anunciar: que *este* proyecto europeo terminó.

Invertir este curso es difícil pero posible. Mucho tendrá que hacerse a nivel europeo y a mediano plazo. A corto plazo, los ciudadanos tendrán que decir "¡Basta!" al fascismo difuso instalado en sus vidas y reaprender a defender la democracia y la solidaridad tanto en las calles como en los Parlamentos. La huelga general será tanto más eficaz cuanta más gente salga a la calle a manifestar su protesta. El crecimiento ambientalmente sostenible, el fomento del empleo, la inversión pública, la justicia fiscal, la defensa del Estado social tendrán que volver al vocabulario político a través de acuerdos eficaces entre el Bloque de Izquierda, el PCP y los socialistas que apoyan enérgicamente el proyecto alternativo de Manuel Alegre.

HISTORIA DE LA AUSTERIDAD
(*Visão*, 15 de noviembre de 2010)

Quien tome por realidad lo que le es servido como tal a través de la espuma diaria de los discursos del Gobierno y de buena parte de la oposición, tanto como de los análisis de los comentaristas conservadores y de buena parte de los progresistas, tenderá a tener sobre la crisis económica y financiera y sobre el modo como ella repercute en su vida las siguientes ideas: todos somos culpables de la crisis porque todos, ciudadanos, empresas y Estado, vivimos por encima de nuestras posibilidades y nos endeudamos en exceso; las deudas tienen que pagarse y el Estado debe dar el ejemplo; como subir los impuestos agravaría la crisis, la única solución será recortar los gastos del Estado, reduciendo los servicios públicos, despidiendo funcionarios, disminuyendo sus salarios y eliminando prestaciones sociales; estamos en un periodo de austeridad que nos toca a todos, y para enfrentarlo tenemos que aguantar el sabor amargo de una fiesta en la que nos arruinamos y que ya terminó; las diferencias ideológicas ya no cuentan, lo que cuenta es el imperativo de salvación nacional, y los políticos y las políticas se tienen que unir en un largo consenso, exactamente en el centro del espectro político.

Esta "realidad" es tan evidente que constituye un nuevo sentido común. Y, sin embargo, ella solo es real en la medida en que encubre bien otra realidad de la cual el ciudadano común tiene, cuando mucho, una idea difusa, que reprime para no ser llamado ignorante, poco patriótico e incluso loco. Esa otra realidad nos dice lo siguiente: la crisis fue provocada por un sistema financiero inflado, desregulado, alarmantemente lucrativo y tan poderoso que, en el momento en que explotó y provocó un inmenso hueco financiero en la economía mundial, consiguió convencer a los Estados de que lo salvaran de la bancarrota y le llenaran los cofres sin pedirle cuentas. Con esto, los Estados, ya endeudados, se endeudaron más, tuvieron que recurrir al sistema financiero que habían acabado de rescatar, y este, porque las reglas de juego no fueron alteradas, decidió que solo prestaría dinero en las condiciones que le garantizaran lucros fabulosos hasta la próxima crisis. La preocupación por las deudas es importante, pero, si todos deben (familias, empresas y Estado) y nadie puede gastar, ¿quién va a producir, crear empleo y devolver la esperanza a las familias? En este escenario, el futuro inevitable es la recesión, el aumento del desempleo y la miseria de casi todos. La historia de los años treinta nos dice que la única solución es que el Estado invierta, cree empleo, imponga impuestos a los súper ricos, regule el sistema financiero. Y quien habla de Estado habla de conjuntos de Estados, como la Unión Europea. Solo así la austeridad será para todos y no solo para las clases trabajadoras y medias que más dependen de los servicios del Estado.

¿Por qué esta solución no parece posible hoy? Por una decisión política de los que controlan el sistema financiero e, indirectamente, a los Estados. Consiste en debilitar todavía más el Estado, liquidar el Estado de bienestar, socavar el movimiento obrero al punto de que los trabajadores tengan que aceptar trabajo en las condiciones y con la remuneración unilateralmente impuestas por los patrones. Como el Estado tiende a ser un empleador menos autónomo y como las prestaciones sociales son hechas a través de servicios públicos, el ataque debe centrarse en la función pública y en los que más dependen de los servicios públicos. Para los que en este momento controlan el sistema financiero es prioritario que los trabajadores dejen de exigir una tajada decente del ingreso nacional, y para eso es necesario eliminar todos los derechos que conquistaron después de la Segunda Guerra Mundial. El objetivo es volver a la política de clase, pura y dura, o sea, al siglo XIX.

La política de clase condujo inevitablemente a la confrontación social y a la violencia. Como bien lo muestran las recientes elecciones en Estados Unidos, la crisis económica, en vez de estimular que las divergencias ideológicas se disuelvan en el centro político, las incita y las empuja hacia los extremos. Los políticos de centro serían prudentes si pensaran que en la vigencia del modelo que ahora domina no hay lugar para ellos. Al abrazar el modelo están cometiendo suicidio.

LO QUE ESTÁ EN JUEGO
(*Visão*, 13 de enero de 2011)

Portugal es un pequeño barco en un mar agitado. Se exigen buenos timoneles, pero si el mar está excesivamente agitado no hay barco que resista, incluso en un país que siglos atrás salió a descubrir el mundo en cáscaras de nuez. La diferencia entre entonces y ahora es que el Adamasto era un capricho de la naturaleza, después de la borrasca era segura la calma y solo eso volvía "realista" el grito de confianza nacionalista de "Aquí, al timón, soy más que yo". Hoy el Adamasto es un sistema financiero global, controlado por un puñado de grandes inversionistas institucionales e instituciones satélites (Banco Mundial, FMI, agencias de calificación) que tienen el poder de distribuir las borrascas y las calmas a su antojo, o sea, borrascas para la gran mayoría de la población del mundo, calmas para ellos mismos. Solo eso explica que los quinientos individuos más ricos del mundo tengan una riqueza igual a la de los cuarenta países más pobres del mundo, con una población de 416 millones de habitantes. Después de décadas de "ayuda para el desarrollo" por parte del BM y del FMI, una sexta parte de la población mundial vive con menos de 77 centavos de euro al día.

Lo que ocurrirá en Portugal (a continuación de lo que sucedió en Grecia y en Irlanda, sucederá en España, y tal vez no pare ahí) les ocurrió ya a muchos países en desarrollo. Algunos rechazaron las "ayudas" debido a la fuerza de dirigentes políticos nacionalistas (el caso de India), otros se rebelaron presionados por las protestas sociales (Argentina) y forzaron la reestructuración de la deuda. Siendo diversas las causas de los problemas enfrentados por los diversos países, la intervención del FMI tuvo siempre un mismo objetivo: canalizar el máximo posible del ingreso del país para el pago de la deuda. En nuestro contexto, lo que llamamos "nerviosismo de los mercados" es un conjunto de especuladores financieros, algunos con fuertes nexos con bancos europeos, dominados por el vértigo de ganar ríos de dinero apostándole a la bancarrota de nuestro país y ganando tanto más cuanto más probable sea ese desenlace. ¿Y si Portugal no pudiera pagar? Bien, eso es un problema de mediano plazo (pueden ser semanas o meses). Después se verá, pero una cosa es segura: "las justas expectativas de los acreedores no pueden ser defraudadas". Después de lograr ser calmado, el "nerviosismo" es alimentado por las agencias de calificación: bajan la calificación del país para forzar al gobierno a tomar ciertas medidas restrictivas (siempre contra el bienestar de las personas); las medidas son tomadas, pero como hacen más difícil la recuperación económica del país (lo que permitiría pagar la deuda) la calificación vuelve a bajar. Y así sucesivamente hasta la "solución de la crisis", que bien puede ser la explosión de la más grave crisis social de los últimos ochenta años. Cualquier ciudadano con uso de razón se preguntará: ¿cómo es posible tanta irracionalidad? ¿Viviremos en democracia? ¿Las varias declaraciones de la ONU sobre los derechos humanos son letra muerta? ¿Habremos cometido errores tan graves que la expiación no se contenta con los anillos y exige los dedos, si no incluso las manos? Nadie tiene una respuesta clara para estas preguntas, pero un reputado economista (Premio Nobel de Economía en 2001), que conoce bien al anunciado visitante, el FMI, escribió al respecto lo siguiente:

Las medidas impuestas por el FMI fallaron más veces de las que tuvieron éxito. [...] después de la crisis asiática de 1997, las políticas del FMI agudizaron la crisis en Indonesia y en Tailandia. En muchos países llevaron al hambre y a la confrontación social; y aun cuando los resultados no fueran tan sombríos y consiguieran promover algún crecimiento después de cierto tiempo, frecuentemente los beneficios fueron desproporcionadamente para los de arriba, dejando a los de abajo más pobres que antes. Lo que me espantó fue que estas políticas no fueron cuestionadas por quien tomaba las decisiones [...]. Subyacente a los problemas del FMI y de otras instituciones económicas internacionales es el problema del gobierno: ¿quién decide lo que hacen? (Joseph Stiglitz, 2002)

¿Habrá alternativa? Dejo este tema para la próxima crónica.

¿PODRÁ OCCIDENTE APRENDER?
(*Visão*, 10 de febrero de 2011)

Se está realizando en Dakar el XI Foro Social Mundial (FSM). Es la segunda vez que se reúne en África (la primera fue en 2007, en Nairobi), lo que revela el interés de sus organizadores en llamar la atención hacia los problemas africanos y hacia el impacto que ellos tendrán en el mundo. Mal podían suponer que, al momento de la realización del Foro, el Norte de África estaría en el centro de los noticieros mundiales ni que las protestas sociales contra la crisis económica y las dictaduras apoyadas por Occidente fueran tan vigorosas, tan contaminantes y tan basadas en uno de los principios fundamentales del FSM: el de la radicalización de la democracia como instrumento de democratización social.

La solidaridad del FSM con las luchas sociales en el Norte de África tiene raíces y razones que escapan a los medios occidentales, o que estos abordan en términos que revelan la doble dificultad de Occidente para aprender con las experiencias del mundo y para ser fiel a los principios y valores de los que se dice guardián. El FSM ha venido alertando, desde su creación, sobre la insostenibilidad económica, social, política, energética y ambiental del actual modelo neoliberal, dominado por el capital financiero desregulado, y sobre el hecho de que los costos mundiales consecuentes no se confinaron a los países menos desarrollados. La agitación social en el Norte de África tiene una de sus raíces en la profunda crisis económica que atraviesa la región. Las protestas sociales de las últimas semanas en Egipto no se pueden comprender sin las huelgas en el sector textil de los últimos tres años, las cuales, a pesar de ser violentamente reprimidas, no merecieron la atención mediática occidental. Diez años después de que el FSM alertara sobre este hecho, el Foro Económico Mundial (FEM), reunido hace semanas en Davos, declaró que la agudización de las desigualdades sociales es el riesgo más grave (más grave que el riesgo del deterioro ambiental) que el mundo corre en las próximas décadas. Lo que el FEM no dijo es que tal riesgo resulta de las políticas económicas que ha defendido a lo largo de toda la década. Como buen club de ricos, puede tener asomos de mala conciencia, pero no va a poner en juego su escandalosa acumulación de riqueza.

Vista desde el FSM, la crisis del Norte de África significa el colapso de la segunda frontera de la Europa desarrollada. La primera está constituida por Grecia, Portugal, España e Irlanda. Con las dos fronteras en crisis, el centro se vuelve frágil y el "concreto" del eje franco-alemán puede transformarse, en breve, de acero a plástico. Más profundamente, la historia muestra que la estabilidad y la prosperidad de Europa comienza y acaba en el Mediterráneo. ¿Por qué Occidente (Europa y América del Norte) no aprende de la historia y de los hechos? Para el FSM, Occidente solo aprenderá cuando lo que pasa en las periferias se parezca demasiado a lo que pasa en el centro. Tal vez no tarde mucho; el problema es que para entonces ya sea demasiado tarde para aprender.

La solidaridad del FSM con el Norte de África tiene otra raíz: el respeto incondicional hacia su aspiración democrática. En este ámbito la hipocresía de Occidente no tiene límites. Su objetivo es garantizar la transición pacífica de una dictadura proamericana, proisraelí, en favor de la ocupación colonial de Palestina por parte de Israel, antiiraní, en favor de la libre circulación del petróleo, probloqueo a la franja de Gaza, anti-Hamas, en favor de la división Fatah/Hamas, hacia una democracia que mantenga esas mismas características. Solo así se explica la obsesión por detectar fundamentalistas en las protestas y por falsificar la naturaleza política y social de la Hermandad Islámica. Los intereses de Israel y del petróleo no le permitirán a Occidente ser alguna vez coherente en esta región del mundo con los principios que proclama. No aprendió de los 100.000 muertos que resultaron de la anulación (a la que dio entusiasta apoyo) de la victoria democrática del Frente de Salvación Islámica en las elecciones de Argelia en 1991. Ni aprendió de la conversión de la Franja de Gaza en el más repugnante campo de concentración, como resultado del no reconocimiento de la victoria electoral de Hamas en 2006. ¿Será que Occidente solo aprenderá cuando sea posoccidental?

¿QUIÉN QUIERE ELECCIONES?
(*Público*, 23 de mayo 2011)

Hay momentos en la historia de los países democráticos en que la democracia solo puede ser rescatada por vía del referendo. Eso ocurre cuando coinciden dos condiciones: la distancia entre representantes y representados alcanza proporciones muy elevadas; y lo que está en juego pone en peligro el bienestar colectivo mucho más allá de las divisiones partidarias. Pienso que estas dos condiciones están presentes en la actual situación política del país. Las medidas de austeridad y el modo como fueron impuestas crearon un foso de credibilidad muy profundo entre los ciudadanos y el PS. Pero, al contrario de lo que se puede suponer, lo crearon también en relación con el PSD, pues este no solo estuvo de acuerdo hasta hace muy poco tiempo con las medidas, sino que no presenta (y los portugueses saben que no puede presentar) ninguna alternativa real. Los portugueses están alarmados no solo con las medidas de austeridad sino sobre todo con el hecho de que las decisiones nacionales hayan sido secuestradas por una Europa, que muy en la lógica neoliberal, considera que los países pobres son pobres por su propia culpa y no porque fueron empobrecidos en un sistema de relaciones sistémicas que les fueron desfavorables. En este contexto, las elecciones son irrelevantes y hasta pueden ser perjudiciales cuando se profundizan las contradicciones de la política europea y se abre un espacio de maniobra que solo un gobierno en plenas funciones puede explorar eficazmente en favor del país. No sorprende que ni los empresarios ni los trabajadores estén interesados en ir a elecciones.

No es necesario ser sociólogo para prever que si hoy se hiciera un referendo, la gran mayoría de los portugueses estaría en contra de la realización de elecciones. Entonces, ¿por qué se van a realizar? Primero, porque en la imposibilidad de la realización del referendo, le competiría al Presidente de la República asumir la voluntad del país y llamar a los partidos a la razón. Pero, infelizmente, Cavaco Silva es más parte del problema que de la solución. Segundo, porque una pequeña fracción de la clase política, dentro del PSD, pretende no perder la oportunidad de llegar al poder, no por mérito propio, sino por la explotación de la fragilidad y desorientación de los portugueses. Que lo pueda hacer impunemente, y hasta con éxito, es la prueba de la baja intensidad de nuestra democracia. Siempre centrada en sus propios intereses y con total desprecio por los portugueses, esa fracción tiene a su favor los siguientes argumentos: el PS es un desierto ideológico, y por eso la vulnerabilidad del líder significa la vulnerabilidad del "proyecto". Es un partido sin condiciones para discutir su rendición, y solo la lógica del voto útil lo salvará de una catástrofe. El CDS es un recogedor de migajas políticas y estará dispuesto a todo, digan lo que digan sus dirigentes. El Bloque de Izquierda cometió el error histórico de pensar que en Portugal había espacio para otro partido catalizador del voto de protesta y de resentimiento. De hecho, solo hay espacio para un partido, y ese es el PCP que, además, lo ha llenado de manera ejemplar. No fue totalmente por culpa del PS que se perdió la oportunidad histórica de crear una verdadera alternativa de izquierda con vocación de poder.

Los portugueses pasarán por un periodo en que serán objetos de la política, pero, como ya lo sugieren las manifestaciones del 12 de marzo, no tardarán en reivindicar ser de nuevo sujetos de la política.

INCONFORMISMO Y CREATIVIDAD
(*Visão*, 7 de abril de 2011)

Hoy es consensual que el capitalismo necesita adversarios creíbles que actúen como correctivos de su tendencia a la irracionalidad y a la autodestrucción, la cual le adviene de la pulsión para instrumentalizar o destruir todo lo que pueda interponerse en su inexorable camino hacia la acumulación infinita de riqueza, por más antisociales e injustas que sean las consecuencias. Durante el siglo XX ese correctivo fue la amenaza del comunismo y fue a partir de ella que, en Europa, se construyó la social-democracia (el modelo social europeo y el derecho laboral). Extinguida esa amenaza, hasta hoy no ha sido posible construir otro adversario creíble a nivel global. En los últimos treinta años el FMI, el Banco Mundial, las agencias de *rating* y la desregulación de los mercados financieros han sido las manifestaciones más agresivas de la pulsión irracional del capitalismo. Han surgido adversarios creíbles a nivel nacional (en muchos países de América Latina) y, siempre que eso ocurre, el capitalismo retrocede, retoma alguna racionalidad y reorienta su pulsión irracional hacia otros espacios. En Europa, la social-democracia comenzó a desmoronarse el día en que cayó el Muro de Berlín. Como hasta ahora no fue posible reinventarla, el FMI interviene hoy en Europa como en su propia casa.

¿Podrá surgir en Portugal algún adversario creíble, capaz de impedir que el país sea llevado a la bancarrota por la irracionalidad de las agencias de *rating*, dispuestas a producir la realidad que les sirve a los intereses de los especuladores financieros que las controlan con el objetivo de saquear nuestra riqueza y devastar las bases de la cohesión social? Es posible imaginar dos vías por donde puede surgir tal adversario. La primera es la vía institucional: dirigentes democráticamente elegidos reúnen el consenso de las clases populares (contra los medios conservadores y los economistas diplomados) para practicar un acto de desobediencia civil contra los acreedores y el FMI, aguantan la turbulencia creada y relanzan la economía del país con mayor inclusión social. Fue esto lo que hizo Néstor Kirchner, Presidente de Argentina en 2003. Se rehusó a aceptar las condiciones de austeridad impuestas por el FMI, se dispuso a pagar a los acreedores apenas un tercio de la deuda nominal, obtuvo un financiamiento de tres mil millones de dólares de Venezuela y lanzó al país a un proceso de crecimiento anual del 8% hasta el 2008. Fue considerado un paria por el FMI y sus agentes. Cuando murió, en 2010, el mismo FMI, con inaudita hipocresía, lo elogió por el coraje con que asumiera los intereses del país y relanzara la economía. En Portugal, un país integrado a la UE y con dirigentes entrenados en la ortodoxia neoliberal, no es creíble que el adversario viable pueda surgir por vía institucional. El correctivo tendrá que ser europeo, y Portugal perdió la esperanza de esperarlo en el momento en que el PSD, de manera irresponsable, puso los intereses partidarios por encima de los intereses del país.

La segunda vía es extrainstitucional, y consiste en la rebelión de los ciudadanos inconformes con el secuestro de la democracia por parte de los mercados financieros y con la caída en la miseria de quien ya es pobre y en la pobreza de quien tenía salvación. La rebelión ocurre en la calle pero pretende presionar a las instituciones para que devuelvan la democracia a los ciudadanos. Es esto lo que está ocurriendo en Islandia. Inconformes con la transformación de la deuda de los bancos privados en deuda soberana (lo que sucedió entre nosotros con el escandaloso rescate del BPN), los islandeses se movilizaron en las calles, exigieron una nueva Constitución para defender el país contra los aventureros financieros y convocaron un referendo en el que el 93 % se manifestó contra el pago de la deuda. El Parlamento pretendió retomar la iniciativa política, endulzando las condiciones de pago, pero los ciudadanos resolvieron organizar un nuevo referendo, el cual tendrá lugar el 9 de abril. Para forzar a los islandeses a pagar lo que no deben, las agencias de *rating* están usando contra ellos las mismas técnicas de terror que usan contra los portugueses. En nuestro caso es un terror preventivo, dado que los portugueses todavía no se han sublevado. ¿Alguna vez lo harán?

PARA SALIR DE LA CRISIS
(*Público,* 8 de abril de 2011)

Comienzo por describir los próximos pasos de la agudización de la crisis para enseguida proponer una estrategia de salida. Lo que en este momento se está definiendo como solución a la crisis que el país atraviesa no hará más que profundizarla. He aquí el itinerario: la intervención del FMI comenzará con declaraciones solemnes de que la situación del país es mucho más grave de lo que se ha dicho (el ventrílocuo puede ser el líder del PSD, si gana las elecciones). Las medidas impuestas serán la privatización de lo que queda del sector empresarial y financiero del Estado, la máxima precarización del trabajo, el recorte en los servicios y subsidios públicos, lo que puede llevar, por ejemplo, a que el precio de los transportes o de los alimentos suba de un día para otro hasta el triple, despidos en la función pública, recortes en las pensiones y en los salarios (comenzando por los subsidios de vacaciones y de Navidad, un "privilegio" que los jóvenes del FMI no entienden), y la transformación del SNS en un servicio residual. Todo se hará para obtener el *seal of approval* del FMI que restablece la confianza de los acreedores en el país. El objetivo no es que pague las deudas (se sabe que nunca las pagará) sino más bien que vaya pagando los intereses y se mantenga rehén de una camisa de fuerza para mostrarle al mundo que el modelo funciona. Este itinerario no es difícil de prever porque ha sido esta la práctica del FMI en todos los países en donde ha intervenido. Se rige por la idea de que *one size fits all,* o sea, que las recetas son siempre las mismas visto que las diferentes realidades sociales, culturales y políticas son irrelevantes ante la objetividad de los mercados financieros. Hecha la intervención de emergencia —que los portugueses serán inducidos a ver como una necesidad y no como un certificado de defunción para sus justas aspiraciones de progreso y de dignidad—, entra el Banco Mundial para proveer el crédito de larga duración que permitirá "reconstruir" el país, o sea, para asegurar que serán los mercados y las agencias de *rating* las que dictarán al país lo que puede y no puede hacer. Se ocultarán las siguientes irracionalidades: que el modelo impuesto al mundo fracasó en su sede, Estados Unidos; que el FMI hace todo para servir a los intereses financieros norteamericanos, incluso defenderse del movimiento que hubo en el Congreso para extinguirlo; que el mayor acreedor de Estados Unidos, China, y la segunda mayor economía del mundo, tiene el mismo poder de voto en el FMI que Bélgica; que las agencias de *rating* manipulan la realidad financiera para proporcionarles a sus clientes "rentas financieras excesivas". Claro que puede haber complicaciones. Los portugueses pueden sublevarse. El FMI puede admitir que hizo un juicio errado y echarse para atrás, como sucedió en la crisis de Asia Oriental, en donde las políticas del FMI produjeron un efecto contraproducente, como lo reconoce Jagdish Bhagwati, un respetado economista y *free trader* convencido, en *In Defense of Globalization*. Si tal sucediera, no es siquiera imaginable que el FMI indemnice al país por el error cometido.

¿Ante esta agudización concertada de la crisis, cómo buscar una salida que les restituya a los portugueses la dignidad de existir? No discuto aquí quiénes serán los agentes políticos democráticos que tomarán las medidas necesarias, ni el modo como los portugueses se organizarán para presionarlos en ese sentido. Las medidas son las siguientes: realizar una auditoría de la deuda externa que permita reducirla a su proporción real, por ejemplo, descontando todos los efectos de *rating* por contagio de los que fuimos víctimas en los últimos meses. Resolver las necesidades financieras de corto plazo contrayendo préstamos, sin las condiciones del FMI, junto a países dispuestos a creer en la capacidad de recuperación del país, tales como China, Brasil y Angola. Tomar la iniciativa de promover un diálogo Sur-Sur después extendido a toda Europa, en el sentido de refundar el proyecto europeo, ya que el actual está muerto. Promover la creación de un mercado de integración regional transcontinental, teniendo como base la CPLP y como modelos-guía a Brasil, Angola y Portugal. Usar como recurso estratégico en esa integración la recualificación de nuestra especialización industrial en función del extraordinario avance del país en los últimos años en los campos de la formación superior y de la investigación científica.

LOS OTROS COMENTARISTAS DE LA CRISIS
(*Diário de notícias*, 19 de abril de 2011)

Debemos prestarles atención a los comentaristas nacionales, aunque no sea sino para identificar lo que ellos no discuten y las agendas personales que se esconden bajo sus pretendidos análisis desapasionados. Sobre todo los que fueron miembros de gobiernos en los últimos veinte años son de una transparencia desarmante, y dudo que consigan engañar a mucha gente. Pero son irrelevantes sobre todo cuando se comparan con los otros comentaristas, los comentaristas financieros internacionales (CFI) que en blogs o en otros medios proponen análisis y dan sugerencias que están en la base de muchas de las decisiones sobre nuestro país, obviamente tomadas al margen de nuestro control democrático. De ese bosque de comentarios selecciono dos, que me parecen ser los más pertinentes para que comprendamos lo que se está decidiendo a nuestras espaldas.

SOBRE EL MANDATO DE LAS ELECCIONES

Los CFI poco se interesan en las personalidades de los dirigentes políticos. Les interesa saber cuál es el verdadero mandato u objetivo de las elecciones. Si se trata solo de decidir cómo cumplir el plan de austeridad y definir los términos de la ayuda externa, la evolución/manipulación de las tasas de interés será importante para orientar las intenciones de voto. Si, por el contrario, está en el horizonte la posibilidad de rechazar la austeridad y de reestructurar la economía para volver al crecimiento, las tasas de interés solo en sí mismas no serán suficientes para influenciar a los electores. En otras palabras, si los portugueses ya se rindieron, solo los términos de la rendición serán importantes para ellos. En este sentido, el artículo de Passos Coelho en el *Wall Street Journal* del 30 de marzo es una declaración patética de rendición, pues en él se declara que Portugal "está determinado a no ser un fardo para nuestros amigos internacionales" (los amigos son los especuladores financieros). Si, por el contrario, los portugueses no se rindieron, todo es más complicado para ellos y sus acreedores. Y la complicación se agrava con el hecho reconocido por todos de que el problema portugués no es financiero, es económico. No está, por ejemplo, en el horizonte la bancarrota de sus bancos de referencia. El problema portugués es la competitividad de su economía, dado que está inscrita en una moneda excesivamente fuerte (pregúntese: ¿con tantas economías nacionales tan frágiles, no estará sobrevalorizado el euro?). Siendo así, las medidas de austeridad y la ayuda externa en nada contribuirán a mejorar la credibilidad financiera y económica del país.

Portugal está siendo usado como estudio de caso de lo que está mal en el actual sistema financiero. Los CFI reconocen que el comportamiento de las agencias es problemático, pero, como muchos viven a la sombra de ellas, tienden a afirmar que el problema no es de las agencias sino de las reglas financieras internacionales que imponen su uso. Las agencias de calificación pretenden ser un seguro contra el riesgo pero, en vez de hacerlo distribuyendo los riesgos entre los varios participantes, nos los transfieren unilateralmente para defender a quien les paga. La idea de medir el riesgo es buena, pero se vuelve perversa si los criterios de medición no son transparentes. (¿Es creíble que la economía pakistaní sea más estable que la griega?). Como eso es lo que ocurre, el riesgo soberano o empresarial aumenta por la simple declaración de que está aumentando, sea cual sea la situación real. Ningún país o empresa puede resistir un ataque depredador de este tipo. Responsabilizar a las agencias por las calificaciones erradas es una medida blanda porque no tiene en cuenta que las agencias tienen poder para crear la realidad que les conviene.

En este campo, la calificación por contagio —definir el riesgo atribuido a un país en función de lo que pasa en otro, *risks from spillovers*— es el componente más perverso del sistema actual, pues le crea dificultades reales a un país a partir de un riesgo inventado. Portugal fue víctima de este tipo de calificación y no está solo. La Standard & Poor's bajó la calificación de la República de Chipre, un pequeño país económicamente estable, solo "por estar expuesto a Grecia". El problema es tan grave que el propio FMI comienza a preocuparse. En el *working paper* "Sovereign Rating News and Financial Markets Spillovers: Evidence from the European Debt Crisis" (de marzo de este año), el FMI llega a proponer que, dada la inestabilidad financiera creada por el contagio, las autoridades deben repensar si es apropiado usar calificaciones de créditos en la regulación de los mercados financieros.

El problema es que todo esto no se está discutiendo para ayudar a Portugal sino para esconder que en la vigencia del sistema actual no existe ayuda posible.

PORTUGAL NECESITA AYUDA
(*Folha de São Paulo*, 16 de abril de 2011)

Portugal necesita ayuda, pero no la ayuda que acaba de pedirles a la Unión Europea y al FMI.

La crisis de la deuda europea cayó sobre Portugal de una manera violenta, y el país está siendo usado como estudio de caso de lo que está mal en el actual sistema financiero internacional. En los últimos meses, Portugal fue víctima del componente más perverso del sistema de evaluación de riesgos: la calificación por contagio —definir el riesgo financiero atribuido a un país en función de aquello que ocurre en otro. La perversidad consiste en crearle dificultades reales a un país a partir de un riesgo inventado que solo se vuelve real después de declarado.

Es reconocido por todos que el problema portugués no es financiero, es económico. No está, por ejemplo, en el horizonte la bancarrota de sus bancos de referencia. El problema portugués es la competitividad de su economía, por estar inserta en una moneda excesivamente fuerte. Siendo así, las medidas de austeridad y la intervención del FMI, en nada contribuirán a mejorar la credibilidad financiera y económica del país. Además, es eso lo que ya ocurre con Grecia. Lo que en este momento se está definiendo como "solución" para la crisis que el país atraviesa no hará más que profundizarla. A un brasileño o a una brasileña no les sonará extraño el siguiente itinerario: la intervención del FMI comenzará con declaraciones solemnes de que la situación del país es mucho más grave de lo que se ha dicho. Las medidas impuestas serán la privatización de lo que queda del sector empresarial y financiero del Estado, la máxima precarización del trabajo, el recorte en los servicios y subsidios públicos, lo que puede llevar, por ejemplo, a que el precio de los transportes suba de un día para otro hasta el triple, despidos en la función pública, recortes en las pensiones y en los salarios (comenzando por los subsidios de vacaciones y de Navidad, un "privilegio" que los jóvenes del FMI no entienden) y la transformación del Servicio Nacional de Salud en residual.

Todo se hará para obtener el *seal of approval* del FMI que restablece la confianza de los acreedores en el país. El objetivo no es que Portugal pague sus deudas (se sabe que nunca las pagará) sino más bien que vaya pagando los intereses y se mantenga rehén de una camisa de fuerza para mostrarle al mundo que el modelo funciona. ¿Ante la agudización previsible de la crisis, cómo buscar una salida que les restituya a los portugueses la dignidad de existir? No discutiré aquí quiénes serán los agentes políticos democráticos que tomarán las medidas necesarias.

Las medidas son las siguientes:

- Realizar una auditoría de la deuda externa que permita reducirla a su proporción real, por ejemplo, descontando todos los efectos de *rating* por contagio de los que el país fue víctima en los últimos meses.
- Resolver las necesidades financieras de corto plazo contrayendo préstamos, sin las condiciones del FMI, con países dispuestos a creer en la capacidad de recuperación del país, tales como China, Brasil y Angola.
- Tomar la iniciativa de promover un diálogo entre los países del sur de Europa, que después se extienda a toda Europa, en el sentido de refundar el proyecto europeo ya que el actual está muerto.
- Promover la creación de un mercado de integración regional transcontinental, teniendo como base la CPLP (Comunidad de los Países de Lengua Portuguesa) y como modelos-guía a Brasil, Angola y Portugal.
- Usar como recurso estratégico en esa integración la recualificación de la especialización industrial en función del extraordinario avance del país en los últimos años en los campos de la formación superior y de la investigación científica (hoy el 1,7 % del PIB y previsiblemente el 3 % en 2020).

EL DESASOSIEGO DE LA OPORTUNIDAD
(*Visão*, 5 de mayo de 2011)

Los desasosiegos de Portugal son de largo y mediano plazo, y solo ellos nos ayudan a entender el modo como les damos respuesta a las crisis de corto plazo. Durante el siglo XVIII, los barcos que traían el oro de Brasil hacían puerto en Lisboa, pero seguían muchas veces hacia Inglaterra para pagar nuestra deuda soberana. A quien quisiera ver paralelos con lo que ocurre hoy le basta sustituir barcos por Internet e Inglaterra por acreedores sin rostro. Portugal es desde hace mucho tiempo un país semiperiférico o de desarrollo intermedio. En el actual sistema mundial es muy difícil salir de este estatuto, ni hacia arriba (ascenso a país desarrollado) ni hacia abajo (degradación a país en desarrollo). Las convulsiones o grandes transformaciones políticas generan oportunidades y riesgos y los países cambian de estatuto para aprovechar mejor las oportunidades y evitar los riesgos.

Fue así como en la posguerra Italia fue ascendida a país desarrollado. Portugal, debido al fascismo y a la guerra colonial, desperdició esa oportunidad. El 25 de Abril y la entrada en la CEE crearon para Portugal otras oportunidades y trajeron otros riesgos, y una vez más no aprovechamos las primeras y no evitamos los segundos. La tentativa socialista estatizante de 1975 fue un riesgo enorme; los términos de integración en la CEE no protegieron la agricultura ni la pesca portuguesas, ni las relaciones históricas con las ex colonias. Por otro lado, los fondos estructurales y de cohesión fueron despilfarrados, en lo que constituye la más secreta historia de la corrupción en Portugal. El euro, combinado con la apertura de la economía europea al mercado mundial, fue la última estocada a las aspiraciones portuguesas, pues teníamos textiles y zapatos para vender, pero no aviones ni trenes de alta velocidad.

Los términos de la integración fueron siendo más desfavorables para nosotros, el proyecto europeo se fue desviando de los deseos originales y los mercados financieros se aprovecharon de las brechas creadas en la defensa de la zona euro para lanzarse al pillaje en el que son peritos, agravando las condiciones del país mucho más allá de lo que se puede atribuir a nuestra incuria o incompetencia.

Vivimos el momento de los grupos dominantes, cuyo poder parece demasiado fuerte para que pueda ser desafiado. La democracia, que aparentemente controla su poder, parece secuestrada por él. Vivimos un tiempo de explosión de la precariedad, de obscena concentración de la riqueza, de empobrecimiento de las mayorías y de pérdida incontrolable del valor de la fuerza de trabajo. Y si es verdad que todas las crisis son políticas, no es menos verdad que no se politizan por sí mismas. La lucha por la definición de los términos de la crisis es siempre el primer momento de politización y el más adverso para los grupos sociales que más sufren con la crisis. Los grupos sociales que producen las crisis mantienen, en general, y salvo casos raros de colapso sistémico, la capacidad de definir la crisis de modo que se perpetúen sus intereses durante y después de ella. La crisis solo deja de ser destructiva en la medida en que se transforma en oportunidad nueva para las clases sociales que más la padecen. Y para eso es necesario que los términos de la crisis sean redefinidos de modo que se libere y acredite la posibilidad de la resistencia, lo que implica una lucha social y política.

En nuestro caso, la posibilidad de redefinir la crisis es más consistente que en otros países. Solo por mala fe o derrotismo se puede decir que la situación de la economía justificaba los ataques especulativos de los que fuimos blanco. Basta consultar las estadísticas más recientes (febrero) del Eurostat relativas a la evolución de la actividad económica: en el periodo analizado, Portugal fue uno de los países de la UE en el que más crecieron los nuevos pedidos a la industria. Si hay país intervenido que tiene legitimidad para exigir la renegociación y la reducción de la deuda, ese país es Portugal. Esta legitimidad justifica la lucha pero no la hace surgir. Para eso, es necesario que los ciudadanos y los partidos inconformes transformen el inconformismo en acción colectiva de desobediencia financiera.

Pensando en las elecciones
(*Visão*, 2 de junio de 2011)

En los próximos tiempos, las élites conservadoras europeas, tanto políticas como culturales, sufrirán una conmoción: los europeos son gente común y, cuando están sujetos a las mismas privaciones o a las mismas frustraciones por las que han pasado otros pueblos en otras regiones del mundo, en vez de reaccionar a la europea reaccionan como ellos son. Para esas élites, reaccionar a la europea es creer en las instituciones y actuar siempre en los límites que ellas imponen. Un buen ciudadano es un ciudadano que se porta bien, y este es el que vive entre las compuertas de las instituciones. Dado el desigual desarrollo del mundo, no es de prever que los europeos se vean sujetos, en los tiempos más cercanos, a las mismas privaciones a las que han estado sujetos los africanos, los latinoamericanos o los asiáticos. Pero todo indica que pueden verse sujetos a las mismas frustraciones. Formulado de modos muy diversos, el deseo de una sociedad más democrática y más justa es hoy un bien común de la humanidad. El papel de las instituciones es regular las expectativas de los ciudadanos de modo que se evite que el abismo entre ese deseo y su realización sea tan grande que la frustración alcance niveles perturbadores. Ahora se observa en todas partes que las instituciones existentes están desempeñando peor su papel, y que les resulta cada vez más difícil contener la frustración de los ciudadanos. Si las instituciones existentes no sirven, es necesario reformarlas o crear otras. Mientras tal cosa no ocurra es legítimo y democrático actuar al margen de ellas, pacíficamente, en las calles y en las plazas. Estamos entrando en un periodo postinstitucional. Los jóvenes que acamparon en el Rossio y en las plazas de España son los primeros signos del surgimiento de un nuevo espacio público —la calle y la plaza— donde se discute el secuestro de las actuales democracias por los intereses de minorías poderosas y se señalan los caminos de la construcción de democracias más fuertes, más capaces de salvaguardar los intereses de las mayorías. La importancia de su lucha se mide por la ira con la que arremeten contra ellos las fuerzas conservadoras. Los acampados no tienen que ser impecables en sus análisis, exhaustivos en sus denuncias o rigurosos en sus propuestas. Les basta ser clarividentes en la urgencia de ampliar la agenda política y el horizonte de posibilidades democráticas, y genuinos en la aspiración a una vida digna y social y ecológicamente más justa.

Para contextualizar la lucha de las acampadas y de los acampados, son oportunas dos observaciones. La primera es que, al contrario de los jóvenes (anarquistas y otros) de las calles de Londres, París y Moscú a comienzos del siglo XX, los acampados no lanzan bombas ni atentan contra la vida de los dirigentes políticos. Se manifiestan pacíficamente y a favor de más democracia. Es un avance histórico notable que solo la miopía de las ideologías y la estrechez de los intereses no permite ver. A pesar de todas las trampas del liberalismo, la democracia entró en el imaginario de las grandes mayorías como un ideal libertador, el ideal de la democracia verdadera o real. Es un ideal que, si es tomado en serio, constituye una amenaza fatal para aquellos cuyo dinero o posición social les permite manipular impunemente el juego democrático. La segunda observación es que los momentos más creativos de la democracia raramente ocurrieron en las salas de los Parlamentos. Ocurrieron en las calles, donde los ciudadanos sublevados forzaron los cambios de régimen o la ampliación de las agendas políticas. Entre muchas otras demandas, los acampados exigen la resistencia contra las imposiciones de la troika para que la vida de los ciudadanos tenga prioridad sobre los lucros de los banqueros y especuladores; el rechazo o la renegociación de la deuda; un modelo de desarrollo social y ecológicamente justo; el fin de la discriminación sexual y racial y de la xenofobia contra los inmigrantes; la no privatización de bienes comunes de la humanidad, como el agua, o de bienes públicos, como los correos; la reforma del sistema político para volverlo más participativo, más transparente e inmune a la corrupción.

Pensando en las elecciones terminé por no hablar de las elecciones. ¿No hablé?

AL FINAL DEL TÚNEL
(*Visão*, 30 de junio de 2011)

El fantasma que ensombrece hoy a los portugueses tiene un nombre: la luz al final del túnel. Por ahora, los portugueses no pueden saber si la luz al final del túnel es la luz diurna del aire libre o el farol de un tren que corre velozmente en su dirección. Sean de derecha o de izquierda, o ni una cosa ni la otra, los portugueses querrían que la luz que imaginan fuera la primera pero temen que sea la segunda. Este es el fantasma portugués, y domina por entero el sistema político. Existen también los portugueses que no ven ninguna luz, y a quienes la que les gustaría ver no estaría al final del túnel sino dentro del túnel, para no golpearse la cabeza contra las paredes mientras caminan. Estos son los portugueses-fantasma de los que el sistema político no se ocupa.

El fantasma de la luz al final del túnel tiene dos efectos políticos. El primero es que quien está en el gobierno lo usa para no respetar el presente y actuar apenas legitimado por el futuro que dice controlar. Todas las rupturas con el presente son concebibles y todas son exigidas para que la luz al fondo del túnel sea la luz diurna del aire libre. Todo lo que puede o no ocurrir en los próximos meses condicionará durante décadas la vida de los portugueses. Desde el 25 de Abril de 1974 el futuro de corto plazo no se parecía tanto al futuro de largo plazo. La ventaja del gobierno en este ámbito es gobernar un país habituado a confundir señales meteorológicas con señales divinas. Al final, el milagro de Fátima no es más o menos verosímil que el de la troika. Se pagan promesas con la misma devoción con que se pagan deudas. Y en ambos casos es bien visto ir de rodillas.

El segundo efecto político del fantasma portugués es dividir dos veces la oposición política de izquierda. La primera división es sobre la propia naturaleza del túnel. Para unos (PS), no hay dudas sobre la naturaleza del túnel: se fue construyendo en los últimos tiempos con las dificultades para mantener el Estado social en un contexto internacional adverso. Para otros (BE y PCP), ese túnel es una pequeña tubería dentro de un túnel mucho mayor:

el túnel en que la burguesía portuguesa se sintió encerrada, desde que el 11 de marzo de 1975 perdió el control de la Revolución de Abril, y el 25 de noviembre de 1975 no pudo impedir que la solución posrevolucionaria fuera la concesión de tantos derechos sociales a los trabajadores. Al final de este túnel ve ahora la luz: la llegada, por fin, del capitalismo liberal o neoliberal. También la burguesía ve un tren a alta velocidad, pero muy diferente del tren fantasma, un tren real que viene desde atrás y con el objetivo benévolo de empujarla hacia la salida del túnel, el tren de la troika. La burguesía que sale del túnel no es la misma que entró en él (es menos productiva y más comerciante, menos CUF o Lisnave y más continente o Pingo Doce), pero los intereses y el alivio son los mismos.

La segunda división en la oposición de la izquierda se presenta como un doble dilema. Para el PS, si se llegara a verificar que la luz al final del túnel era el aire libre, el mérito sería de la derecha; si, por el contrario, se verificara que la luz era la del farol del tren, nada podrá hacer para detenerlo, porque fue este PS quien lo puso en movimiento al negociar con la troika. Solo otro PS lo podrá hacer y para eso son necesarios tiempo e ingenio. Por su parte, el BE y el PCP saben de antemano que la luz al final del túnel es la del farol del tren y que este se aproxima velozmente, pero como el túnel es muy grande nada pueden hacer sin la colaboración del PS. El problema es que con este PS no pueden colaborar y con el siguiente será preciso esperar un tiempo que, sobre todo para el BE, puede ser fatal.

Mientras el fantasma portugués alimenta el sistema político, los portugueses-fantasma se sienten sin representación. Entre ellos están los que saben que la luz que ven es la del tren veloz en su dirección, e imaginan que si hubiera luz dentro del túnel tal vez sería posible inmovilizar el tren (por ejemplo, renegociando la deuda ya) y pasar, seguramente con dificultad, al lado de él hacia el aire libre. En ese grupo me incluyo y tal vez muchos de los jóvenes indignados o *à rasca*.

¿QUÉ DEMOCRACIA ES ESTA?
(*Público*, 19 de julio de 2011)

En su artículo en *Público* del 2 de julio, São José Almeida preguntaba en qué tipo de democracia estamos. La pregunta está en la mente de mucha gente y debe ser respondida. Como contribución para el debate, ofrezco mi respuesta. Es una democracia de muy baja intensidad, que se basa en las siguientes ideas maestras:

1. Las expectativas sobre el futuro próximo son descendentes (las cosas están mal pero van a ser todavía peores) y tienen que ser dirigidas con gran control del discurso del gobierno y del análisis conservador a su servicio, de modo que se excluya del horizonte cualquier alternativa posible. De esta forma es posible transformar el consenso político electoral en resignación ciudadana, la única manera de mantener vacías de rebelión las calles y las plazas.

2. Una profunda transformación subterránea del régimen político corre paralela a la conservación en la superficie de la normalidad democrática de la vida política. Se trata de un nuevo tipo de Estado de excepción o de Estado de sitio, que suspende o elimina derechos o instituciones sin tener que revocar la Constitución. Basta ignorarla, para lo que cuenta con: la complicidad de un Presidente de la República que paradójicamente logró alcanzar, sin gobernar, los objetivos por los que luchó en vano cuando gobernó; la renuncia del Tribunal Constitucional entrenado para los bajos perfiles de las menudencias formales; y la parálisis de un sistema judicial demasiado desgastado social y políticamente para poder asumir la defensa eficaz de la democracia.

3. La tutela internacional de la troika no choca con la soberanía nacional, cuando el poder soberano no solo está de acuerdo con el contenido político de la tutela sino que incluso se legitima a través del exceso con el que la acoge y refuerza. Domina la creencia de que un gobierno de derecha de un pequeño país no tiene el derecho ni la necesidad de innovar. Las me-

didas políticas para la destrucción del Estado social y de los servicios públicos están probadas con éxito en los gobiernos de referencia. Para saber lo que va a suceder en la salud, en la educación, en las pensiones y en la asistencia a las personas mayores, o el modo como se va a disimular el número de familias que perderá su casa en los próximos tiempos, basta estar atento a la prensa inglesa. La ausencia de innovación es disfrazada por el estilo de exposición (de preferencia, con alguna radicalidad) hecha por una clase política joven, que transforma de manera verosímil el retroceso político en renovación política, la inexperiencia en beneficio del azar, la total sumisión a intereses económicos poderosos (nacionales e internacionales) en garantía contra la corrupción.

4. Es crucial asegurar que la oposición permanezca paralizada por la trampa que ella misma creó y que consiste en estar limitada (por cuánto tiempo, es la pregunta) a escoger entre dos posibilidades que son otros tantos callejones sin salida: la primera es la lucha parlamentaria, donde, por no tener mayoría, nunca podrá provocar una crisis de gobierno. La segunda es la lucha extraparlamentaria contra la resignación, a través de la creencia racional en alternativas democráticas posibles que, de tan ineludibles, o entran en el Parlamento o acampan fuera de él. En este caso, provocaría una crisis de gobierno, pero esta solo sería productiva si sus costos políticos, sobre todo los de corto plazo, pudieran ser asumidos por todas las fuerzas de izquierda, lo que, como es sabido, no es posible, por lo menos por ahora. Esta idea clave de la democracia de baja intensidad recomienda que los rostros desgastados de los líderes de la oposición se mantengan y que los que tengan que ser sustituidos lo sean por rostros que nunca vieron la realidad social sino a través de las ventanas del Parlamento.

El nuevo régimen se piensa como de largo plazo. Cuando sea superado, Portugal será un país muy diferente y así permanecerá por mucho tiempo. El problema es que las trampas (tal como las minas antipersonas) son ciegas y no reconocen a sus dueños. El gobierno creó su propia trampa al pensar que la tutela internacional podía ser usada en dosis controladas: usarla para realizar el proyecto político que la derecha, solo por sí misma, nunca fue capaz de llevar a cabo, pero impedir que las restricciones de la tutela destruyan el país. La trampa reside en que la tutela, porque es internacional, ve a Portugal a la escala de una aldea y no somete la dosificación de su intervención a otros criterios que no sean los suyos.

Por todas estas razones, el 25 de abril del próximo año será el primero de la conmemoración de una pérdida irreparable. Para tener alguna fuerza, sugiero que se fundan en él el 5 de octubre y el 1.° de diciembre. Habrá menos feriados, lo que conviene, y más significado, lo que conviene todavía más.

LOS LÍMITES DEL ORDEN
(*Público*, 14 de agosto de 2011)

A pesar de toda su especificidad, los violentos disturbios en Londres y en otras ciudades inglesas no deben ser vistos como un fenómeno aislado. Son una perturbadora señal de los tiempos. Está siendo creado en las sociedades contemporáneas un combustible altamente inflamable que fluye por los sótanos de la vida colectiva sin que las familias, las comunidades, las organizaciones sociales o los políticos se den cuenta. Cuando suba a la superficie, atraído por un incidente que le sirva de chispa, puede provocar un incendio social de proporciones inimaginables. Este combustible está constituido por la mezcla de cuatro componentes: la promoción conjunta de la desigualdad social y del individualismo, la mercantilización de la vida individual y colectiva, la práctica del racismo en nombre de la tolerancia, y el secuestro de la democracia por las élites privilegiadas, con la consecuente transformación de la política en administración del hurto "legal" de los ciudadanos y del malestar que aquel provoca. Cada uno de estos componentes tiene una contradicción interna. Cuando se superpongan, cualquier incidente puede provocar una explosión.

DESIGUALDAD E INDIVIDUALISMO

Con el neoliberalismo, el aumento brutal de la desigualdad social dejó de ser un problema para pasar a ser la solución. La ostentación de los ricos y de los súper ricos se transformó en prueba del éxito de un modelo social que solo deja en la miseria a la gran mayoría de los ciudadanos porque estos supuestamente no se esfuerzan lo suficiente para tener éxito. Eso solo fue posible con la conversión del individualismo en valor absoluto, lo cual, contradictoriamente, solo puede ser vivido como utopía de la igualdad, de la posibilidad de que todos se eximan por igual de la solidaridad social, bien sea como agentes de ella, bien sea como sus beneficiarios. Para el individuo así construido la desigualdad solo es un problema cuando le es adversa, y cuando eso sucede nunca es reconocida como merecida.

MERCANTILIZACIÓN DE LA VIDA

La sociedad de consumo consiste en la sustitución de las relaciones entre personas por relaciones entre personas y cosas. Los objetos de consumo dejan de satisfacer necesidades para crearlas incesantemente y la inversión personal en ellos es tan intensa cuando se tienen como cuando no se tienen. Los centros comerciales son la visión espectral de una red de relaciones sociales que comienza y acaba en los objetos. El capital, con su sed infinita de rentabilidad, ha venido sometiendo a la lógica del mercado bienes que siempre pensamos que eran demasiado comunes (el agua y el aire) o demasiado personales (la intimidad y las convicciones políticas) para ser intercambiados en el mercado. Entre creer que el dinero lo media todo y creer que todo puede ser hecho para obtenerlo hay un paso mucho menor de lo que se piensa. Los poderosos dan ese paso todos los días sin que nada les suceda. Los desposeídos, que ven eso y piensan que pueden hacer lo mismo, acaban en las cárceles.

RACISMO DE LA TOLERANCIA

Los disturbios en Inglaterra comenzaron por incidentes con una dimensión racial. Lo mismo sucedió en 1981 y en los disturbios que estremecieron París y otras ciudades francesas en otoño de 2005. No es coincidencia; son lo que aflora de la sociabilidad colonial que continúa dominando nuestras sociedades, décadas después de terminar el colonialismo político. El racismo es apenas un componente, tanto más cuanto en todos los disturbios mencionados se involucraron jóvenes de varias etnias. Pero es importante porque une a la exclusión social un elemento de inabarcable corrosión de la autoestima: la inferioridad del ser agravada por la inferioridad del tener. Un joven negro de nuestras ciudades vive cotidianamente un recelo social que existe independientemente de lo que él o ella sea o haga. Y esa desconfianza es tanto más virulenta cuando ocurre en una sociedad distraída por las políticas oficiales de la lucha contra la discriminación y por la fachada del multiculturalismo y de la benevolencia de la tolerancia. Cuando nadie se considera racista son las víctimas del racismo las que son llamadas racistas al reaccionar contra él.

SECUESTRO DE LA DEMOCRACIA

¿Qué hay en común entre los disturbios de Inglaterra y la destrucción del bienestar de los ciudadanos provocada por las políticas de austeridad dirigidas por las agencias de calificación y los mercados financieros? Ambos son señales de los límites extremos del orden democrático. Los jóvenes amotinados son criminales, pero no estamos ante una "criminalidad pura y simple", como afirmó el primer ministro David Cameron. Estamos ante una denuncia política violenta de un modelo social y político que tiene recursos para rescatar bancos y no los tiene para rescatar a la juventud de una vida de espera sin esperanza, de la pesadilla de una educación cada vez más cara y más irrelevante dado el aumento del desempleo, del completo abandono de comunidades que las políticas públicas antisociales transformaron en campos de entrenamiento de la rabia, de la anomia y de la rebelión.

Entre el poder neoliberal instalado y los amotinados urbanos hay una simetría aterradora. La indiferencia social, la arrogancia, la distribución injusta de los sacrificios están sembrando el caos, la violencia y el miedo, y los sembradores dirán mañana, sinceramente ofendidos, que lo que sembraron nada tenía que ver con el caos, la violencia y el miedo instalados en las calles de nuestras ciudades. Los verdaderos alborotadores están en el poder, y en breve serán imitados por aquellos que no tienen poder para llamarlos al orden.

EL DESARROLLO DEL SUBDESARROLLO
(*Visão*, 20 de octubre de 2011)

Está en curso el proceso de subdesarrollo del país. Las medidas que lo anuncian, después de transitorias serán estructurantes, y sus efectos se sentirán durante décadas. Las crisis crean oportunidades para redistribuir riqueza. Según las fuerzas políticas que las controlan, la redistribución irá en un sentido o en otro. Imaginemos que la reducción del 15% del ingreso aplicada a los funcionarios públicos, por vía del recorte de los subsidios de Navidad y de vacaciones, sea aplicada a las grandes fortunas, a Américo Amorim, Alexandre Soares dos Santos, Belmiro de Azevedo, familias Mello, etc. Se recogería mucho más dinero y se afectaría muchísimo menos el bienestar de los portugueses. Al final, la invocación de una emergencia nacional indica sacrificios extraordinarios que deben ser impuestos a los que están en mejores condiciones de soportarlos. Por eso se convoca a los jóvenes a la guerra y no a los viejos. ¿No estarían los súper ricos en mejores condiciones de responder a la emergencia nacional?

Esta es una de las perplejidades que lleva a los indignados a manifestarse en las calles. Pero hay mucho más. Se preguntan muchos ciudadanos: ¿las medidas de austeridad darán resultado y permitirán ver la luz al final del túnel de aquí a dos años? Sospechan que no porque, además de que están conociendo la tragedia griega, se están enterando de que las recetas del FMI, ahora adoptadas por la UE, no dieron resultado en ningún país en donde fueron aplicadas —de México a Tanzania, de Indonesia a Argentina, de Brasil a Ecuador— y terminaron siempre en desobediencia y desastre social y económico. Cuanto más rápida sea la desobediencia, menor será el desastre. En todos estos países siempre fue usado el argumento del desvío de cuentas superior al previsto para justificar recortes más drásticos. ¿Cómo es posible que las fuerzas políticas no sepan esto y no se pregunten por qué el FMI, a pesar de haber sido creado para regular las cuentas de los países subdesarrollados, ha sido expulsado de casi todos ellos y casi todos sus créditos se confinen hoy a Europa? ¿Por qué la ceguera del FMI y por qué la UE la sigue ciegamente? El FMI es un club de acreedores dominado por media docena de instituciones financieras, al frente de las cuales está la Goldman Sachs, que pretenden mantener a los países endeudados a fin de que puedan sustraer de ellos sus riquezas y hacerlo en las mejores condiciones, bajo la forma del pago de intereses extorsionadores y de las privatizaciones de las empresas públicas vendidas bajo presión a precios de saldo; empresas que acaban por caer en las manos de las multinacionales que actúan a la sombra del FMI. Así, la privatización del agua puede caer en las manos de una subsidiaria de la BECHDE (tal como sucedió en Cochabamba después de la intervención del FMI en Bolivia), y destinos semejantes tendrán la privatización de la TAP, de los Correos o de la RTP. El *back-office* del FMI son los representantes de multinacionales que, como buitres, esperan que las presas les caigan en las manos. Como hay que sacar lecciones aun del más lúgubre evento, los europeos del sur sospechan hoy, por dura experiencia, cuánto saqueo no habrán sufrido los países llamados del tercer mundo bajo la cruel fachada de la ayuda para el subdesarrollo.

Pero la mayor perplejidad de los ciudadanos indignados reside en la pregunta: ¿qué democracia es esta que transforma un acto de rendición en una afirmación dramática de valentía en nombre del bien común? Es una democracia postinstitucional, bien sea porque quien controla las instituciones las subvierte (instituciones creadas para obedecer a los ciudadanos pasan a obedecer a banqueros y mercados), bien sea porque los ciudadanos están reconociendo, en la medida en que pasan de la resignación y del shock a la indignación y a la rebelión, que esta forma de democracia partidocrática está agotada y debe ser sustituida por otra más deliberativa y participativa, con partidos pero pospartidaria, que blinde al Estado contra los mercados, y a los ciudadanos contra el autoritarismo estatal y no estatal. Está en discusión un nuevo proceso constituyente. La exigencia de una nueva Asamblea Constituyente con una fuerte participación popular no deberá tardar.

LA HUELGA GENERAL
(*Visão*, 17 de noviembre de 2011)

Las huelgas generales fueron comunes en Europa y en Estados Unidos al final del siglo XIX y en las primeras décadas del siglo XX. Suscitaron grandes debates en el interior del movimiento obrero y de los partidos y movimientos revolucionarios (anarquistas, comunistas, socialistas). Se discutía la importancia de la huelga general en las luchas sociales y políticas, las condiciones para su éxito, el papel de las fuerzas políticas en su realización. Rosa Luxemburgo (1871-1919) fue una de las más destacadas figuras en esos debates. La huelga general —que nunca dejó de estar presente en América Latina y resurgió con fuerza en la Primavera del Norte de África— está de vuelta en Europa (Grecia, Italia, España y Portugal) y en Estados Unidos. La ciudad de Oakland en California, que fuera conocida por la huelga general de 1946, volvió a recurrir a ella el pasado 2 de noviembre, y en la primavera de este año los sindicatos del Estado de Wisconsin aprobaron la huelga general en el momento en que la ciudad de Madison se preparaba para ocupar el edificio del Parlamento estatal —lo que hizo con total éxito—, en su lucha contra el gobernador y su propuesta de neutralizar los sindicatos, eliminando la negociación colectiva en la función pública. ¿Cuál es el significado de este regreso? Si es cierto que la historia no se repite, ¿qué paralelismos se pueden hacer con las condiciones y luchas del pasado?

Desde ámbitos diferentes (comunidad, ciudad, región, país), la huelga general fue siempre una manifestación de resistencia contra una condición opresiva e injusta de carácter general, o sea, una condición susceptible de afectar a los trabajadores, a las clases populares o a la sociedad en su conjunto, aun si algunos sectores sociales o profesionales son los más directamente afectados por aquella. Limitaciones de los derechos cívicos y políticos, represión violenta de la protesta social, derrotas sindicales en el campo de la protección social y traslados de empresas con impacto directo en la vida de las comunidades, decisiones políticas contra el interés nacional o regional ("traiciones parlamentarias" como la opción por la guerra o por el militarismo), estas fueron algunas de las condiciones que en el pasado llevaron a la decisión de la huelga general. A comienzos del siglo XXI vivimos un tiempo diferente, y las condiciones opresivas e injustas concretas no son las mismas del pasado. Sin embargo, al nivel de las lógicas sociales que las presidieron hay paralelismos perturbadores que afloran desde el fondo del movimiento hacia la huelga general del próximo 24 de noviembre en Portugal. Ayer, fue la lucha por derechos de los cuales las clases populares se consideraban injustamente privadas; hoy, es la lucha contra la pérdida injusta de derechos por los que tantas generaciones de trabajadores lucharon y que parecían ser una conquista irreversible. Ayer, se trataba de la lucha por la repartición más equitativa de la riqueza nacional que el capital y el trabajo generaban; hoy, se trata de la lucha contra una repartición cada vez más desigual de la riqueza (salarios y pensiones confiscados, horarios y ritmos de trabajo aumentados; impuestos y rescates financieros a favor de los ricos —el 1%, según los *okupas* de Wall Street— y una cotidianidad angustiosa e insegura, de colapso de las expectativas, de pérdida de la dignidad y la esperanza para el 99%). Ayer, era la lucha por una democracia que representara el interés de las mayorías sin voz; hoy, es la lucha por una democracia que, después de parcialmente conquistada, fue aplastada por la corrupción, por la mediocridad y pusilanimidad de los dirigentes en representación del capital financiero al que siempre sirvieron. Ayer, era la lucha por alternativas (socialismo) que las clases dirigentes reconocían, y por eso reprimían brutalmente a quien las defendiese; hoy, es la lucha contra el sentido común neoliberal, masivamente reproducido por los medios serviles, de que no hay alternativa contra el empobrecimiento de las mayorías y contra el vaciamiento de las opciones democráticas.

En general podemos decir que la huelga general en la Europa de hoy es más defensiva que ofensiva, busca menos promover un avance civilizacional que impedir un retroceso civilizacional. Es por eso que deja de ser un asunto de los trabajadores en su conjunto para ser un problema de los ciudadanos empobrecidos en su conjunto, tanto de los que trabajan como de los que no encuentran trabajo, y también de los que trabajaron la vida entera y hoy ven sus pensiones amenazadas. En la calle, la única esfera pública por lo pronto no ocupada por los intereses financieros, se manifiestan ciudadanos que nunca participaron en sindicatos o en movimientos ni imaginaron manifestarse en favor de causas ajenas. De repente, las causas ajenas son las propias.

Las lecciones de Europa
(*Folha de São Paulo*, 21 de noviembre de 2011)

Europa está aterrorizada por el fantasma del agotamiento histórico. Después de haberse atribuido durante cinco siglos la misión de educar el mundo, parece tener poco qué enseñar y, lo que es más trágico, parece no tener capacidad para aprender con la experiencia del mundo. El rinconcito europeo, pese a ser cada vez más pequeño en el contexto mundial, no logra comprender el mundo sino a través de conceptos generales y principios universales, y ni siquiera se da cuenta de que su propia fidelidad a ellos es hoy una ilusión. Partiendo de la idea de que la comprensión del mundo es mucho más amplia que la comprensión europea del mundo, las dificultades por las que pasa Europa pueden ser un campo de aprendizaje fértil para el mundo. He aquí las principales lecciones.

Primera lección: la idea de que las crisis son oportunidades es una verdad ambigua porque las oportunidades van en direcciones opuestas y son aprovechadas por quien mejor se prepara antes de la crisis. La derecha usó la crisis para aplicar la "doctrina del shock" de las privatizaciones y de la destrucción del Estado social (privatización de la educación y de la salud). No había conseguido hacerlo por vía democrática pero fue convenciendo a la opinión pública de que no hay alternativa contra el sentido común neoliberal. La izquierda, por el contrario, se dejó desarmar por ese sentido común y por eso no pudo aprovechar la crisis para mostrar el fracaso del neoliberalismo (tanto por el estancamiento como por la injusticia) ni proponer una alternativa posneoliberal. El movimiento ecológico, que era fuerte, se dejó bloquear por el *slogan* del progreso, aun sabiendo que *este* progreso es insostenible, perdiendo así la oportunidad que le fue dada con la reunión de Rio+20 del próximo año.

Segunda lección: la liberalización del comercio es una ilusión productiva para los países más desarrollados. Para ser justo, el comercio se debe basar en acuerdos regionales amplios que incluyan políticas industriales conjuntas y la búsqueda de equilibrios comerciales en el interior de la región. ¿Alemania, que tanto exporta para Europa, deberá importar más de Europa? Para que tal cosa sea posible es preciso una política aduanera y de preferencias comerciales regionales, así como una refundación de la Organización Mundial del Comercio, hoy ya un cadáver postergado, en el sentido de comenzar a construir el modelo de cooperación internacional del futuro: acuerdos globales y regionales que, cada vez más y siempre en la medida de lo posible, hagan que los lugares de consumo coincidan con los lugares de producción.

Tercera lección: los mercados financieros, dominados como están por la especulación, nunca recompensarán a los países por los sacrificios hechos, ya que no reconocer la suficiencia de estos es lo que alimenta el lucro de la inversión especulativa. Sin contener las dinámicas especulativas, el desastre social ocurre tanto por la vía de la obediencia como por la vía de la desobediencia a los mercados.

Cuarta lección: la democracia puede desaparecer gradualmente y sin un golpe de Estado. Varios países de Europa viven una situación de suspensión constitucional, un nuevo tipo de Estado de excepción que no persigue a peligrosos terroristas sino a los ciudadanos comunes, sus salarios y sus pensiones. La destitución de Berlusconi (para la cual había buenas razones democráticas) fue decidida por el Banco Central Europeo. El estatuto de los bancos centrales, creado para volverlos independientes de la política, acabó por volver la política dependiente de ellos. La democracia, después de parcialmente conquistada, puede ser gradualmente aplastada por la corrupción, por la mediocridad y pusilanimidad de los dirigentes y por la tecnocracia en representación del capital financiero al que siempre sirvió.

LO QUE ESTÁ EN JUEGO
(*Público*, 23 de noviembre de 2011)

El barniz estalló. La agudización de la crisis europea hizo posible una nueva radicalidad y una nueva transparencia. Hasta hace poco eran consideradas radicales las posiciones de aquellos que se oponían a la intervención y a las recetas de la troika por razones de soberanía, de democracia, y por sospechar que la crisis era el pretexto para que la derecha aplicara en Portugal la "política de shock" de las privatizaciones, incluyendo las de la salud y la educación. Proponían la desobediencia al memorando, de cara al desastre griego, o pedían una auditoría de la deuda para retirar de ella cuantías de endeudamiento ilegítimo o incluso ilegales. Eran consideradas radicales porque ponían en juego la sobrevivencia del euro, porque desacreditaban todavía más a nuestro país en el contexto europeo e internacional, porque, si fueran aplicadas, producirían un desastre social, precisamente el que se pretendía evitar con el memorando.

La agudización de la crisis está dando ocasión a una nueva radicalidad que, paradójicamente, y al contrario de la radicalidad anterior, parte de la estricta obediencia a la lógica que preside a la troika y al memorando. Comentaristas del *Financial Times* y políticos de los países del norte de Europa defienden el fin del euro, porque finalmente "el euro es el problema", proponen un euro para los países más desarrollados y otro para los menos desarrollados, defienden que la salida del euro por parte de Grecia (o de otros países, se sobrentiende) puede no ser una mala idea siempre que sea controlada, y defienden, finalmente, la permanencia del euro en la condición de los países endeudados si se rinden totalmente al control financiero de Alemania (federalización sin democracia). O sea, la radicalidad tiene hoy dos caras, y esto tal vez nos permita una nueva transparencia en cuanto a lo que está en juego o nos conviene. La transparencia de lo que se omite es tan importante como la de lo que se dice. En ambos casos ocurre porque los intereses subyacentes están… sobre la superficie.

LA TRANSPARENCIA DE LO QUE SE OMITE

Primero, no es posible volver a la "normalidad" en el actual marco institucional europeo. En este marco, la Unión Europea se dirige inevitablemente a su desmembración. Después de Italia, seguirán España y Francia. Segundo, las políticas de austeridad, además de socialmente injustas, son, no solo ineficaces sino contraproducentes. Nadie puede pagar sus deudas produciendo menos y, por eso, estas medidas tendrán que ser seguidas por otras todavía más opresivas, hasta que el pueblo (no tengamos miedo de la palabra), el pueblo azotado, sufrido, desesperado diga: ¡Basta! Tercero, los mercados financieros, dominados como están por la especulación, nunca recompensarán a los portugueses por los sacrificios hechos, ya que no reconocer la suficiencia de estos es lo que alimenta el lucro de la inversión especulativa. Sin contener las dinámicas especulativas y esperando que el mundo haga lo que puede y debe comenzar a ser hecho a nivel solo europeo, el desastre social ocurre tanto por la vía de la obediencia como por la vía de la desobediencia a los mercados.

LA TRANSPARENCIA DE LO QUE NOS CONVIENE

Hablo de los portugueses, pero mi "nosotros" involucra al 99% de los ciudadanos y a todos los inmigrantes del sur de Europa, e implica a todos los europeos para quienes una Europa de nacionalismos es una Europa en guerra y para quienes la democracia es un bien tan exigente que solo tiene sentido si él mismo fuera distribuido democráticamente. Cualquier solución que busque minimizar el desastre que se aproxima debe ser una solución europea, o sea, una solución que debe ser articulada con, por lo menos, algunos países del euro. Son dos las soluciones posibles. La primera, que es el escenario A, consiste en hacer presión, articuladamente con otros países "en dificultades", en el sentido de que se altere a corto plazo el marco institucional de la UE de modo que se vuelva posible mutualizar la deuda, federalizando la democracia. Esto implica, entre otras cosas, darle poderes al Parlamento europeo, hacer que la Comisión responda ante él y elija directamente la presidencia. Implica también una política industrial europea y la búsqueda de equilibrios comerciales en el interior de Europa. Por ejemplo, ¿Alemania, que tanto exporta para Europa, deberá importar más de Europa, abandonando el mercantilismo de su búsqueda incesante de excedentes? Para que esto sea posible es necesaria una política aduanera y de preferencias comerciales intraeuropeas, así como una refundación de la Organización Mundial del Comercio, hoy ya un cadáver postergado, en el sentido de comenzar a construir el modelo de cooperación internacional del futuro: acuerdos globales y regionales que, cada vez más y siempre en la medida de lo posible, hagan que los lugares de consumo coincidan con los lugares de producción. Implica también una regulación financiera prudente a nivel europeo, que pasa por un mandato posneoliberal para el Banco Central Europeo (más poderes de intervención con base en más control democrático en la estructura y en el funcionamiento). Esta solución se contrapone frontalmente a la solución autoritaria propuesta por Alemania, que consiste en someter a todos los países a la tutela alemana, como contrapartida de los *eurobonds* u otro mecanismo de europeización de la deuda. Esta rendición al imperialismo alemán significaría que en Europa solo tiene derecho a la democracia quien tiene dinero.

El escenario A es exigente e implicaría que, desde ya, y a pesar de los límites del actual mandato, el BCE asumiera un papel mucho más activo para asegurar el tiempo de transición. La prudencia recomienda, sin embargo, que la hipótesis de que tal escenario falle sea prevista y considerada seriamente. Deberíamos, por eso, desde ya, comenzar a preparar el escenario B: una salida de este euro, solos o conjuntamente con otros países, con el argumento, que los hechos comprueban, de que con él las desigualdades entre los países no dejarán de aumentar. La auditoría de la deuda será una señal de la seriedad de nuestros propósitos. Los costos sociales de la solución B no son más altos que los costos del fracaso de la solución A, y permiten, por lo menos, ver una luz al final del túnel.

BIBLIOGRAFÍA

Mariátegui, José Carlos (s.f. [1925]), *Ensayos escogidos*, Editorial Universo, Lima.

Santos, Boaventura de Sousa (1995), *Towards a new common sense: Law, science and politics in the paradigmatic transition,* Routledge, Nueva York.

Stiglitz, Joseph (2002), *Globalization and its discontents*, Penguin, Londres.

Ugarteche, Oscar y Acosta, Alberto (s.f.), *Repensando una propuesta global para un problema global* (disponible en http://alainet.org/active/38038; http://www.erlassjahr.de/themen/schieds-verfahren-ftap/veroeffentlichungen/tiads.html; consultadas el 11 de mayo de 2010).

Parte III
POLITIZAR LA POLÍTICA
Y DEMOCRATIZAR LA DEMOCRACIA[1]

Entrevista de Antoni Jesús Aguiló Bonet[2]
con Boaventura de Sousa Santos

[1]   Esta entrevista fue publicada originalmente en la *Revista Internacional de Filosofía Política*, 35, octubre de 2010, pp. 117-148.
La traducción del portugués al español fue realizada por Antoni Aguiló y revisada por Àlex Tarradellas.

[2]   Licenciado en Filosofía por la Universidad de las Islas Baleares (UIB), Diploma de Estudios Avanzados en Filosofía del Derecho, Moral y Política y Doctor en Humanidades y Ciencias Sociales con mención europea con la tesis titulada "Procesos de globalización, democracia radical y emancipación humana en la teoría social y política de Boaventura de Sousa Santos (UIB, 2010). Actualmente es profesor en los programas de doctorado "Democracia en el siglo XXI" y "Poscolonialismos y ciudadanía global" del Centro de Estudios Sociales (CES) de la Universidad de Coímbra, investigador del Núcleo Estudios sobre Democracia, Ciudadanía y Derecho (DECIDe) del CES y miembro del grupo de investigación Política, Trabajo y Sostenibilidad del Departamento de Filosofía y Trabajo Social de la UIB.

Presentación

A Boaventura de Sousa Santos (Coímbra, 1940) se le puede presentar de múltiples y diferentes maneras: como una de las personalidades de las ciencias sociales más relevantes de los últimos tiempos, como referente del pensamiento crítico y emancipador actual, como decano de los sociólogos portugueses, como catedrático jubilado de sociología de la Facultad de Economía de la Universidad de Coímbra, como director del Centro de Estudios Sociales y del Centro de Documentación 25 de Abril de la misma universidad, como *Distinguished Legal Scholar* en la Universidad de Wisconsin-Madison (Estados Unidos) y *Global Legal Scholar* en la Universidad de Warwick (Inglaterra), como coordinador científico del Observatorio Permanente de la Justicia Portuguesa, como docente en programas de posgrado en universidades de Brasil, México, Argentina, Colombia, Angola, Mozambique y España, como promotor de la Universidad Popular de los Movimientos Sociales y activista del Foro Social Mundial, como asesor de gobiernos y también como poeta. Pero si hubiera que definirlo en pocas palabras, tal vez la definición más precisa que podría darse de él sería la de un sociólogo comprometido con las circunstancias de su tiempo, preocupado por aclarar teóricamente algunas de las causas del sufrimiento humano en el mundo en que vivimos, resistir ante los poderes hegemónicos, valorar las diversas gamas de experiencia humana, sobre todo la que ha sido marginada, suprimida o silenciada, dar voz a los que no la tienen y devolverles al mismo tiempo la esperanza de su emancipación. El suyo es, en fin, un pensamiento inconformista y combativo que proviene, como él mismo se declara, de un "optimista trágico", objetivo, pero no imparcial, esforzado por pensar y trabajar por un mundo mejor.

Su nombre se ha convertido en una referencia imprescindible en el panorama internacional del pensamiento político y social crítico contemporáneo. A lo largo de las últimas décadas, ha publicado numerosos trabajos sobre epistemología, sociología del derecho, globalización, teoría de la democracia, movimientos sociales, teoría poscolonial, derechos humanos e interculturalidad. Ha recibido múltiples galardones internacionales que reconocen las aportaciones que ha hecho a las ciencias sociales contemporáneas, como, entre otros, la Gran Cruz de la Orden del Mérito Cultural de 2009, que otorga el gobierno de Brasil o, más recientemente, el Premio México de Ciencia y Tecnología 2010. Entre sus numerosas obras traducidas al español destacan: *De la mano de Alicia. Lo social y lo político en la postmodernidad* (Uniandes, 1998); *Crítica de la razón indolente. Contra el desperdicio de la experiencia* (Desclée de Brouwer, 2003); *El milenio huérfano. Ensayos para una nueva cultura política* (Trotta/ILSA, 2005); y *Sociología jurídica crítica. Para un nuevo sentido común en el derecho* (Trotta, 2009).

Actualmente, buena parte de sus esfuerzos teóricos y analíticos los dedica al proyecto internacional "ALICIA - Espejos extraños, lecciones imprevistas: definiendo para Europa un nuevo modo de compartir las experiencias del mundo", financiado por el Consejo Europeo de Investigación, cuya finalidad principal es desarrollar nuevos paradigmas teóricos y políticos de transformación social a la luz de las epistemologías del Sur propuestas en su obra.

En la presente entrevista, que recupera, amplía y actualiza la versión original publicada en 2010 en la *Revista Internacional de Filosofía Política*, hablamos con el sociólogo portugués sobre, entre otras cuestiones relacionadas, su proyecto de democracia radical, emancipadora e intercultural, principal foco de su teoría política contrahegemónica.

DEMOCRACIA, PODER Y EMANCIPACIÓN SOCIAL

ANTONI JESÚS AGUILÓ BONET (en adelante AJAB). *Uno de los campos de investigación sobre los que más ha trabajado es la democracia. En sus análisis usted critica las versiones elitistas y procedimentales de la democracia representativa liberal y asume una concepción sustantiva, concretada en un proyecto participativo de democracia socialista radical. ¿Podría especificar qué tiene de radical y qué de socialista su concepción de la democracia?*

BOAVENTURA DE SOUSA SANTOS (en adelante BSS). La democracia representativa es el régimen político en el cual los ciudadanos —inicialmente un pequeño porcentaje de la población— concentran su poder democrático en la elección de los políticos, en cuanto que son los que deciden. Una vez elegidos, estos pasan a ser los titulares del poder democrático, que ejercen con más o menos autonomía en relación con los ciudadanos. La autonomía de los representantes políticos constituye un fenómeno paradójico. Si por un lado es un requisito para que la democracia funcione, por el otro es también un factor de tensión entre los representantes y los representados, hasta el punto de que en algunas situaciones la mayoría de los representados no se identifica con sus representantes, no se siente representado por aquellos que eligió. Es lo que en términos de análisis llamo la patología de la representación. Ciudadanos de muchos países recuerdan situaciones particularmente críticas en las que la opinión ciudadana, reflejada a través de encuestas encargadas por los propios poderes públicos, no fue respetada por los que deciden en el ámbito público democrático. La invasión ilegal de Iraq de 2003 fue, ciertamente, uno de estos casos. Otros se amontonan hora tras hora en cada país. En Estados Unidos, el presidente Obama ganó las elecciones con la promesa de crear un sistema de salud que acabaría con el escándalo de que en el país más rico del mundo y el que más dinero gasta en salud, 47 millones de sus ciudadanos no tienen asegurada la protección social de la salud. En el momento en que escribo —diciembre de 2009—, esta reforma está siendo bloqueada por los intereses de las multinacionales aseguradoras, de las farmacéuticas y de los servicios médicos, así como por los políticos conservadores que toman las decisiones, controlados por dichos sectores empresariales. Estos ejemplos muestran que, contrariamente al sentido común difundido por los medios de comunicación, las disfunciones que presenta la democracia representativa no ocurren únicamente en los países menos desarrollados, en el Sur global, durante mucho tiempo llamado "Tercer Mundo", sino que también suceden en el centro del sistema mundial, en el Norte global, que se autoproclama ejemplo de democracia a ser seguido por el resto de países del globo. En este ámbito, además, el inicio del siglo XXI presenta algo innovador: mientras que en el Norte global se acumulan las señales que revelan la apropiación de la democracia representativa por parte de intereses económicos minoritarios, aunque muy poderosos —tal y como lo demuestran las medidas adoptadas desde 2008 para garantizar al capitalismo financiero la preservación de su economía de casino—, en algunos países del Sur global, sobre todo en América Latina, están emergiendo, por el contrario, nuevos ejercicios de democracia representativa en los que la voz de las mayorías se impone con más eficacia política.

Cuando la distancia entre los representantes y los representados es amplia y disfuncional, la democracia representativa dispone de un mecanismo aparentemente muy eficaz: la celebración de nuevas elecciones y la elección de nuevos representantes. Sin embargo, aquí entra en juego otro factor, que es el sistema político y sus mediaciones institucionales. Entre estas mediaciones están los partidos políticos y las organizaciones de intereses sectoriales. En tiempos normales, cambiar de representantes políticos puede significar cambiar los partidos gobernantes, aunque ello no comporta, ni mucho menos, cambiar el sistema de partidos ni el sistema de organización de intereses. Es decir, las elecciones pueden cambiar, de hecho, muy poco las cosas y, en la medida en que esto ocurre reiteradamente, la distancia entre los representantes y los representados —la patología de la representación— se transforma poco a poco en la patología de la participación:

los ciudadanos, desmotivados por la sensación de impotencia, se convencen de que su voto no va a cambiar las cosas, por lo que dejan de hacer el esfuerzo —a veces considerable— de votar y aumenta el abstencionismo electoral. Caracterizar estos fenómenos como patologías de la representación y de la participación conlleva, desde luego, una crítica de la teoría política liberal en la que se basa la democracia representativa. De hecho, los teóricos liberales diseñaron el régimen democrático representativo para garantizar esa distancia entre representantes y representados (elitismo) y para que la participación no fuese demasiado activa (procedimentalismo). El miedo a las masas ignorantes y potencialmente revolucionarias está en la raíz de la democracia representativa. Desde el punto de vista teórico, solo podemos hablar de patología cuando la distancia entre representantes y representados o cuando la falta de participación supera un cierto límite considerado disfuncional para el mantenimiento del *statu quo*.

Básicamente por las mismas razones la democracia representativa desarrolló sus instrumentos en torno a la cuestión de la autorización —decidir mediante el voto quiénes son las personas autorizadas para tomar decisiones políticas— y descuidó por completo otra de sus funciones importantes, que es la de la rendición de cuentas o control social, hecho que la volvió totalmente vulnerable frente a los fenómenos de corrupción.

Del mismo modo, la crítica según la cual la democracia representativa no garantiza las condiciones materiales de su ejercicio —la libertad efectiva del individuo para ejercer libremente su derecho al voto— solo es válida en cuanto crítica externa a la teoría liberal, ya que el modelo de democracia representativa es normativo y la facticidad que le subyace, si bien es ciertamente un problema, no es un problema de la teoría. Esta levedad de la teoría le permite acoplarse a realidades sociales, políticas y culturales muy diferentes, transformándose en un modelo fácilmente transplantable o exportable.

A partir de estas consideraciones, puede preguntarse por qué socialistas y revolucionarios deben hoy ocuparse de la democracia representativa. Son varias las razones. La primera es que la democracia representativa es una parte importante, pero solo una parte, de una tradición democrática mucho más amplia en la que caben otras concepciones y prácticas democráticas. La segunda es que a lo largo del siglo pasado las clases populares —las clases trabajadoras, en un sentido amplio— conquistaron importantes victorias, por lo menos en algunos países, por la vía de la participación en el juego de la democracia representativa. Y ello a pesar de las limitaciones que este régimen político les impuso. La tercera razón es que la crisis del socialismo bolchevique puso de manifiesto que la relación entre democracia y revolución necesita ser pensada de nuevo, en términos dialécticos, tal y como ocurrió al inicio de las revoluciones de la era moderna. A la luz de estas razones, pienso que en estos momentos tal vez resulte más importante hablar de democracia revolucionaria que de democracia socialista. La última solo será una realidad si la primera es posible. El concepto de "democracia revolucionaria" fue contaminado durante todo el siglo pasado por la versión leninista del concepto —o mejor, de los conceptos— de "dictadura del proletariado". Por su parte, el concepto de "democracia socialista" tuvo una vigencia efectiva durante el periodo de entreguerras en Europa, con la experiencia histórica de la socialdemocracia; tras la Segunda Guerra Mundial, dejó de tener horizontes socialistas y pasó a designar una forma específica de gobernar la economía capitalista y el tipo de sociedad que produce, de la cual el llamado modelo social europeo es el ejemplo paradigmático. A principios del siglo XXI existen condiciones para aprovechar mejor la experiencia del mundo que, entre tanto, se ha vuelto mucho más vasto que el pequeño mundo europeo o eurocéntrico. Pero para ello es preciso conocer mejor los debates de hace un siglo, pues solo así estaremos en condiciones de entender por qué la experiencia constitutiva del mundo tiene que ser también constitutiva de nuestra capacidad para dar cuenta de la novedad de nuestro tiempo.

Justo después de la Primera Guerra Mundial los planteamientos socialistas de la democracia representativa se centraban en dos cuestiones principales. La primera, además, fue formulada de la manera más elocuente por un extracomunitario —como diríamos hoy—, un joven intelectual peruano que sería uno de los grandes marxistas del siglo XX, José Carlos Mariátegui. En su prolongada visita a Europa, Mariátegui se dio cuenta de que las democracias europeas iban a ser acorraladas por dos enemigos irreductibles: el fascismo y el comunismo. Según él, la suerte de las democracias dependería del modo en que se las arreglasen para conseguir resistir a este doble desafío, un desafío mortal. La segunda cuestión fue discutida con particular intensidad en Inglaterra —tal y como lo había sido en Alemania antes de la guerra— y consistía en saber si la democracia era compatible o no con el capitalismo. El imperialismo que se había asentado a finales del siglo XIX y que incendió la opinión pública con la Guerra de los Bóers (1880-1881, 1889-1902) parecía destinado a devorar el alma del gobierno democrático al ponerlo al servicio del capital financiero. Nadie mejor que John A. Hobson para formular esta cuestión en su obra clásica *Imperialismo, un estudio* (1902), aún más clásica después de haber sido elogiada por Lenin y contrapuesta de manera favorable a la teoría del ultraimperialismo formulada por el "traidor" Karl Kautsky.

¿Dónde estamos hoy respecto a cada una de estas cuestiones? En lo que concierne a la primera, los años posteriores a la Primera Guerra Mundial mostraron que los dos enemigos eran de hecho irreductibles. La revolución bolchevique rechazaba la democracia representativa en nombre de una democracia popular de nuevo tipo, los *soviets*. Por su parte, el fascismo usó, a lo sumo, la democracia representativa para entrar en la esfera del poder para después deshacerse de ella. Tras finalizar la Segunda Guerra Mundial, la democracia representativa continuó compitiendo con el comunismo pero triunfó sobre el fascismo —con excepción de los dos países ibéricos en los que formas muy específicas de fascismo adquirieron vigor hasta 1974-1975. Con la caída del Muro de Berlín, en 1989, el triunfo de la democracia representativa parecía total y definitivo.

Respecto a la segunda, la cuestión de la compatibilidad de la democracia con el capitalismo tenía como telón de fondo el rechazo del modelo soviético y la opción por una vía democrática para el socialismo, que en aquella época incluía medidas frontalmente anticapitalistas, tales como la nacionalización de los medios de producción y una amplia distribución de la riqueza económica. Los entonces emergentes partidos comunistas habían resuelto esta cuestión: la democracia no solo era compatible con el capitalismo, sino que también era la otra cara de la dominación capitalista. La opción era la democracia o la revolución. Por esta razón no creían que las clases trabajadoras pudieran sacar provecho del juego democrático y tendían a minimizar las medidas consideradas de orientación socialista, incluso a oponerse a ellas. Usaban la democracia como un instrumento de propaganda en contra de la posibilidad de alcanzar el socialismo por la vía de la democracia representativa.

Para los socialistas, por el contrario, la cuestión del comunismo estaba resuelta. Incluso cuando evaluaban con benevolencia el régimen soviético dejaban claro que solo las condiciones muy específicas de Rusia y la Primera Guerra Mundial lo justificaban. Además, la diferencia entre Oriente y Occidente en este ámbito era consensual, a pesar de estar formulada de modos distintos. Para Lenin, la revolución socialista en Occidente sería diferente. Al inicio de la década de 1920, Trotsky afirmaba que, mientras que para Oriente sería fácil tomar el poder, lo difícil sería mantenerlo; para Occidente, en cambio, sería difícil tomar el poder, pero una vez tomado, resultaría fácil mantenerlo. Y Gramsci, entre otras cosas, es conocido por la célebre distinción entre la estrategia de la "guerra de posición" que recomendaba para Occidente —Estados débiles y sociedades civiles con hegemonías fuertes— y la "guerra de movimiento" que recomendaba para Oriente —Estados fuertes y sociedades civiles "primitivas" y "gelatinosas".

Para los socialistas europeos occidentales, el socialismo solo era posible por la vía democrática. El problema era que dicha vía estaba bloqueada por procesos antidemocráticos. El peligro venía del fascismo, no como una amenaza "externa" al capitalismo, sino más bien como un desarrollo interno del capitalismo que, amenazado por la emergencia de las políticas socialistas impuestas por la vía democrática, daba señales de renunciar a la democracia y de recurrir a medios antidemocráticos. El problema de la compatibilidad entre la democracia y el capitalismo constituía una manera más radical de abordar la vieja cuestión relativa a la tensión permanente entre el capitalismo y la democracia. Esta tensión surgió cuando el Estado comenzó a "interferir" en la economía —la regulación del horario laboral fue una regulación emblemática— y a llevarse a cabo una cierta redistribución de la riqueza mediante las políticas sociales financiadas por la tributación del capital. Esta tensión fue asumida con la convicción de que la democracia representativa un día triunfaría sobre el capitalismo. El avance de las políticas redistributivas, al tiempo que, por un lado, sugería la posibilidad de un futuro socialista por la vía democrática, se confrontaba, por el otro, con resistencias que iban más allá de la mera oposición democrática. La victoria del nacionalsocialismo alteró completamente los términos de la cuestión. Si antes la política consistía en encontrar plataformas de entendimiento entre socialistas y comunistas de diferentes tendencias, con el objetivo común de hacer frente a los conservadores —los frentes unitarios—, ahora el objetivo era unir a todos los demócratas, incluidos los conservadores, en contra de la amenaza fascista —los frentes populares. Al final de la Segunda Guerra Mundial, la tensión entre el capitalismo y la democracia fue institucionalizada en Europa a condición de que el socialismo dejara de ser el horizonte emancipador de las luchas democráticas. El capitalismo, por su parte, cedería, mientras ello no perjudicara su propia dinámica de reproducción ampliada.

Sin embargo, sin que la teoría producida en el Norte global —concretamente en cinco países: Alemania, Inglaterra, Italia, Francia y Estados Unidos— fuera capaz de dar cuenta de ello, fuera de Europa las dos cuestiones referidas habían corrido suertes muy diferentes. En América Latina, la compatibilidad, o mejor dicho, la incompatibilidad entre el capitalismo y la democracia formó parte, desde el principio, de la agitada agenda política de muchos países con democracias inestables y excluyentes, seguidas de periodos de dictadura de varios tipos —que incluían algunas inspiradas en el fascismo europeo, como el varguismo en Brasil. Las experiencias de estos países solo empezaron a ser verdaderamente consideradas por los teóricos de la democracia a finales de la década de 1950 —bajo la forma de estudios sobre el desarrollo; de manera especial sobre derecho y desarrollo— cuando la revolución cubana puso de nuevo en la encrucijada la opción entre capitalismo o revolución y cuando en Chile, diez años más tarde, Salvador Allende reinauguró la posibilidad de la vía democrática al socialismo.

En África y en Asia estas cuestiones también tuvieron sus propios desarrollos. China, desde 1949, optó por la vía comunista, revolucionaria. A partir de 1950, los países africanos y asiáticos salidos del colonialismo optaron por adoptar soluciones diferentes, ora dominadas por un acuerdo entre el capitalismo y la democracia representativa, ora reivindicando la creación de nuevas formas de democracia de orientación socialista —democracia desarrollista— con el apoyo de los movimientos o los partidos que protagonizaron las luchas y negociaciones que condujeron a la independencia. En cualquier caso, hubo fracasos o de los objetivos democráticos o de los objetivos socialistas. A mediados de la década de 1970, los países africanos salidos del colonialismo portugués reanimaron momentáneamente la hipótesis socialista revolucionaria. No obstante, a mediados de la década siguiente, bajo la égida de la nueva forma de capitalismo global, el neoliberalismo, un nuevo tipo de normalización democrática emergía tanto en África como en América Latina y en Asia: la eliminación de la tensión entre la democracia y el capitalismo mediante el retiro del Estado del ejercicio de la regulación de la economía y la liquidación de la redistribución social, posible en el periodo anterior gracias a las políticas sociales. La eliminación de la tensión se llevó a cabo a través de la opción de una democracia de baja intensidad, elitista, procedimentalista y, además, saturada de corrupción.

Esta no es, sin embargo, toda la historia. Como hemos visto, en el siglo XX las clases obreras europeas habían alcanzado importantes logros a través de la democracia representativa, una serie de acumulaciones históricas que se perdieron con el fascismo y con la guerra para ser retomadas en la posguerra. Desde entonces, la democracia representativa disputó el campo de las opciones políticas con modelos no liberales de democracia, tales como las democracias populares de los países de Europa del Este o las democracias desarrollistas del entonces llamado Tercer Mundo. La lista de las opciones democráticas era variada. Mientras que la democracia representativa se basaba en la oposición entre revolución y democracia, los otros tipos de democracia emergían de rupturas revolucionarias de orientación anticapitalista o anticolonial. En la década de 1980, esta variedad desapareció con el triunfo absoluto de la democracia representativa, o mejor dicho, de un tipo específico de democracia representativa que poco tenía que ver con la democracia representativa de la socialdemocracia europea, caracterizada por su énfasis en la articulación entre los derechos cívicos y políticos con los sociales y económicos. La democracia representativa adoptada por la ortodoxia neoliberal es una democracia centrada exclusivamente en los derechos cívicos y políticos. Esta ortodoxia, sin embargo, encontró poderosos obstáculos. En la India, por ejemplo, la organización federal del Estado permitió victorias electorales a los partidos comunistas en varios Estados de la Unión, defensores del mantenimiento de fuertes políticas sociales. A su vez, en América Latina, las luchas sociales contra las dictaduras militares o civiles eran portadoras de impulsos y aspiraciones democráticas que la democracia neoliberal no era capaz de satisfacer y que, por el contrario, ponían en la agenda política la cuestión de la justicia social y, en consecuencia, la tensión entre democracia y capitalismo.

Gran parte de esta movilización social fue canalizada hacia la lucha contra el neoliberalismo y la democracia de baja intensidad por él promovida, como fue el caso particularmente dramático de Argentina a principios de la década de 2000. El activismo de los movimientos sociales o bien condujo a la emergencia de nuevos partidos políticos de orientación progresista, o bien dio origen a plataformas electorales que llevaron al poder a líderes empeñados en la redistribución social por la vía democrática,[3] e incluso, sin cambiar el sistema tradicional de partidos, promovió líderes con programas de impronta antineoliberal (Argentina y Chile). En todos estos casos, subyace la idea de que la democracia representativa es un modelo de democracia con una cierta elasticidad, y que sus potencialidades para crear una mayor justicia social aún no están agotadas.

Pero el impulso democrático experimentado a lo largo de las últimas tres décadas tuvo otras dimensiones que van más allá de la democracia representativa. Distingo básicamente dos de esas dimensiones. La primera se refiere a las experiencias de democracia participativa surgidas a escala local al final de la década de 1980, como los presupuestos participativos de Porto Alegre, la ciudad brasileña pionera. El éxito de la experiencia fue sorprendente, incluso para sus protagonistas. La práctica se reprodujo en muchas ciudades de Brasil y de toda América Latina, suscitó la curiosidad de los líderes municipales de otros continentes, particularmente de Europa, que bajo diferentes formas fueron adoptando el presupuesto participativo, e incluso llevó al Banco Mundial a recomendar su adopción y destacar las virtudes de esta forma de democracia participativa.

A pesar de ser la forma más emblemática de democracia participativa, el presupuesto participativo solo es uno de los muchos mecanismos de democracia participativa que han emergido durante las últimas décadas. Junto a él deberían mencionarse también los consejos municipales y estatales, con funciones consultivas y a veces deliberativas en la definición de las políticas sociales, principalmente en las áreas de salud y educación; las consultas populares; los referendos —con un gran impacto en la conducción política de algunos países como, por ejemplo, Venezuela y Bolivia. Esta vasta experiencia democrática se ha traducido en un

---

[3]   Es el caso del Partido de los Trabajadores (PT) en Brasil, del Movimiento al Socialismo (MAS) en Bolivia, de los sandinistas en Nicaragua, del Frente Farabundo Martí para la Liberación Nacional (FMLN) en El Salvador, de la Alianza País (AP) en Ecuador, del movimiento Revolución Bolivariana que da origen al Partido Socialista Unido de Venezuela (PSUV) en Venezuela, del Frente Amplio (FA) en Uruguay y de la Alianza Patriótica para el Cambio (APC) en Paraguay.

conjunto de nuevas y hasta entonces inimaginables articulaciones entre democracia representativa y democracia participativa.

Por último, el protagonismo de los movimientos indígenas en América Latina, con especial énfasis en Bolivia y Ecuador, se ha traducido en el reconocimiento de un tercer tipo de democracia, la democracia comunitaria, constituida por los procesos de consulta, discusión y deliberación con los ancestros de las comunidades indígenas. En este sentido, la nueva Constitución de Bolivia consagra tres tipos de democracia: la representativa, la participativa y la comunitaria.

Podemos decir que la democracia representativa ha sido movilizada por las clases populares en América Latina como parte de un movimiento de democratización de alta intensidad que incluye otras prácticas democráticas y otros tipos de democracia. Al contrario de lo que se pretendía en muchas de las luchas sociales de los períodos anteriores, hoy no se trata de sustituir la democracia representativa por otros tipos de democracia —participativa o comunitaria— considerados más genuinos, sino más bien de construir una democracia genuina fundada en la articulación de todos los tipos de democracia disponibles. Es precisamente esta vasta experiencia de luchas democráticas la que hoy nos permite ampliar el canon democrático hegemónico y producir teorías de la democracia que van mucho más allá de la teoría política liberal.

AJAB. *Usted escribe que la democracia, tal y como la entiende, es capaz de fundar una nueva "gramática de organización social y cultural" capaz, entre otros aspectos, de cambiar las relaciones de género, reforzar el espacio público, promover una ciudadanía activa e inclusiva, garantizar el reconocimiento de las identidades y generar una democracia distributiva que combata las desigualdades socioeconómicas. ¿Cómo entender y llevar a cabo el proceso de constitución de esta gramática de inclusión social en el contexto de la actual globalización neoliberal?*

BSS. Radicalizar la democracia significa, ante todo, intensificar su tensión con el capitalismo. Es un proceso muy conflictivo porque, como he dicho antes, al inicio de este siglo, la democracia, al vencer aparentemente a sus adversarios históricos, lejos de eliminarlos, lo que hizo fue cambiar los términos de la lucha librada contra ellos. El campo de la lucha democrática es hoy mucho más heterogéneo y, al contrario de lo que ocurría en la época de Mariátegui, es en su interior donde se enfrentan las fuerzas fascistas y las fuerzas socialistas. Aquí reside uno de los grandes desafíos de nuestro tiempo: ¿por cuánto tiempo y hasta qué límite la lucha democrática podrá contener estas fuerzas antagónicas? Tras la derrota histórica del comunismo, las fuerzas socialistas explotaron al máximo las posibilidades de la democracia, pues, ciertamente, no tenían otra alternativa. No puede decirse lo mismo de las fuerzas fascistas. Es cierto que sobre ellas pesa la derrota histórica del nacionalsocialismo, pero no podemos olvidar que, desde el punto de vista de la reproducción del capitalismo, el fascismo es siempre una alternativa abierta. Esta alternativa se activará en el momento en el que la democracia representativa se considere irremediablemente, y no solo temporalmente, disfuncional. Por eso digo que hoy en día la democracia progresista es una democracia tendencialmente revolucionaria. Es decir, cuanto más significativas sean las victorias democráticas —cuanto más eficaces sean las fuerzas socialistas en la lucha por una mayor redistribución social y la inclusión intercultural— mayor es la probabilidad de que el bloque capitalista recurra al uso de medios no democráticos, es decir, fascistas, para recuperar el control del poder estatal. A partir de un cierto momento, sin duda difícil de determinar en general, las fuerzas democráticas —procapitalistas o prosocialistas—, si se mantienen únicamente en los límites del marco institucional de la democracia, dejarán de poder hacer frente eficazmente a las fuerzas fascistas. Tendrán que recurrir a la acción directa no necesariamente legal y posiblemente violenta contra la propiedad —la vida humana es un bien incondicional, quizás el único. El continente latinoamericano es, sin duda, el que mejor ilustra algunos de los dilemas que se pueden dibujar en el horizonte. En él, mejor que en ningún otro, es posible identificar el enfrentamiento entre las fuerzas socialistas y las fascistas, contenidas, de momento, en el marco democrático. Se trata de señales visibles del estrés institucional padecido por algunos países. América Latina es el continente en el que de modo más acentuado coexisten las luchas más ofensivas —de fuerte inclinación socialista— con las luchas más defensivas —de defensa contra el fascismo. No me sorprendería si este fuese el continente de prueba para la democracia revolucionaria, es decir, para revelar los límites de la tensión entre la profundización democrática y la reproducción capitalista ampliada.

AJAB. *La puesta en marcha de esta nueva gramática social que establece su concepción de democracia podría conducir, en determinadas situaciones, a la introducción del experimentalismo en la órbita del Estado. Usted enseña conceptos inéditos como "Estado experimental", "experimentalismo constitucional" y "demodiversidad". ¿Podría ampliar un poco más esta idea de experimentalismo democrático? ¿Qué experiencias creativas pueden apreciarse? ¿Considera que Bolivia y, de manera más general, América Latina, son pioneras en este sentido?*

BSS. La aplastante victoria de Evo Morales en las elecciones del 6 de diciembre de 2009 fue un acontecimiento democrático de relevancia mundial, del que no se informó como tal porque resulta demasiado amenazador para los intereses del capitalismo global y para los intereses geoestratégicos de Estados Unidos en el continente, ambos con fuerte poder en los grandes medios de comunicación e información. Igualmente innovador, aunque muy diferente, es el proceso político ecuatoriano. Estas experiencias políticas causan sorpresa porque no fueron pensadas, y mucho menos previstas, por las teorías políticas de la modernidad occidental, destacando el marxismo y el liberalismo. Tanto en uno como en otro caso, es grande el protagonismo de los pueblos indígenas —en el caso de Ecuador, el protagonismo se dio sobre todo en la década de 1990, jugando un papel transformador fundamental sin el cual no es posible entender el proceso político actual. Sin embargo, los pueblos indígenas, en cuanto actor social y político, han sido ignorados tanto por el marxismo como por el liberalismo. Esta sorpresa imprevista plantea a los teóricos e intelectuales en general una nueva cuestión: la de saber si están preparados o no para dejarse sorprender. No es una pregunta fácil de responder; sobre todo para los teóricos críticos, marcados por la asunción de la idea de la teoría de vanguardia que, dada su naturaleza, no se deja sorprender. Todo lo que no encaja en sus previsiones o proposiciones no existe o no merece existir.

Si aceptamos que el cuestionamiento de la teoría, lejos de ser destructivo, puede significar un cambio en la conversación que el mundo mantiene consigo mismo, entonces podemos llegar a la conclusión de que, en la coyuntura actual, es importante que nos dejemos sorprender por la realidad como una fase transitoria de pensamiento entre la teoría de vanguardia que nos ha guiado hasta aquí y otra teoría o conjunto de teorías que nos acompañarán de ahora en adelante. Digo que la teoría por construir nos acompañará y no que nos guiará porque presumo que el tiempo de las teorías de vanguardia ya ha pasado. Estamos entrando en un momento de teorías de retaguardia que, en contextos de gran complejidad e indeterminación: 1) valoran los conocimientos producidos por los actores sociales y conciben la construcción teórica como reflexión en curso, como síntesis provisionales de reflexiones amplias y compartidas; 2) acompañan los procesos de transformación para permitir a los actores sociales conocer mejor lo que ya conocen; 3) facilitan la emergencia de lo nuevo a través de sistematizaciones abiertas que, en lugar de dar respuestas, formulan preguntas; 4) fomentan comparaciones sincrónicas y diacrónicas entre experiencias y actores sociales, tanto para situar y contextualizar las acrobacias de lo universal, como para abrir puertas y ventanas dejando que entren corrientes de aire en los guetos de la especificidad local.

La teoría de retaguardia avanza con el recurso a las analogías, las metarritmias —la sensibilidad con los diferentes ritmos de transformación social— y al hibridismo entre las ausencias y las emergencias. De este modo, surgen conceptos inéditos como los de "experimentalismo estatal" o el de "demodiversidad". El concepto de "demodiversidad", formulado por analogía con el concepto de "biodiversidad", trata de introducir en el campo político una diversidad que hasta ahora no había sido aceptada, al mismo tiempo que contribuye a hacer emerger lo nuevo a partir de lo ancestral. La democracia liberal —hoy exclusivamente centrada en la democracia representativa— defiende la diversidad y cree que debe ser un tema objeto del debate democrático, siempre que esté sujeta a concepciones abstractas de igualdad y no se haga extensiva a la definición de las reglas del debate. Fuera de estos límites, la diversidad, para la teoría política liberal, es la receta del caos. Con una sencillez que desarma, la Constitución de Bolivia reconoce, como he dicho, tres tipos de democracia: la representativa, la participativa y la comunitaria. Cada una tiene sus propias reglas de deliberación y, ciertamente, una acomodación entre ellas no será fácil. La demodiversidad es una de las vertientes de la constitucionalización de las diferentes culturas deliberativas que existen en el país. Al desempeñar este papel, la Constitución se transforma en todo un campo de experimentación política.

Con el concepto de "Estado experimental", que vengo defendiendo desde hace cierto tiempo, pretendo señalar que en los tiempos que corren la solidez normativa de la institucionalidad moderna —del Estado, del derecho, de la administración pública— hoy está disolviéndose ya sea para bien —reconocimiento de la diversidad— o para mal —por ejemplo, la corrupción. En otras palabras, fuerzas políticas con orientaciones políticas opuestas tratan de aprovechar para su causa este estado de cosas. Las fuerzas procapitalistas hablan de gobernanza (*governance*), de promover sociedades entre lo público y lo privado, de leyes blandas (*soft law*). Detrás de estos conceptos no solo está la flexibilidad normativa, sino también la no interferencia en las relaciones de poder existentes. Por el contrario, Estados como Bolivia, Ecuador y Venezuela están tratando de alterar estas relaciones. Es en este marco donde la idea de la experimentación puede ser válida. Y es que, al ser duros los conflictos y poco claras las alternativas, los cambios en las relaciones de poder, al contrario de lo que pudiera pensarse, pueden consolidarse mediante la experimentación con varias soluciones de manera simultánea o secuencial. Crear espacios políticos a partir del inicio del cambio de las relaciones de poder, pero que una vez creados permanecen abiertos a la creación y a la innovación, es algo que tanto la moderna teoría política liberal como la marxista nunca fueron capaces de admitir porque confundieron la toma del poder con el ejercicio del poder. En los procesos políticos transformadores que pueden presenciarse, tomar y ejercer el poder son dos cosas muy diferentes. Es más fácil tomarlo que ejercerlo y, como es a partir del ejercicio que se deriva su consolidación, considero que la experimentación política puede fortalecer los procesos de transición en la medida en que facilita el ejercicio del poder volviéndolo más inclusivo: la apuesta por las soluciones provisionales y experimentales permite mantener abierto el debate político, garantiza el dinamismo de las soluciones institucionales y normativas e invita al compromiso constructivo por parte de los adversarios. Nada de esto cabe en la conciencia teórica y política de la modernidad occidental.

AJAB. *Usted es partidario de la combinación entre democracia representativa y democracia participativa. En sus trabajos identifica las limitaciones que presenta la democracia representativa liberal hegemónica, a la que considera como un sistema político de baja intensidad democrática que debe reforzarse con experiencias de democracia participativa. ¿Cuáles son los cambios que se deberían hacer en la democracia representativa liberal para promover su articulación y complementariedad con diferentes formas de democracia participativa y, más en general, con otras concepciones y prácticas democráticas?*

BSS. A medida que se agrava la devastación social y política causada por el capitalismo financiero y neoliberal, se hace más evidente que la democracia representativa liberal está siendo derrotada por el capitalismo y que esta derrota es irreversible. No podemos olvidar que, en su origen, el liberalismo se basó en las ideas de libertad individual y defensa de la propiedad, complementadas por el principio de neutralidad del Estado respecto a la pluralidad de concepciones del bien común. Estas ideas no fundaban por sí mismas ninguna teoría democrática y, además, para Locke, la monarquía constitucional era el mejor régimen político para defenderlas. El encuentro entre liberalismo y democracia se produjo a través de autores liberales como Benjamin Constant, Tocqueville, y John Stuart Mill, para quien la única forma de compatibilidad entre ambos era la democracia representativa: la participación popular en la producción de las leyes dejaba de ser la de ciudadanos reunidos en asamblea, como quería Rousseau, y pasaba a ser la de ciudadanos electores de sus representantes, a quienes cabía el poder de legislar. A partir de aquí, la teoría democrática y las prácticas democráticas que esta legitimaba se centraron en la representación: extensión del sufragio, sistema de partidos, ampliación de los órganos representativos tanto del poder central como del local. Los criterios cuantitativos y procedimentales pasaron a dominar los debates, en detrimento de los aspectos cualitativos de la representación y su impacto en las mayorías, como por ejemplo la cuestión de saber si un gobierno del pueblo puede gobernar legítimamente contra el pueblo. A pesar de ello, mientras que el liberalismo confería primacía absoluta al principio de libertad, la democracia traía consigo el principio de igualdad que, al menos potencialmente, podía pasar de la igualdad formal (jurídico-política) a la igualdad sustantiva (socioeconómica). La tensión entre la democracia representativa y el capitalismo resultó de la tensión entre el principio de libertad y el principio de igualdad y, de manera correspondiente, la posible articulación entre democracia y socialismo siempre se dio por la primacía del principio de igualdad.

Como mencioné anteriormente, la tensión entre democracia y capitalismo siempre ha sido políticamente compleja, dada la hostilidad clasista del capitalismo en relación con el principio de igualdad. Cuando las luchas sociales ejercieron mayor presión, en el sentido de afirmar este principio, el resultado casi siempre fue la eliminación de la democracia y su sustitución por dictaduras, del fascismo y del nazismo a las dictaduras militares de América Latina. Es decir, el sacrificio del propio principio de libertad como daño colateral de la lucha contra el principio de igualdad. Sin embargo, en la Europa de la posguerra fue posible un mayor equilibrio entre ambos principios, en lo que se conoció como socialdemocracia. Desde la década de 1980, este equilibrio está siendo destruido, tanto en los países europeos como en todos los otros países que lo han intentado de alguna manera. Lo nuevo en este último periodo es que el desarme de las luchas sociales por la igualdad no se ha dado por la imposición de dictaduras, sino por la eliminación de la tensión entre democracia y capitalismo a través de un portentoso trabajo ideológico y político para confinar la democracia a las igualdades formales, jurídico-políticas. La primacía del principio de libertad trajo consigo la primacía del derecho de propiedad privada individual. Resulta que la propiedad individual de nuestro tiempo tiene poco que ver con la propiedad pensada por Locke. Es tal la concentración de riqueza y el aumento exponencial de la desigualdad social que la supremacía económica puede colonizar fácilmente el poder político y ponerlo al servicio incondicional del capitalismo. En esto consiste precisamente la derrota de la democracia representativa liberal frente al capitalismo. La democracia se ha vuelto el rostro visible de la tiranía.

Esta derrota me parece irreversible. Como he dicho, esto no significa que debamos descartar la democracia representativa. Significa que debe emprender dos trabajos políticos concomitantes. El primero consiste en luchar por el desarrollo de formas de democracia participativa donde, de nuevo, asambleas de ciudadanos, y no de representantes de los ciudadanos, puedan tomar decisiones políticas. Como referí antes, estas formas incluyen referendos, presupuestos participativos, consejos sectoriales populares, consultas populares de diferente tipo, control ciudadano de la ejecución de las políticas públicas, etc. La definición de las escalas, áreas, ámbitos y procesos en los que la democracia puede operar, y los modos de articulación con la democracia representativa serán los temas centrales de este trabajo político.

Lo importante es que tal definición y modos de articulación no pueden confiarse al funcionamiento habitual de los mecanismos de la democracia representativa, que muestran resistencia a la democracia participativa y la interpretarán como una intromisión ilegítima. Solo bajo estrés y frente a luchas sociales fuertes que aúnen medios institucionales y extrainstitucionales será posible forzar la entrada de los ciudadanos en la política democrática de las próximas décadas.

El segundo trabajo político consiste en una profunda reforma de la democracia representativa en el sentido de hacerla menos hostil a la democracia participativa. Dicho trabajo incluye, entre otras iniciativas: la reforma del sistema electoral para volver a los representantes más responsables ante los representados; el fin de la financiación privada de los partidos y las campañas electorales; la regulación de los medios de comunicación para evitar el control monopólico de la opinión pública por parte del sector privado capitalista y para promover el sector comunicativo socio-comunitario, sin ánimo de lucro; la reforma de los partidos con el fin de democratizarlos internamente, a través de, por ejemplo, las primarias abiertas para los líderes políticos; la revocación del mandato por flagrante incumplimiento. Como en el caso anterior, este trabajo político no puede dejarse en manos de los mecanismos habituales de funcionamiento de la democracia representativa, ya que los intereses antidemocráticos instalados son lo bastante fuertes para temer la democratización de la democracia.

AJAB. *La sexta de sus quince tesis para la profundización de la democracia afirma que están emergiendo formas contrahegemónicas de democracia de alta intensidad. Sin embargo, en la séptima advierte que están limitadas al ámbito local y municipal. ¿Cómo se pueden resolver los problemas de escala y llevar la democracia contrahegemónica tanto al ámbito estatal como al global?*

BSS. Este es uno de los problemas más dilemáticos para la teoría y la práctica democráticas. Las grandes innovaciones democráticas de las últimas décadas se han producido a escala local y nunca ha sido posible transferirlas a escala nacional y, por supuesto, mucho menos a escala internacional. Esto es así tanto para las experiencias más recientes de democracia participativa —presupuestos participativos, consejos populares, consultas— como para las formas ancestrales de democracia comunitaria de origen indígena. Debemos, sin embargo, tener en cuenta que el problema de escala no es un problema de causas, sino un problema de consecuencias. En el caso de las formas ancestrales de las comunidades indígenas, el problema de escala es el resultado de una derrota histórica. Los poderes coloniales destruyeron todas las formas políticas y de gestión indígenas, excepto las de carácter local, bien porque no consiguieron destruirlas, bien porque pensaron que podrían apropiárselas y ponerlas al servicio del poder colonial.

Además de estas causas, también hay que tener en cuenta los factores sistémicos y funcionales. Ningún sistema complejo y abierto subsiste sin turbulencias controladas, sin momentos de reproducción no lineal, e incluso de negación dialéctica truncada o parcial. Los sistemas de dominación como el colonialismo o el capitalismo se apropian de las grandes escalas —lo global y lo universal— porque son las que garantizan la hegemonía —las que desacreditan las alternativas— y la reproducción ampliada. A las escalas más pequeñas —locales o subnacionales— se les deja un mayor margen de libertad. El colonialismo ofreció los ejemplos más paradigmáticos a través de las diversas formas de gobierno indirecto —que dejaba el gobierno local en gran medida a cargo de las "autoridades tradicionales"—, aunque el fenómeno es general. Lo local permite combinar radicalidad y atomicidad. Tanto en el ámbito de la denuncia y de la resistencia como en el de la propuesta y la alternativa, la inversión de energía político-emocional organizativa y comunitaria es potencialmente radicalizadora porque vive de la transparencia entre lo que se defiende y lo que se combate. No obstante, dado el limitado alcance de su ámbito, puede ser ignorada —en tanto amenaza— e incluso ser funcional —en tanto energía desperdiciada— para las escalas de dominación que la rodean. Por supuesto que ni las funciones evitan las disfunciones ni los sistemas impiden la eclosión de antisistemas. Lo local de hoy puede ser lo global de mañana. Para ello se necesita imaginación y voluntad política que deslocalice lo local sin eliminarlo —la articulación entre luchas sociales— y que desglobalice lo global existente deslegitimándolo —este orden es desorden, esta justicia es injusta, esta libertad es opresión, esta fraternidad es egoísmo naturalizado—, socavando su hegemonía —hay otros órdenes menos desordenados, otras justicias más justas, otras libertades más libres y otras fraternidades verdaderamente fraternas. Cambiar esto es posible a todas las escalas. El cambio social entraña siempre cambios de escala —lo que en términos teóricos llamo ecología de la transescala. Lamentablemente, el pensamiento democrático socialista continúa apegado al modelo de Estado moderno centralizador, es decir, tiende a ver la transformación social en el ámbito de la escala nacional, privilegiándola en detrimento de la escala local o de la escala global, siendo, por tanto, poco imaginativo en la creación de articulaciones entre escalas. No sería imposible, por ejemplo, elaborar los presupuestos generales del Estado siguiendo reglas semejantes a las del presupuesto participativo municipal. Tendrían que ser, indudablemente, reglas diferentes en términos de funcionamiento, dados los efectos de escala, pero semejantes en cuanto a la lógica y el sentido político subyacentes.

AJAB. *Una de sus afirmaciones más duras es la de que "vivimos en sociedades que son políticamente democráticas, pero socialmente fascistas". Esto se debe, en parte, a que la democracia, al servicio del Estado débil neoliberal, perdió su poder redistributivo, siendo capaz de convivir cómodamente con situaciones estructurales de miseria, desigualdad y exclusión social. ¿Cómo puede la democracia revolucionaria, bajo el dominio de la democracia representativa liberal, hacer frente, más allá de la mera teorización académica, a los fenómenos de desigualdad y exclusión?*

BSS. El concepto de "fascismo" que uso en esa cita es diferente del concepto usado para definir los regímenes políticos de partido único vigentes principalmente en Italia y Alemania en el periodo entre las dos guerras mundiales, así como en España y Portugal hasta 1974-1975. Tal y como lo uso, se refiere a relaciones sociales de poder tan extremadamente desiguales que, en el contexto social y político en el que se producen, la parte —individuos o grupos— más poderosa ejerce un poder de veto sobre aspectos esenciales de la vida de la parte menos poderosa. A título de ejemplo, como ilustración de la diversidad de campos sociales en los que opera el fascismo social, pueden señalarse: las relaciones de trabajo al margen de las leyes laborales o que involucran a inmigrantes, especialmente a los indocumentados; las relaciones familiares atravesadas por la violencia doméstica en sus múltiples formas; relaciones de *apartheid* social, basadas en el racismo, que todavía hoy están presentes en las sociabilidades y en las estructuras urbanas; las relaciones del capital financiero con el país en el que invierte y deja de invertir, sin otra razón que el beneficio especulativo; las comunidades campesinas víctimas de la violencia de las milicias privadas; la privatización de bienes públicos esenciales, como el agua, cuando la empresa concesionaria adquiere derecho de veto sobre la vida de las personas: a quienes no pagan la factura, se les priva del suministro de agua.

Se trata, por tanto, de formas de sociabilidad no sujetas a ningún control democrático, ya que se producen fuera de aquello que la teoría política liberal designa como campo político o sistema político. Dado que la vida de los individuos, clases o grupos sociales tiene lugar en campos sociales considerados no políticos, en la medida en que en ellos impera el fascismo social, la democracia representativa tiende a ser sociológicamente una isla de democracia que flota en medio de un archipiélago de despotismos. La posibilidad de este fenómeno, tanto en el Norte global como en el Sur global —si bien de modo muy diferente en uno y otro caso— se incrementó dramáticamente con el neoliberalismo y el aumento exponencial de las desigualdades sociales, resultantes de la liquidación de las políticas sociales y de la desregulación de la economía.

La democracia representativa no solo vive cómodamente con esta situación, sino que la legitima al volverla invisible. Después de todo, no tiene sentido hablar de fascismo —en el sentido convencional del término— en sociedades democráticas. El peso histórico de la idea convencional de fascismo en países como España o Portugal hace difícil aceptar la idea de múltiples fascismos diseminados en la sociedad y no centrados en el Estado —si bien cuentan con su complicidad, aunque solo sea por omisión. Sin embargo, lo cierto es que muchos ciudadanos viven en nuestras sociedades democráticas sujetos a limitaciones, a censuras y autocensuras, a la privación de sus derechos fundamentales de expresión y movimiento, privaciones contra las que no puede resistir si no es a riesgo de asumir graves consecuencias; viven, en definitiva, sujetos a acciones arbitrarias que son estructuralmente similares a las que sufrieron los demócratas durante la vigencias de los regímenes políticos fascistas. Ahora bien, como se trata de un fascismo subpolítico, no se reconoce como tal.

La idea de fascismo social apunta a la creación de grandes alianzas democráticas, estructuralmente similares a las que constituyeron la base de los frentes populares en el período de entreguerras, y sugiere también la necesidad de reactivar las energías democráticas adormecidas por la creencia de que en la sociedad democrática todo es democrático. Como trato de mostrar, poco hay de democrático en las sociedades con un sistema político democrático.

Del mismo modo que la lucha contra el fascismo político fue una lucha por la democracia política, la lucha contra el fascismo social debe ser una lucha por la democracia social. Se trata, por tanto, de un concepto de democracia mucho más amplio que el concepto que subyace a la democracia representativa. Para mí, la democracia es todo proceso de transformación de relaciones de poder desigual en relaciones de autoridad compartida. Allí donde hay lucha contra el poder desigual, hay un proceso de democratización. En mis análisis distingo seis subcampos de relaciones sociales en los que los procesos de democratización son especialmente importantes: el espacio-tiempo doméstico, el espacio-tiempo de la producción, el tiempo-espacio de la comunidad, el espacio-tiempo del mercado, el espacio-tiempo de la ciudadanía, y, finalmente, el espacio-tiempo mundial de las relaciones entre los Estados. Cada uno de los espacios-tiempo puede ser un campo de la lucha democrática contra el fascismo que se genera en su interior. En cada uno de ellos la lucha democrática adquiere una forma específica. Los tipos de democracia de los que he hablado, y que están enriqueciendo el repertorio de posibilidades democráticas, operan sobre todo en dos de estos espacios-tiempo: en el comunitario y en el de la ciudadanía. Otros tipos de democracia tendrán que ser tenidos en cuenta para el resto de los espacios-tiempo. Solo este vasto conjunto de luchas democráticas puede combatir eficazmente el fascismo social. Se trata de una democracia sin fin. Este es, para mí, el verdadero programa socialista; el socialismo es democracia sin fin.

Esta concepción se hace hoy urgente, más aún cuando nos encontramos con un fenómeno nuevo —o al menos ahora más visible— que complica todavía más el contexto político de las sociedades contemporáneas. La discrepancia entre la democracia política y el fascismo social de la que acabo de hablar se combina hoy en día con otra discrepancia: la que se da entre la democracia política y un fascismo político de nuevo tipo. Es decir, estamos asistiendo a la emergencia de dos tipos de fascismo, viejos en los procesos de los que se sirven, pero nuevos en el modo en que la democracia representativa de baja intensidad puede y acepta convivir con ambos. Por un lado, el fascismo social del que he hablado y que actúa en los seis espacios-tiempo antes identificados. Por el otro, un fascismo difuso o fragmentario que actúa en los espacios-tiempo que históricamente han constituido el campo político de la democracia, a saber: el espacio-tiempo de la ciudadanía y el de la comunidad. Es un fascismo que opera en los intersticios de la democracia por medios antidemocráticos de desestabilización política. Hoy es particularmente visible en los países donde las clases populares y los movimientos sociales obtuvieron victorias significativas a través de la democracia representativa, victorias que les permitieron asumir el poder político del Estado. Estas victorias han sido sólidas precisamente en la medida en que fueron obtenidas a través de articulaciones entre la democracia representativa, la participativa y la comunitaria. Su robustez reside en su capacidad para ejercer el poder democrático para luchar contra el fascismo social, es decir, para eliminar las formas más extremas o violentas de desigualdad de poder social, lo que supone orientar la lucha democrática hacia un horizonte poscapitalista. En la medida en que esto ocurre, y siempre que las clases dominantes no puedan retomar rápidamente el control del Estado por medio de la democracia representativa, recurren a medios antidemocráticos para desestabilizar las democracias. Entre estos medios, pueden destacarse los siguientes: control de los medios de comunicación; campañas de desinformación, manipulación u obstrucción del voto de la población objeto de fascismo social; intentos golpistas o secesionistas; corrupción de los representantes elegidos; creación de divisiones dentro de las fuerzas armadas para distanciarlas del poder legítimamente constituido; escuchas telefónicas ilegales, chantaje y amenazas; recurso a grupos paramilitares, tanto para liquidar a líderes políticos y de movimientos sociales como para mantener el control político de las poblaciones. Este tipo de fascismo tiene un carácter político porque su objetivo es desestabilizar el campo político, pero es difícil de identificar o nombrar porque su horizonte no contempla la superación de la democracia. Pretende, más bien, poner la democracia a su servicio e inculcar la idea de que la democracia, cuando no está a su servicio, se vuelve ingobernable.

La democracia de nuestros días es revolucionaria en la medida en que amplía y profundiza la democracia social, al conducir eficazmente la lucha contra el fascismo social, y defiende con igual eficacia la democracia política contra los intentos de desestabilización emprendidos por el fascismo político.

AJAB. *Es una controversia clásica, pero la crisis económica global que padecemos la convierte de nuevo en pregunta obligada: democracia y capitalismo, ¿callejón sin salida, caminos de conciliación? En su sociología se sirve del método indiciario, que identifica se-*

ñales y pistas anticipadoras de lo que está por venir. ¿Se atreve a conjeturar el horizonte futuro que nos espera al final de la crisis? ¿Nos encontramos al final de una época o vivimos quizá un momento de restauración capitalista?

BSS. Los sociólogos fueron entrenados para predecir el pasado y en eso se han especializado. Los sociólogos críticos piensan en el futuro, pero casi siempre lo hacen como si el futuro fuese una extensión del presente que conocen, tal y como lo conocen. Sin embargo, de ser así nunca habría futuro. La única manera de abordar la opacidad del futuro es ser tan ciegos hacia él como él lo es hacia nosotros. No se trata de una ceguera total, pues el futuro también ve algo de nosotros. Nos ve como pasado, que es aquello que ya no somos. Estamos ante cegueras parcialmente sistémicas y parcialmente estratégicas. En nuestro caso, el caso del presente que somos, que conocemos y desconocemos, la ceguera estratégica adquiere la forma de apuesta, tal y como lo formuló, mejor que nadie, el filósofo francés del siglo XVII, Blaise Pascal.[4] La apuesta es la única manera que tenemos de hacernos presentes en el futuro. De la misma manera que el ciego se guía por ruidos, voces, accidentes palpables, nosotros apostamos a partir de indicios, pistas, señales, emergencias, tendencias, latencias, con todo lo que todavía no es. El todavía-no-es[5] no es el todavía no de un todo indiscriminado. Es el todavía no de algo parcialmente determinado por una aspiración realista y por una voluntad proporcionada. Es una forma específica de no ser, un *entreser*, como diría el poeta portugués Fernando Pessoa.

---

[4] La apuesta de Pascal es un argumento que el filósofo francés plantea en sus *Pensamientos*. En resumen, sostiene que, aunque no se disponga de pruebas objetivas de la existencia de Dios, debería creerse en él, ya que resulta más conveniente y beneficioso para uno mismo. (N. del T.)

[5] El todavía no (*Noch Nicht*) es una categoría que Santos recupera del pensamiento utópico del filósofo alemán Ernst Bloch y sobre la que fundamenta teóricamente su sociología de las emergencias. Consiste en el conjunto de posibilidades emergentes de la realidad que, aunque no están materializadas, tienen una función anticipadora al anunciar lo que puede estar por venir. (N. del T.)

¿Sobre qué indicios baso mis apuestas? La frustración de la política nunca se había convertido tan fácilmente en conciencia ética; el sufrimiento de muchos nunca había sido tan visible para tantos; los condenados de la tierra nunca actuaron suscitando tanto interés —y, a veces, la solidaridad— de quien no los entiende o, si los entiende, no los aprueba totalmente; las clases populares —los solidarios de los excluidos, no necesariamente los excluidos— nunca lucharon tanto por la democracia con la esperanza de que los límites de la democracia un día se transformen en democracia sin límites o, por lo menos, en la democratización de los límites; jamás la naturaleza fue tan invocada para mostrar que no hay un solo medio para lidiar con ella de forma natural y que lo que a nuestros hábitos parece más natural es lo más antinatural de todo; los excluidos nunca tuvieron tantas posibilidades para dejar de ser mera estadística y transformarse en un nosotros colectivo; nunca las personas estuvieron tan guiadas, pero nunca mostraron tampoco tanta capacidad para no creer en quien los guía; nunca tantos objetos de derechos humanos se mostraron tan interesados en ser sujetos de derechos; nunca la democracia tuvo tanta credibilidad, incluso la de aquellos para los que no fue pensada. Ninguno de estos indicios es, por sí solo, creíble para, a partir de él, formular la apuesta. E incluso todos juntos solo son creíbles con la voluntad de aquellos que, basándose en ellos, quieran arriesgar. Esta apuesta es especial, pues no basta apostar, cruzar los brazos y esperar los resultados. La persona que apuesta debe involucrarse personalmente en la lucha por el futuro por el que apuesta. Mi apuesta personal privilegia el siguiente indicio. Nunca el capitalismo global y la modernidad occidental intentaron atrapar a tantas personas en el mundo con la retórica de los derechos humanos y la democracia; pero tampoco nunca tanta gente captó el fondo de la trampa tratando de utilizarla contra quien quiso atraparla. ¿Por qué no apostar por el éxito de este intento? Si gozara de éxito efectivo, me sentiría realizado por haber contribuido a ello. Si no, trataría de confortarme con la idea de que viví en una época en la que las alternativas estaban bloqueadas; y que sabiamente me dejé engañar para no tener que entregar mi consentimiento a la barbarie sin solución.

AJAB. *La democracia radical que plantea tiene un fuerte potencial emancipador. Su análisis de la emancipación social está indisolublemente ligado a la revisión crítica del concepto de poder, reducido por la democracia representativa liberal al nicho del Estado. En lugar de ello, usted sostiene que el poder actúa a través de diferentes constelaciones que de manera combinada operan en distintos espacios sociales. Como contrapropuesta, elabora un mapa compuesto por seis emancipaciones sociales fundamentales. ¿Podría hablarnos un poco de este mapa y de los parámetros desde los que concibe la emancipación social?*

BSS. Como ya he indicado, una de las grandes innovaciones de la moderna teoría política liberal consistió en concebir la idea de un campo político autónomo, el único constituido por relaciones políticas de poder y, en consecuencia, por las luchas por el poder. Centrado en el Estado, máxima expresión de las relaciones y de las luchas de poder, el campo político tiene sus propias reglas de funcionamiento que aseguran la institucionalización de los conflictos de poder, y, por tanto, el orden social al que aspiraba la burguesía después de conquistar el control del poder político. La autonomía del campo político fue la otra cara de su sumisión a los intereses de reproducción del orden burgués. No fue originalmente pensado como un campo democrático de libre acceso a la competencia por el poder y mucho menos a la competencia por la regla de disputa del poder. Esta teoría llegó a su punto álgido de conciencia posible con Habermas y su concepción de la esfera pública, la expresión política de la sociedad civil burguesa.

La historia de las luchas de la clase trabajadora, ya sea como un colectivo de no ciudadanos en lucha por su inclusión en el orden burgués o como colectivos de obreros revolucionarios en lucha por la construcción de un orden social alternativo, fue revelando que las relaciones políticas de poder expresadas en el campo político eran tan solo una pequeña fracción de las relaciones de poder vigentes en la sociedad, y que las desigualdades de poder político no podían explicarse sin tener en cuenta otras muchas desigualdades de poder activas en otros tantos ámbitos de la vida social —en la fábrica, el hogar, la comunidad, el mercado, entre otros. Por supuesto, los campos sociales son potencialmente infinitos y no todos pueden ser considerados igualmente importantes en los términos de las relaciones de poder que los constituyen. De ahí el error en el que incurren las concepciones postestructuralistas. Igualmente equivocadas están las concepciones estructuralistas de raíz marxista porque resultan demasiado monolíticas —centradas en la contradicción capital-trabajo. A mi juicio, la perspectiva más correcta es la de un estructuralismo pluralista, de la que se derivan los seis espacios-tiempo a los que me he referido. A cada uno de ellos le corresponde una forma específica de relación desigual de poder: en el espacio-tiempo doméstico, la forma de poder es el patriarcado o las relaciones sociales de sexo; en el espacio-tiempo de la producción, la forma de poder es la explotación centrada en la relación capital-trabajo; en el espacio-tiempo de la comunidad, la forma de poder es la diferenciación desigual, es decir, los procesos por los que las comunidades definen quién pertenece y quién no pertenece y se arrogan el derecho de tratar de manera desigual a los que no pertenecen; en el espacio-tiempo del mercado la forma de poder es el fetichismo de las mercancías, el modo como los objetos asumen vida propia y controlan la subjetividad de los sujetos (alienación); en el espacio-tiempo de la ciudadanía, la forma de poder es la dominación, la desigualdad en el acceso a la decisión política y al control de los políticos, en cuanto que son los que deciden en el ámbito público; por último, en el espacio-tiempo mundial, la forma de poder es el intercambio desigual, la desigualdad en términos de intercambios internacionales, tanto económicos, como políticos y militares.

Cada una de las formas de poder tiene, como base privilegiada y originaria, un determinado espacio-tiempo, aunque este no actúa exclusivamente en las relaciones sociales que lo caracterizan. Más bien, cada una de las formas de poder repercute en todos y cada uno de los espacios-tiempo. Por ejemplo, el patriarcado tiene su sede estructural en el espacio-tiempo doméstico, pero está presente en las relaciones sociales de producción, del mercado, la comunidad y la ciudadanía. Las sociedades capitalistas son formaciones sociales que se reproducen por la acción combinada de estas seis formas de poder. No actúan de manera aislada. Por el contrario, se alimentan mutuamente y actúan en red. En virtud de ello, las luchas anticapitalistas, para tener éxito, tienen que luchar contra todas ellas y solo avanzan en la medida en que en cada uno de los espacios-tiempo las desigualdades de poder van disminuyendo. Esto no significa que todos los movimientos u organizaciones sociales tengan que luchar contra todas las formas de poder. Pero para que cada uno tenga éxito en su lucha parcial es necesario que tenga conciencia de esa parcialidad y cuente con el apoyo de los movimientos y organizaciones sociales que luchan contra otras formas de poder. Es importante que haya articulación entre los diferentes movimientos y organizaciones. El poder que actúa a través de constelaciones solo se combate eficazmente a través de una constelación de resistencias. Como solo esta constelación es estructural, no es posible privilegiar en abstracto la lucha contra una forma específica de poder. Esto no quiere decir que las seis formas de poder sean siempre igualmente importantes y que no sea posible establecer jerarquías internas entre ellas. Lo que ocurre es que la importancia relativa y las jerarquías entre ellas solo pueden determinarse en contextos concretos de lucha, definidos como tal por las condiciones históricas y los efectos de la coyuntura. No olvidemos que hay estructuras —los espacios-tiempo— y que hay circunstancias, y que es de la inevitable relación entre ellas que nace la contingencia.

Lo que llamamos emancipación social es el efecto agregado de las luchas contra las diferentes formas de poder social y puede apreciarse por el éxito con el que las luchas van transformando relaciones desiguales de poder en relaciones de autoridad compartida en cada uno de los espacios-tiempo.

AJAB. *En* La cuestión judía, *Marx distingue entre emancipación política y emancipación humana. La primera, con la que se adquieren derechos de ciudadanía, no implica necesariamente la segunda, que remite a un horizonte de transformación social y humana profunda. En su obra, usted utiliza el término "emancipación social". Sin embargo, su idea de la emancipación reclama, en la línea de la emancipación humana, un cambio radical de las estructuras cognitivas y las relaciones sociales imperantes. ¿Cómo ve la distinción señalada? ¿Le parece analítica y conceptualmente operativa?*

BSS. *La cuestión judía* es un texto notable en muchos aspectos y merece una lectura profundizada que no puedo hacer aquí. En él Marx utiliza la religión para presentar un argumento que más tarde aplicará a otras dimensiones de la sociedad civil, específicamente a la economía y, por tanto, a la sociedad capitalista. El argumento es que los judíos, al reclamar para sí plenos derechos de ciudadanía, confirmaron la separación entre el Estado y la sociedad civil que subyace a la sociedad burguesa y, en consecuencia, la dualidad entre el ciudadano —la persona moral que responde por la comunidad— y el individuo egoísta y asocial que solo busca la satisfacción de sus propios intereses. La sociedad civil pasa a ser el ámbito en el que todas las desigualdades son posibles —donde, diría yo, en casos extremos adquieren fuerza regímenes de fascismo social—, sin por ello poner en entredicho la igualdad abstracta y formal entre los ciudadanos. La religión es un síntoma de estas desigualdades despolitizadas a las que los judíos se someten pensando que se emancipan. En resumen, con el Estado laico los judíos conquistan la libertad religiosa, pero no consiguen liberarse de la religión. Y, relacionando este argumento con los que presentará más adelante, añade que no se liberan de la propiedad, sino que obtienen la libertad de propiedad, no se liberan del egoísmo de la industria, sino que obtienen la libertad industrial. Como Marx dice: "La emancipación política es la reducción del hombre, de una parte, a miembro de la sociedad burguesa, a individuo egoísta independiente, y, por otro lado, a ciudadano del Estado, a persona moral". La emancipación política ante el Estado —que también es la emancipación del Estado ante la religión— está muy por debajo de la emancipación del hombre ante las sumisiones que lo oprimen —como es el caso de la religión. Por eso afirma que "el límite de la emancipación política se manifiesta inmediatamente en el hecho de que el Estado pueda liberarse de un límite sin que el hombre se libere realmente de él, en que el Estado pueda ser un Estado libre sin que el hombre sea un hombre libre". Pero el pensamiento dialéctico de Marx no le permite quedarse ahí. La emancipación política es falsa en la medida en que emancipa al ciudadano de la tutela del Estado sobre su religiosidad sin emancipar al individuo de la religiosidad. Pero, al mismo tiempo, la emancipación política significa un progreso. Representa el final de la sociedad señorial, del *Ancien régime*. Es el máximo de conciencia posible de la sociedad burguesa. Dice Marx que "aunque no sea la forma última de la emancipación humana en general, sí es la forma última de la emancipación humana dentro del orden del mundo actual".

Creo que este análisis sigue siendo válido y es particularmente bien entendido por quienes, como yo, han pasado parte de su vida bajo regímenes dictatoriales. La democracia política (representativa) no es falsa; es poca, insuficiente y esta insuficiencia solo puede superarse mediante la articulación de la democracia política con otros tipos de democracia y con otros campos de democratización; articulación que designo con el nombre de democracia radical, democracia de alta intensidad o democracia revolucionaria. El momento en el que la democratización del Estado y de la sociedad sobrepasa con éxito el límite de compatibilidad con el capitalismo es el mismo en el que la emancipación política da lugar a la emancipación social.

GLOBALIZACIÓN CONTRAHEGEMÓNICA E IDEA DEL SOCIALISMO

AJAB. *Vivimos tiempos de cambios a gran escala y en diferentes órdenes. Atravesamos, como usted dice, una fase de "transición paradigmática" en la que pueden constatarse la emergencia de nuevos manifiestos, actores y prácticas que reivindican "otro mundo posible", urgente y necesario. El Foro Social Mundial, en este sentido, pretende englobar la diversidad de personas, movimientos sociales y luchas de resistencia que forman lo que usted llama "globalización contrahegemónica". ¿Esta diversidad no necesita la formulación de un sólido macrodiscurso de alternativa que, respetando la heterogeneidad de los actores, constituya una alternativa global a la globalización neoliberal hegemónica? En caso de ser así, ¿cómo pueden armonizarse la unidad de acción y la coherencia discursiva de los movimientos con la articulación de las "pluralidades despolarizadas" de las que usted habla?*

BSS. Con el Foro Social Mundial (FSM) las fuerzas progresistas del mundo comenzaron el nuevo milenio de manera más prometedora. Fue un momento muy importante para la creación de conciencia de que era posible organizar globalmente la resistencia al capitalismo, usando algunas de las armas —tecnologías de la información y de la comunicación— que habían contribuido a la fase más reciente del capitalismo global, la que llamamos neoliberalismo. Así pues, se hizo posible imaginar una globalización alternativa, de orientación anti o postcapitalista, construida a partir de los movimientos y organizaciones de la sociedad civil. Las protestas de Seattle en la Ronda del Milenio de la Organización Mundial del Comercio (OMC) en diciembre de 1999 fueron un momento importante de este proceso, pero no el primero. El primero fue el levantamiento zapatista que tuvo lugar en Chiapas el 1.º de enero de 1994 contra la entrada en vigor del Tratado de Libre Comercio de América del Norte —NAFTA, según sus siglas en inglés. Después de un breve período de lucha armada, el Ejército Zapatista de Liberación Nacional (EZLN), recurriendo de manera muy innovadora a las nuevas tecnologías de la información, comenzó a defender formas de resistencia transnacional al neoliberalismo, así como también de lucha transnacional por una sociedad más justa.

A partir de Chiapas y Seattle, el movimiento global contra el neoliberalismo adquirió un nuevo nivel de conciencia colectiva con el primer Foro Social Mundial en Porto Alegre, en enero de 2001. Se trata de un nuevo tipo de movimiento, que simbólicamente marca una ruptura con las formas de organización de las clases populares vigentes durante el siglo XX. Es un movimiento muy heterogéneo en términos de base social, en el que, contrariamente a lo que pudiera pensarse, dominan las organizaciones de trabajadores, aunque no se presenten como tales. Se presentan como campesinos, desempleados, indígenas, afrodescendientes, mujeres, habitantes de barrios degradados, activistas de derechos humanos, ecologistas, etcétera. Su lema común —"otro mundo es posible"— revela la misma heterogeneidad e inclusividad, que se fueron traduciendo en capacidad para articular diferentes agendas de transformación social, unas más radicales que otras, unas más culturales, otras más económicas, unas más orientadas a la transformación del Estado, otras a la transformación de la sociedad.

Esta diversidad y esta heterogeneidad fueron la respuesta a los fracasos de las luchas socialistas del siglo pasado, todas ellas centradas en el movimiento obrero y en la contradicción capital-trabajo. Paradójicamente, la supuesta homogeneidad sociológica de las fuerzas anticapitalistas nunca existió y, en cambio, la polarización de las diferencias políticas en su seno fue una triste constante del siglo pasado, empezando por el cisma entre socialistas y comunistas al inicio de la Primera Guerra Mundial. La tradición de izquierda se forjó, de este modo, en esa cultura política sectaria que produce fracciones (o divisiones) y que podemos definir como la propensión a transformar a los aliados potenciales en los principales enemigos en el plano sociológico —dadas las condiciones sociales de vida. Con el tiempo, politizar una cuestión pasó a significar polarizar una diferencia. La unidad solo era creíble como expresión de una sola voz y de un solo mando.

Fue en contra de esta cultura política y para superar sus frustraciones que el FSM se presentó no solo como contrapeso a los encuentros del Foro Económico Mundial (FEM), del Fondo Monetario Internacional (FMI), del Banco Mundial (BM) o de las cumbres de los países más ricos del planeta (G-8), sino especialmente como la celebración de la diversidad de los movimientos sociales, de las concepciones de emancipación social, de las estrategias y tácticas para lograr otro mundo posible. Y también como la celebración de la horizontalidad, es decir, de las relaciones de igualdad en la gestión de esa diversidad. Obviamente, la diversidad y la horizontalidad tienen un coste elevado cuando se trata de construir sobre ellas un frente de lucha común contra el capitalismo. El futuro solo se construye a partir del pasado y, en razón de ello, desde el inicio del proceso del FSM se fueron haciendo visibles algunas divisiones heredadas del pasado: ¿reforma o revolución? ¿Socialismo o emancipación social? ¿El Estado como enemigo o como aliado potencial? ¿Dar prioridad a las luchas locales/nacionales o a las luchas globales? ¿Privilegiar la acción directa o la acción institucional? ¿Cabe la lucha armada en el catálogo de formas de lucha progresistas? ¿Prioridad a los partidos o a los movimientos? A estos interrogantes se fueron agregando otros planteados por la experiencia del propio FSM: ¿partir de la lucha por la igualdad hacia la lucha por el reconocimiento de las diferencias o viceversa? ¿El FSM concebido como un espacio abierto para los movimientos sociales o como un movimiento en sí mismo con agenda política propia? ¿Cómo articular las luchas culturales o sobre el estilo de vida con las luchas económicas? ¿Cuáles son los límites del respeto o de la compatibilidad entre universos culturales tan distintos y ahora mucho más visibles?

Una cosa parece cierta: no es posible ni deseable volver a la emancipación o a la movilización ejercida por el alto mando. Nadie se moviliza si no es por sus propias razones y la democracia revolucionaria o comienza en las organizaciones revolucionarias o no empieza nunca. Por otro lado, la última década ha dejado claro que ningún movimiento social, por muy fuerte que sea, puede tener éxito en su agenda si no cuenta con la solidaridad de otros movimientos. El FSM marca el pasaje de la política de movimientos a la política de intermovimientos. Son estas observaciones las que están detrás del concepto de "pluralidades despolarizadas" y otros conceptos o propuestas que vengo haciendo, por ejemplo, los conceptos de "ecología de saberes", de "traducción intercultural" y la propuesta de creación, ya en marcha, de la Universidad Popular de Movimientos Sociales (UPMS).[6]

En lo que específicamente se refiere a la configuración de pluralidades despolarizadas, la idea subyacente es que las luchas anticapitalistas avancen mediante programas mínimos, aunque no minimalistas, más basados en acuerdos amplios y a diferentes escalas[7] entre movimientos en lucha por diferentes objetivos —contra las diferentes formas de poder— que en programas de máximos basados en el protagonismo exclusivo de un objetivo o un movimiento. Esto no significa que, dependiendo de los contextos de lucha, no pueda darse prioridad a un objetivo o a un movimiento. Significa que, cuando esto ocurre, la prioridad que le es otorgada se concreta en el modo como ese objetivo o movimiento realiza las articulaciones con otros objetivos o movimientos. A título de ejemplo, si en una dada coyuntura u objetivo el movimiento ambientalista surge como prioritario, le corresponde promover las alianzas con el movimiento indígena, el movimiento feminista, el movimiento obrero o el movimiento afrodescendiente. Y si, por el contrario, la prioridad es del movimiento indígena, le compete a este "traer para sí" las agendas ambientales, las de las feministas, los trabajadores y los afrodescendientes. De este modo, en consonancia con los distintos casos de lucha ambiental, la lucha indígena, en este contexto específico, tiene que dejarse contaminar por las otras luchas. No se trata, pues, de discutir en abstracto cuál de las luchas o cuál de los objetivos es el más importante. La discusión siempre tiene lugar en un determinado contexto y es para darle una respuesta concreta. Por ejemplo, las políticas neoliberales de alienación y saqueo indiscriminado de los recursos naturales en América Latina sirvieron para otorgar prioridad a las críticas y luchas contra

---

[6] Para más información sobre este proyecto se puede consultar el siguiente enlace: <www.universidadepopular.org>. (N. del T.)

[7] Se refiere a lo que técnicamente antes ha llamado "ecología de la transescala", articulaciones que combinan lo local, lo nacional y lo global. (N. del T.)

la acción extractora (el extractivismo)[8] —petróleo, minerales, agua, recursos naturales— y, con ellas, a los pueblos indígenas, las poblaciones más duramente afectadas. Esta lucha, para tener éxito, debe forjar alianzas con los movimientos ecologistas y obreros —mineros, por ejemplo—, hecho que, a su vez, exige cambios en la formulación de los objetivos y en la conducción de la lucha. Estas articulaciones y acuerdos responden al momento concreto y pueden reconfigurarse en los momentos posteriores. La pluralidad significa que la agregación de luchas, intereses y energías organizativas se hace con el debido respeto de las diferencias entre movimientos. Para ello, la discusión y la deliberación sobre las prioridades y las formas de lucha deben ser lo más democráticas posibles. A su vez, la despolarización resulta de entrar en el campo dialéctico de la discusión y la deliberación, aspecto necesario para tomar decisiones concretas en contextos concretos. E, incluso así, la opción de salida está siempre abierta. Esta es una nueva forma de politizar cuestiones, y realizarla llevará mucho tiempo. Apunta hacia un nuevo tipo de frentismo[9] que mantiene intactas las autonomías y las diferencias, y no permite la gestión manipuladora de programas de máximos y programas de mínimos. Por eso he dicho antes que las luchas contrahegemónicas avanzan sobre la base de unos programas mínimos, pero no minimalistas. Es decir, la construcción de la articulación y de la agregación tiene un valor y una fuerza independientes de los objetivos o las luchas que se agregan. Es en esta construcción que reside el potencial desestabilizador de las luchas: en la capacidad de promover el pasaje de lo que es posible en un momento dado hacia lo que está emergiendo como tendencia o latencia de nuevas articulaciones y agregaciones. A menudo, son las luchas

---

[8] Entiéndase, en este contexto, la acción extractora capitalista practicada en muchos países del Sur, es decir, la actividad de empresas transnacionales orientada a sacar y explotar el máximo de productos minerales, animales o vegetales de la manera más rápida posible. (N. del T.)

[9] Se refiere a una forma organizativa y de acción que requiere articulaciones políticas flexibles entre los distintos movimientos sociales, así como entre los movimientos y otros agentes del cambio social. (N. del T.)

más periféricas o los movimientos menos consolidados en un determinado momento los que llevan consigo la emergencia de nuevas posibilidades de acción y transformación.

AJAB. *En relación con la pregunta anterior, el Foro Social Mundial celebró en 2011 sus diez primeros años de existencia. Sin duda es una buena razón para mirarlo en perspectiva y valorar su trayectoria. ¿Qué ha supuesto el Foro Social Mundial, en cuyas ediciones ha venido participando activamente, a lo largo de esta década de activismo contrahegemónico global?*

BSS. El impacto del movimiento a lo largo de esta década terminada ha sido mucho mayor del que se imagina. Para citar solo algunos ejemplos, fue en el primer Foro Social Mundial donde se discutió la importancia de que los países de desarrollo intermedio con grandes poblaciones —tales como Brasil, India, Sudáfrica— se agruparan como forma privilegiada para alterar las reglas de juego del capitalismo global. Uno de los principales participantes en los debates sería poco después el articulador de la diplomacia brasileña. Y ellos forman parte del BRIC —Brasil, Rusia, India y China— y del G-20. La llegada al poder en América Latina de presidentes progresistas no puede entenderse sin el fermento de la conciencia continental por parte de los movimientos generada en el FSM. El obispo Fernando Lugo, hoy presidente de Paraguay, llegó al primer FSM en autocar por no tener dinero para pagar los costes de un viaje en avión. La lucha trabada con éxito contra los tratados de libre comercio se generó en el FSM. Fue en función de la movilización del FSM que el FEM de Davos (Suiza) cambió de retórica y de preocupaciones políticas —la pobreza, la importancia de las organizaciones no gubernamentales y de los movimientos sociales. Fue también la presión de las organizaciones del FSM especializadas en la lucha contra la deuda externa de los países empobrecidos por el neoliberalismo la que condujo al Banco Mundial a aceptar la posibilidad de condonación. Podría dar muchos otros ejemplos.

Al principio, el FSM fue una novedad total, por lo que atrajo la atención de los grandes medios de comunicación. Después, el interés mediático se desvaneció, y en buena parte por eso se fue creando la idea de que el FSM estaba perdiendo ritmo y capacidad de atracción. En realidad, el FSM se ha diversificado mucho a lo largo de la década con la organización de foros regionales, temáticos y locales. De ahí que se haya decidido celebrar una reunión mundial cada dos años —la próxima será en 2011 en Dakar (Senegal). Se han intensificado las articulaciones entre movimientos similares en diferentes partes del mundo, como, por ejemplo, entre los movimientos indígenas o entre los movimientos de mujeres.

Diez años más tarde, es necesario hacer un balance para tomarle el pulso al movimiento. En este momento hay varias propuestas, algunas de las cuales tienen por objeto volver el movimiento más vinculante en términos de iniciativas mundiales. Algunas de ellas se limitan a los movimientos y organizaciones sociales. Es el caso de la propuesta formulada recientemente por el vicepresidente de Bolivia, Álvaro García Linera, de crear una Internacional de los Movimientos Sociales. Otras apuntan a superar la división entre movimientos y partidos progresistas. Es el caso de la propuesta, también reciente, del presidente de Venezuela, Hugo Chávez,[10] de crear la Quinta Internacional, congregando a los partidos de izquierda en todo el mundo.

AJAB. *Usted define el socialismo como "democracia sin fin". De manera prudente, no habla del socialismo en singular, sino de los socialismos del siglo XXI. ¿Qué perfil deberían tener estos socialismos? ¿Cuáles son los desafíos que debe asumir la izquierda —o las izquierdas— actual en el marco de la crisis del reformismo socialdemócrata y del socialismo transformador? ¿Le parece que la renovada presencia de la izquierda política que está experimentando el continente latinoamericano cumple con estas condiciones?*

---

[10] Fallecido en 2013. (N. del E.)

BSS. Tres precisiones previas:

- Primera precisión: izquierda es el conjunto de teorías y prácticas transformadoras que, a lo largo de los últimos ciento cincuenta años, resistieron a la expansión del capitalismo y al tipo de relaciones económicas, sociales, políticas y culturales que genera, y que se hicieron con la convicción de la posibilidad de un futuro poscapitalista, de una sociedad alternativa, más justa por estar orientada a la satisfacción de las necesidades reales de los pueblos, y más libre por estar centrada en la realización de las condiciones del ejercicio efectivo de la libertad. A esa sociedad alternativa se la llamó genéricamente socialismo. Hablar del socialismo del siglo XXI significa hablar de lo que existió y de lo que aún no existe como si fueran partes de la misma entidad. No estoy seguro de que ésta sea la mejor forma de imaginar el futuro, aunque creo que el análisis desapasionado y crítico del socialismo del siglo XX, a pesar de ser urgente, aún no se ha hecho y, probablemente, todavía no se pueda hacer.
- Segunda precisión: una sociedad es capitalista no porque todas las relaciones económicas y sociales sean capitalistas, sino porque estas determinan el funcionamiento de todas las otras relaciones económicas y sociales existentes en la sociedad. Inversamente, una sociedad socialista no es socialista porque todas las relaciones sociales y económicas sean socialistas, sino porque estas determinan el funcionamiento de todas las otras relaciones existentes en la sociedad.
- Tercera precisión: no estamos viviendo una crisis final del capitalismo. Los movimientos y organizaciones sociales cuentan hoy con una experiencia social enorme que les hace mirar con cierta reserva todos los anuncios de crisis finales del capitalismo. El capitalismo tiene una capacidad enorme de regeneración. Los partidarios más acérrimos del neoliberalismo ni siquiera parpadearon a la hora de aceptar la mano auxiliadora del Estado para resolver la crisis financiera de 2008, lo que en algunos casos implicó nacionalizaciones, la palabra maldita

de los últimos treinta años. Cuando analizamos las profundas crisis de nuestro tiempo, sea la crisis financiera, la crisis ecológica o la energética, no sabemos si lo que más nos impacta o sorprende es la gravedad de las crisis o la manera en que están siendo "resueltas". ¿Cómo ha sido posible transferir tanto dinero de los ciudadanos a los bolsillos de delincuentes financieros personalmente muy ricos sin provocar una convulsión social? ¿Cómo es posible que el capitalismo más salvaje y amoral triunfara en la Cumbre de la Organización de las Naciones Unidas sobre el Cambio Climático celebrada en diciembre de 2009 en Copenhague? Tener en mente esta dosis de realismo es fundamental para profundizar en las agendas transformadoras y construir nuevos radicalismos.

Dicho esto, es preciso pensar con audacia los caminos por donde se pueden radicalizar los programas mínimos no minimalistas —las reformas revolucionarias de André Gorz. En mi opinión, las palabras audaces son tres: desmercantilizar, democratizar y descolonizar.

Desmercantilizar significa *despensar*[11] la naturalización del capitalismo. Consiste en sustraer grandes áreas de la actividad económica a la valoración del capital —a la ley del valor—: economía social, comunitaria y popular, cooperativas, control público de los recursos estratégicos y de los servicios de los que depende directamente el bienestar de los ciudadanos y de las comunidades. Significa, sobre todo, impedir que la economía de mercado amplíe su radio de alcance hasta transformar la sociedad en una sociedad de mercado —donde todo se compra y todo se vende, incluso los valores éticos y las opciones políticas—, como está ocurriendo en las democracias del Estado de mercado. Desmercantilizar significa, asimismo, dar credibilidad a los nuevos conceptos de fertilidad de la tierra y de productividad de aquellos

---

[11] *Despensar*: se refiere a la práctica epistemológica mediante la cual se lleva a cabo un cuestionamiento radical de ciertas categorías que deben volver a ser pensadas desde otros parámetros. (N. del T.)

hombres y mujeres que no colisionen los ciclos vitales de la madre tierra: vivir bien en lugar de vivir siempre mejor.

Democratizar significa *despensar* la naturalización de la democracia liberal representativa y legitimar otras formas de deliberación democrática (*demodiversidad*); encontrar nuevas conexiones entre la democracia representativa, la democracia participativa y la democracia comunitaria; y, sobre todo, ampliar los ámbitos de la deliberación democrática más allá del restringido campo político liberal que, como he dicho, transforma la democracia política en una isla de democracia que convive con un archipiélago de despotismos: en la fábrica, la familia, la calle, la religión, la comunidad, los medios de comunicación, los saberes, etcétera.

Descolonizar, por último, significa *despensar* la naturalización del racismo —el racismo justificado como resultado de la inferioridad de ciertas razas o grupos étnicos y no como su causa— y denunciar todo el vasto conjunto de técnicas, entidades e instituciones sociales que lo reproducen: los manuales de historia, la escuela, la universidad —qué se enseña, quién enseña y a quién—, los noticiarios, la moda, las comunidades cerradas, la represión policial, las relaciones interpersonales, el miedo, el estereotipo, la mirada sospechosa, la distancia física, el sexo, la música étnica, las metáforas y chistes habituales, los criterios sobre lo bello, lo adecuado, lo apropiado, lo bien pronunciado, lo bien dicho, lo inteligente, lo creíble, la rutina, el sentido común, los departamentos de relaciones públicas o de reclutamiento de empleados, lo que cuenta como saber y como ignorancia, etcétera.

Desmercantilizar, democratizar y descolonizar significan, en última instancia, refundar el concepto de justicia social, incluyendo en la igualdad y en la libertad el reconocimiento de las diferencias —sin caer en el relativismo ni en el universalismo como punto de partida—, la justicia cognitiva —la ecología de saberes— y la justicia histórica —la lucha contra el colonialismo extranjero y el colonialismo interno. Cuanto más amplio sea el concepto de justicia adoptado, más abierta será la guerra de la historia y de la memoria: la guerra entre los que no quieren recordar y entre los que no pueden olvidar.

AJAB. *Una cuestión importante a la hora de teorizar la transformación social es el papel del sujeto protagonista. ¿Cree usted que los movimientos por una globalización alternativa constituyen el nuevo sujeto histórico, más concreto y plural, capaz de efectuar la transformación emancipadora de la realidad? Más en concreto, ¿le parece viable, en las actuales circunstancias, la creación de una red global de actores lo suficientemente madura para alumbrar desde abajo una alternativa propiamente socialista radical?*

BSS. Los sujetos históricos son todos los sujetos que hacen la historia. Hacen historia en la medida en que no se conforman con el modo en que la historia los ha hecho. Hacer historia no es toda acción de pensar y actuar a contracorriente; es el pensar y el actuar que fuerza a la corriente a desviarse de su curso "natural". Sujetos históricos son todos los rebeldes competentes.

En el siglo pasado estuvimos muy marcados por la idea de que el sujeto histórico de la transformación socialista de la sociedad era el obrero industrial. Las divisiones en el movimiento obrero y la pérdida de horizontes postcapitalistas, combinada con el surgimiento de movimientos sociales que se presentaban como alternativas más radicales, tanto en el plano temático como en el cultural y el organizacional, crearon la idea finisecular según la cual el obrero ha dejado de ser el sujeto histórico teorizado por Marx y según la cual, o el concepto dejaría de tener interés en general, o era necesario pensar en sujetos históricos alternativos. Me temo que, así formulada, esta pregunta confunde más que aclara. Si nos fijamos en la composición sociológica de los movimientos sociales podemos observar que en su base hay casi siempre trabajadores y trabajadoras, a pesar de que no se organicen como tales ni recurran a las formas históricas del movimiento obrero —sindicatos y partidos obreros. Se organizan como mujeres, como campesinos, como indígenas, como afrodescendientes, como inmigrantes, como activistas de la democracia participativa local o de los derechos humanos, como homosexuales, entre otros colectivos. La cuestión importante no es la pérdida de la vocación histórica de los trabajadores. Es más bien la cuestión de saber por qué en los últimos treinta años los trabajadores se movilizan menos a partir de la identidad vinculada al trabajo y más a partir de otras identidades que siempre tuvieron. Los factores que pueden contribuir a dar una respuesta son muchos. Se han producido transformaciones profundas en la producción capitalista, tanto en el ámbito de las fuerzas productivas como en el ámbito de las relaciones de producción. Por un lado, los avances tecnológicos en los procesos de producción, la revolución en las tecnologías de la información y la comunicación y el abaratamiento de los transportes alteraron profundamente la naturaleza, la lógica, la organización y las jerarquías del trabajo industrial. Por otro lado, el capitalismo "se globalizó" —entre comillas, porque siempre ha sido global— para evadir la regulación estatal de las relaciones capital-trabajo, objetivo que en buena parte ha conseguido. Era sobre esta regulación que se asentaba la identidad sociopolítica de los trabajadores en cuanto tales.

La desregulación de la economía significó, entre otras cosas, la desidentificación obrera. Fue un proceso dialéctico, pues la desidentificación causada por las alteraciones en la esfera de la producción también favoreció el éxito de la desregulación. A su vez, la desidentificación obrera abrió espacio para la emergencia de otras identidades hasta entonces latentes o incluso activamente reprimidas por los propios trabajadores. Progresivamente, las identificaciones alternativas se volvieron más creíbles y eficaces para canalizar la denuncia del deterioro de las condiciones de vida de los trabajadores, del agravamiento de las desigualdades de poder y de la injusticia social causada por la nueva fase del capitalismo global, convencionalmente llamada globalización o neoliberalismo.

Las identificaciones alternativas no estaban igualmente distribuidas o disponibles en el vasto campo social del trabajo y las asimetrías sociales se pusieron de manifiesto en los tipos de demandas que adquirieron más visibilidad y en las regiones del mundo en las que se revelaron más eficaces. En muchos casos, ni siquiera es correcto hablar de identidades alternativas porque los grupos sociales que se apropiaron de ellas no habían tenido antes ninguna identificación que no fuera la basada en los procesos y en la fuerza de trabajo. En estos casos estamos frente a identidades originarias que en un determinado momento histórico se transformaron en recursos activos de identificación colectiva y reivindicativa.

Este cambio fue propiciado por transformaciones en el ámbito cultural ocurridas entretanto, y que fueron, ellas mismas, resultado de relaciones dialécticas. Por un lado, la movilización política a partir de las "nuevas" identidades reveló la existencia de otras formas de opresión antes naturalizadas y las proveyeron de una dimensión ética y de la política que antes no tenían. Revalorizaron lo que antes estaba desvalorizado: las mujeres eran consideradas inferiores y menos capaces de realizar el trabajo industrial de más valor; los indígenas no existían o eran pueblos en extinción, tal como lo que ocurría con otras especies de la naturaleza; los campesinos eran un residuo histórico y su desaparición sería un signo de progreso; los afrodescendientes eran el infeliz y marginal resultado de un proceso histórico globalmente portador de progreso; la preocupación por el medio ambiente era reaccionaria porque celebraba el subdesarrollo; los recursos naturales existían en la naturaleza y no en comunidades humanas, eran infinitos y, por tanto, explotables sin límite; los derechos humanos eran una nebulosa política dudosa de la que lo único rescatable eran los derechos de la ciudadanía por los que el movimiento obrero tanto había luchado; los derechos colectivos eran una aberración jurídica y política; la paz era un bien pero el complejo militar-industrial no lo era menos; la democracia era algo positivo, pero con muchas reservas, ya fuera porque desviaba la atención y las energías necesarias para la revolución o porque daba a los excluidos la peligrosa ilusión de formar parte algún día de los incluidos, lo que, de ocurrir, sería un desastre para el orden social y la gobernabilidad.

Estos procesos, como he dicho, estuvieron dialécticamente vinculados a las transformaciones del capitalismo en este período. Por un lado, la lógica de la acumulación ampliada hizo que cada vez más y más sectores de la vida quedasen sujetos a la ley del valor: desde los bienes esenciales para la supervivencia —como, por ejemplo, el agua— hasta el cuerpo —*homo prostheticus*—: extensiones electrónicas del cuerpo, industria del cuidado corporal, tráfico de órganos, etcétera; desde los estilos de vida —los consumos físicos y psíquicos "necesarios" para la vida en la sociedad de consumo— hasta la cultura —industria del ocio y del entretenimiento—; desde los sistemas de creencias —las teologías de la prosperidad— hasta la política —tráfico de votos y decisiones tomadas por vía de la corrupción, *lobbying*, abuso de poder. Con todas estas transformaciones, el capitalismo fue mucho más allá de la producción económica en sentido convencional y se convirtió en un auténtico modo de vida, en un universo simbólico-cultural lo suficientemente hegemónico como para impregnar las subjetividades y las mentalidades de las víctimas de sus clasificaciones y jerarquías.

La lucha anticapitalista se hizo más difícil y para poder ser eficaz en el plano económico tuvo que adquirir una dimensión cultural e ideológica. Por otro lado, y para sorpresa de muchos, la acumulación ampliada, lejos de erradicar los últimos vestigios de la acumulación primitiva —las formas de sobreexplotación, pillaje, esclavitud, confiscaciones posibles por medios "extraeconómicos", militares, políticos—, la fortaleció, tal como lo había previsto Rosa Luxemburgo, y la convirtió en una realidad cruel para millones de personas que viven en la periferia del sistema mundial, tanto en la periferia global —los países más fuertemente sometidos al intercambio desigual— como en las periferias nacionales —los grupos sociales excluidos en cada país, incluso en los países centrales, el fenómeno que se ha llamado "tercer mundo interior". Muchos de los que viven bajo el régimen del fascismo social están sujetos a formas de acumulación primitiva.

Estos son algunos de los factores que pusieron en cuestión no solo el papel protagonista del movimiento obrero, sino también la propia idea de sujeto histórico. Las formas de opresión reconocidas como tales y la manera en que se viven hoy son numerosas, estando muy diversificadas en la intensidad y en las luchas de resistencia que plantean. La interrelación global entre ellas también es más visible. La pluralidad de acciones y de agentes anticapitalistas y anticolonialistas es hoy un hecho ineludible a la hora de pensar en las alternativas al capitalismo y al colonialismo.

No está claro cuál es el sentido que hoy en día hay que atribuir a la expresión "alternativa socialista radical". En primer lugar porque, como hemos visto, el objetivo actual del socialismo es impreciso o contestado. Muchos de los movimientos que luchan contra el capitalismo o contra el colonialismo no definen sus objetivos como socialismo. En segundo lugar, porque tampoco está claro qué se entiende por "radical" en referencia al socialismo. Uso el adjetivo "radical" cuando me refiero a la democracia porque me permite darle un contenido específico: el de las luchas articuladas por la democratización en cada uno de los seis espacio-tiempo señalados. Más allá de cierto límite, el éxito de estas luchas es incompatible con el capitalismo. La democracia revolucionaria es la que sabe pasar este límite e imponerse más allá. Lo hace mediante la creación de subjetividades, mentalidades y formas de organización tan intensamente democráticas que la imposición dictatorial del capitalismo se convierte en una violencia intolerable e intolerada.

El éxito de las alternativas socialistas se mide por el grado, más o menos intenso, con el que hacen que el mundo sea menos confortable para el capitalismo. El problema es que este efecto está lejos de ocurrir de manera lineal, algo que resulta muy difícil de concebir en teoría y de valorar en política. Las inercias políticas y teóricas derivan de esta dificultad. La creencia en la linealidad nos lleva a seguir creyendo en propuestas y modelos hace tiempo inviables a la vez que nos impide identificar el valor propositivo de luchas y objetivos emergentes. Las alternativas socialistas —prefiero siempre el plural— tienden a surgir de una confluencia virtuosa entre la identificación de lo que *ya no* es posible y la identificación de lo que *todavía no* es posible.

INTERCULTURALIDAD, PLURINACIONALIDAD Y POSCOLONIALIDAD

AJAB. *Usted ha acuñado el concepto de "multiculturalismo emancipatorio" o también "multiculturalismo progresista". ¿Podría explicar en qué consiste esta posición teórica y en qué se diferencia de las otras versiones del multiculturalismo?*

BSS. El multiculturalismo de los últimos treinta años es el resultado de los cambios antes mencionados. Se trata del reconocimiento de la diversidad cultural de los grupos sociales, un hecho que asumió importancia política cuando la inmigración hizo evidente esta diversidad en los países capitalistas centrales, en los que se produjo la teoría hegemónica, incluyendo la teoría crítica hegemónica. La facilidad con la que el multiculturalismo fue aceptado como nueva dimensión de las relaciones sociales se debió a dos factores principales. Por un lado, el multiculturalismo desplazó la energía contestataria del ámbito económico-social al ámbito sociocultural, hecho que, de algún modo, contribuyó a considerarlo inofensivo y hasta funcional para la reproducción del capitalismo. Por otra parte, en los países centrales —de Europa y América del Norte— el multiculturalismo se entendió principalmente como la expresión de la tolerancia de la cultura occidental hacia otras culturas. Ahora bien, solo se tolera lo intolerable o aquello que no nos interesa o no nos concierne. En ninguno de los casos se admite la posibilidad de la transformación de la cultura occidental como resultado del contacto con otras culturas, es decir, la posibilidad de transformación y enriquecimiento mutuo como resultado de diálogos promovidos a partir del reconocimiento de la copresencia de varias culturas en el mismo espacio geopolítico. A esta concepción del multiculturalismo la llamo multiculturalismo reaccionario. Es la concepción dominante en los países centrales y el contexto de su vigencia es la inmigración procedente de las antiguas colonias, en el caso de Europa, o de América Latina, en el caso de Estados Unidos.

En contraste con esta posición, he venido proponiendo el concepto de "multiculturalismo emancipador" o, más recientemente, el concepto de "interculturalidad descolonial". Este concepto parte de las experiencias de las víctimas de la xenofobia, el racismo, el etnocentrismo y las organizaciones a través de las que se expresa su resistencia. Conviene tener en cuenta que la interculturalidad descolonial se basa en las siguientes ideas.

Primera, la modernidad occidental, en su versión hegemónica, es capitalista y colonialista. El colonialismo no terminó con el fin del colonialismo político, sino que, por el contrario, se mantuvo, y hasta se intensificó en tres campos de relaciones: en las relaciones entre las antiguas potencias coloniales y sus ex colonias, en las relaciones sociales y políticas dentro de las sociedades ex coloniales —en la forma como minorías étnicas y, a veces, mayorías étnicas fueron discriminadas en el periodo posterior a la independencia— y, por último, en el interior de las sociedades colonizadoras —sobre todo en las relaciones con comunidades de inmigrantes. El capitalismo y el colonialismo son dos modos de opresión distintos, pero se pertenecen mutuamente y las luchas contra ambos deben ser articuladas. Es importante destacar este punto porque las actuales corrientes de estudios culturales llamadas poscoloniales han tendido a entender el colonialismo como un artefacto cultural desligado del capitalismo y, por lo tanto, de las relaciones socioeconómicas que sostienen la reproducción del colonialismo.

Segunda, y relacionada con lo anterior, la injusticia histórica originada en el colonialismo coexiste con la injusticia social propia del capitalismo. Por esta razón, el reconocimiento de la diferencia cultural que subyace a la demanda intercultural —la lucha por la diferencia— no es posible sin una redistribución de la riqueza —la lucha por la igualdad—, ya que las víctimas de la discriminación y del racismo son casi siempre las más afectadas por la distribución desigual de la riqueza social.

La interculturalidad descolonial, en tercer lugar, se basa en el reconocimiento de las asimetrías de poder entre las culturas, reproducidas durante una larga historia de opresión, pero no defiende la incomunicación, la indiferencia y mucho menos la inconmensurabilidad entre ellas. Considera, por el contrario, que es posible el diálogo intercultural siempre que sean respetadas determinadas condiciones que garanticen la autenticidad del diálogo y el enriquecimiento mutuo. Este diálogo no es posible si no se modifican las condiciones dominantes de tolerancia de la cultura autodesignada como superior en relación con las otras culturas presentes. La tolerancia conduce a la *guetización* de las otras culturas.

AJAB. *Partiendo del reconocimiento de la pluralidad de culturas y de la existencia de diferentes proyectos de emancipación social, usted habla de la necesidad de realizar un trabajo de traducción e interpretación no solo entre culturas, sino también entre los movimientos sociales que forman la globalización contrahegemónica. ¿Qué es lo que está en juego con el diálogo intercultural y el diálogo intermovimientos? El diálogo entre culturas y movimientos puede funcionar como un puente para construir inteligibilidad y solidaridad recíprocas, pero también como un foco de tensión que puede implicar riesgos. ¿Qué condiciones deben reunirse para favorecer un diálogo intercultural productivo?*

BSS. He defendido que la diversidad del mundo y de las fuerzas que intentan transformarlo no puede ser captada por una teoría general. La teoría general no tiene la pretensión de abarcarlo todo, sino que defiende que todo lo que ella no es capaz de abarcar es insignificante o irrelevante. Esta última pretensión hoy es insostenible dada la relevancia de muchas de las prácticas transformadoras durante los últimos treinta años no previstas por la teoría crítica. Una nueva teoría general que trata de incluir estas prácticas acabará por considerar insignificantes o irrelevantes otras prácticas que mañana la sorprenderán, tal y como ocurrió con la teoría anterior. Suelo decir que no necesitamos de una teoría general. Necesitamos, como máximo, una teoría general sobre la imposibilidad de una teoría general, lo que llamo universalismo negativo. Esta teoría general negativa, por así llamarla, no es más que el reconocimiento consensual de que nadie ni ninguna teoría tiene recetas universales para resolver los problemas del mundo o construir una sociedad mejor.

Sin embargo, lo que la teoría general no unifica tiene que ser de alguna manera unificable, porque de lo contrario no será posible luchar eficazmente contra los sistemas de poder desigual. Dicho de otro modo, las luchas sociales emancipadoras, al responder a las necesidades de grupos sociales excluidos, oprimidos, discriminados, a menudo se enfrentan con otra necesidad derivada de la misma lucha, la de sumar fuerzas, buscar alianzas y articulaciones con otras luchas contra otras formas de exclusión, opresión o discriminación a fin de aumentar su eficacia transformadora. La necesidad de unificación es, de este modo, siempre contextual y parcial, y responde a necesidades prácticas y no a exigencias teóricas. Naturalmente, esta necesidad puede y debe ser teorizada, pero la teorización será siempre contextual y parcial. No será una teoría de vanguardia, sino más bien una teoría de retaguardia, orientada al fortalecimiento de las condiciones de eficacia de las articulaciones que se imponen como necesarias. En resumen, una teoría que reflexione sobre las articulaciones necesarias y los procedimientos a reforzar.

Defiendo que la alternativa a la teoría general es el procedimiento de la traducción intercultural e interpolítica. Se trata de un procedimiento que tiene como objetivo general aumentar el interconocimiento entre los movimientos sociales y maximizar así sus posibilidades de articulación. Este planteamiento general puede dividirse en tres objetivos específicos: 1) profundizar la comprensión recíproca entre movimientos/organizaciones políticas y sociales; 2) crear niveles de confianza recíproca entre movimientos/organizaciones muy diferentes que hagan posibles acciones políticas conjuntas que impliquen invertir recursos y asumir riesgos por parte de los diferentes movimientos y organizaciones involucrados; 3) promover acciones políticas colectivas basadas en relaciones de autoridad, representación y responsabilidad compartidas y en el respeto de la identidad política y cultural de los diferentes movimientos y organizaciones implicados.

A diferencia de la teoría general, el procedimiento de traducción no establece jerarquías en abstracto entre los movimientos o entre las luchas, y mucho menos determina la absorción de unos por otros. El procedimiento de traducción trata de volver porosas las identidades de los diferentes movimientos y luchas presentes de manera que tanto lo que los separa como lo que los une se haga cada vez más visible y sea tenido en cuenta en las alianzas y articulaciones necesarias. Traducir significa siempre afirmar la alteridad y reconocer la imposibilidad de una transparencia total. El procedimiento de traducción es un procedimiento de aprendizaje mutuo. No es educación para adultos, porque los participantes son todos adultos y están todos educados. Tampoco es formación de cuadros porque no hay formadores ni personas en formación. Y tampoco es educación popular porque todos son simultáneamente alumnos y educadores. Es un diálogo entre actores políticos formados y educados que, a partir de las luchas en las que están implicados, sienten la necesidad de *deseducarse* y de *desformarse* para hacer avanzar los movimientos en los que participan.

La traducción aplicada a los movimientos y las luchas sociales no es un procedimiento nuevo. Es una acentuación o nuevo énfasis. Consiste en otorgar centralidad y prioridad a procedimientos dispersos adoptados con diferentes grados de convicción y consistencia por los movimientos y organizaciones, muchas veces a merced de necesidades coyunturales y opciones tácticas. La traducción intercultural e interpolítica intenta transformar necesidades coyunturales en opciones estratégicas.

Se comprende que el procedimiento de traducción sea interpolítico. Se trata de partir del reconocimiento de que los movimientos y organizaciones sociales, más allá de ser subsidiarios de tradiciones de resistencia y lucha específicas, van creando, a través de su práctica, lenguajes para formular demandas e identificar adversarios, preferencias por ciertos tipos de acciones en detrimento de otros, prioridades en lo que respecta a los objetivos y alianzas para alcanzarlos. Aunque rara vez sea reconstruido así, este conjunto tiende a ser una política y una forma de hacer política dotado de una cierta coherencia. No sorprende que ofrezca resistencias y exprese inseguridad cuando se enfrenta con la necesidad de dialogar con otras políticas y modos de hacer política. Estas resistencias e inseguridades están en la base de mucha frustración en las alianzas y fracaso en las acciones intermovimientos. La traducción, al asumirse como interpolítica, reconoce estas diferencias y procura que el debate entre ellos disminuya las resistencias y la inseguridad.

El procedimiento de traducción es también intercultural porque trata de responder a los cambios culturales producidos en los últimos treinta años en las luchas de resistencia contra el capitalismo, el colonialismo y el sexismo. Las luchas más innovadoras se llevaron a cabo en el Sur global y envolvieron a grupos sociales y clases que habían sido ignorados por la teoría crítica dominante —casi toda producida en el Norte global. Estas luchas enriquecieron el repertorio de las reivindicaciones y de los objetivos, los formularon con lenguajes nuevos referidos a universos culturales muy distintos de los de la modernidad occidental. Con esto dejaron claro que la emancipación social tiene muchos nombres y que los diferentes movimientos están anclados en diferentes culturas, son portadores de diferentes conocimientos y diferentes mezclas entre conocimiento científico y popular. Un posible diálogo entre ellos tiene que tener en cuenta esta realidad y celebrarla, en lugar de ver en ella una carga que impide la articulación entre los movimientos que constituyen la globalización contrahegemónica. Esta tarea no es fácil, aunque es inevitable.

La traducción intercultural entre movimientos sociales es un caso específico de diálogo intercultural y está sujeto a los riesgos que este comporta. El diálogo intercultural solo es posible en la medida en que se acepte la posibilidad de simultaneidad entre contemporaneidades distintas. No es una condición fácil en la región occidental del mundo contrahegemónico dada la concepción lineal que subyace a la modernidad occidental. Para esta concepción, a la que llamo monocultura del tiempo lineal, solo hay una manera de ser contemporáneo: coincidir con lo que es contemporáneo para la modernidad occidental. En vista de ello, los procedimientos de traducción intermovimientos en los que participen movimientos impregnados por la cultura occidental presuponen que estos progresivamente se van a descontemporaneizar, hasta el punto de reconocer que hay otros modos de ser contemporáneo y que el diálogo horizontal con ellos es posible y deseable. Aunque de manera diferente, los movimientos culturalmente no occidentales deberán pasar por procesos de descontemporaneización siempre y cuando, como punto de partida, no reconozcan otra contemporaneidad, excepto aquella que les ha sido transmitida por la tradición histórica de su cultura.

Otra dificultad derivada del diálogo en el presente es la referida al pasado de intercambios desiguales entre la cultura occidental y las culturas no occidentales. ¿Cuáles son las posibilidades de diálogo entre dos culturas cuando una de ellas fue víctima en el pasado de opresiones y destrucciones perpetradas en nombre de otra cultura? Cuando dos culturas comparten un tal pasado, el presente compartido en el momento de iniciar el diálogo es, en el mejor de los casos, un equívoco y, en el peor, un fraude. Las tareas de traducción intercultural pueden enfrentarse con el siguiente dilema: como en el pasado la cultura dominante hizo que algunas de las aspiraciones de la cultura oprimida se volvieran impronunciables, ¿es posible tratar de pronunciarlas en el diálogo intercultural sin por ello reforzar la impronunciabilidad?

Centrándome en el caso específico de la traducción entre conocimientos y prácticas de lucha, pienso que el éxito de la traducción interpolítica e intercultural depende de la adopción de los siguientes principios:

1. *De la completitud a la incompletitud.* La completitud —la idea de que la cultura o la propia política proporciona respuestas a todas las preguntas— es a menudo el punto de partida de algunos movimientos. La traducción avanza en la medida en que la completitud va dando lugar a la conciencia de incompletitud cultural, es decir, a la idea de que existen deficiencias en la cultura o en la propia política y que estas pueden ser parcialmente superadas con las contribuciones de otras culturas o políticas.

2. *De las versiones culturales estrechas a las versiones culturales amplias.* En general, las culturas y las opciones políticas tienden a ser internamente diversas y algunas de sus versiones reconocen mejor que otras las diferencias culturales y políticas,

conviviendo más fácilmente con ellas. Son estas versiones las que presentan un círculo de reciprocidad más amplio, las que mejor se adecúan al trabajo de traducción intercultural.

3. *De los tiempos unilaterales a los tiempos compartidos.* La necesidad de traducción intercultural e interpolítica es el resultado del fracaso de la alternativa comunista y de la emergencia del Sur global, en el contexto de lo que llamamos globalización, y particularmente en el campo de la globalización contrahegemónica. Aunque es una idea generalmente compartida, este resultado aún no ha sido interiorizado por todos los movimientos. Por esto no todos han visto la necesidad de la traducción recíproca para consolidar alianzas y construir acciones colectivas intermovimientos. La discrepancia entre los que están en esa posición y los que se impacientan ante la urgencia de construir una política de intermovimientos es una de las mayores dificultades de la traducción, dado que el tiempo de los últimos no puede ser impuesto al tiempo de los primeros.

4. *De los socios y los temas impuestos unilateralmente a los socios y temas seleccionados por consenso.* El procedimiento de la traducción siempre es selectivo con respecto a los socios que participan y a los temas objeto de traducción recíproca. Al igual que ocurre con los tiempos, aquí también las selecciones, tanto la de los socios como la de los temas, tienen que ser compartidas.

5. *De la igualdad o la diferencia a la igualdad y la diferencia.* Hay movimientos más centrados en la cuestión del reconocimiento de las diferencias y otros más centrados en la lucha por la igualdad. Esta diferencia resulta del hecho de que en las sociedades contemporáneas coexisten dos principios de distribución jerárquica de las poblaciones: los intercambios desiguales entre iguales —la explotación de los trabajadores por parte de los capitalistas es el ejemplo paradigmático en las sociedades capitalistas— y el reconocimiento desigual de las diferencias, del que el racismo, el sexismo y la homofobia son ejemplos paradigmáticos. La traducción intercultural e interpolítica avanza en la medida en que se conciben y con-

cretan acciones colectivas intermovimientos que combinan la lucha por la igualdad con la lucha por el reconocimiento de las diferencias.

En mi experiencia como teórico social y activista he tenido la oportunidad de participar en varios ejercicios de traducción entre movimientos. En América Latina, la necesidad de traducción interpolítica e intercultural es hoy más urgente que nunca. Los avances democráticos de las últimas décadas reclaman el paso de una política de movimientos a una política de intermovimientos. En algunos países o contextos urgen alianzas entre el movimiento indígena y el movimiento feminista; en otros, entre el movimiento obrero y el movimiento de las poblaciones afectadas por el extractivismo o por la violencia política; en otros, entre el movimiento campesino y el movimiento indígena o entre estos y el movimiento ecologista, por poner algunos ejemplos.

AJAB. *El ex secretario general de las Naciones Unidas, Boutros-Ghali, afirmó que todos somos, al mismo tiempo, iguales y diferentes. Una de sus preocupaciones es la de articular de manera equilibrada el principio de igualdad con el principio de la diferencia. ¿Qué nos hace iguales? ¿Qué diferentes?*

BSS. Hace mucho formulé la relación entre la igualdad y la diferencia a través del siguiente imperativo intercultural: tenemos el derecho a ser iguales cuando la diferencia nos inferioriza; tenemos derecho a ser diferentes cuando la igualdad nos descaracteriza.

AJAB. *En los últimos tiempos está trabajando sobre el concepto de "plurinacionalidad". ¿La construcción de la interculturalidad y de la poscolonialidad se deriva de la idea de plurinacionalidad? ¿Cómo se relaciona la plurinacionalidad con la democracia radical y la participación social? ¿Cuáles son las ideas centrales de los Estados que, como Bolivia y Ecuador, han fundado recientemente constituciones plurinacionales, interculturales y poscoloniales?*

BSS. Las ideas de interculturalidad y poscolonialidad no presuponen necesariamente la idea de plurinacionalidad. La presuponen cuando la identidad étnica —y a veces religiosa— de grupos sociales que reclaman la interculturalidad y la poscolonialidad se afirma como nación étnico-cultural en oposición a la nación cívica, fundada en un ideal social homogeneizador. Este fue traído por el colonialismo europeo y fue la base de la supresión de la diferencia cultural y de la expropiación colonial. Sucede, por ejemplo, en algunos países africanos —Etiopía, Nigeria, Sudán, entre otros—, en Canadá y en muchos países latinoamericanos, de los que Bolivia y Ecuador son hoy el mejor ejemplo. En estos últimos está en curso un proceso de refundación del Estado moderno, pues la idea de un Estado-nación monocultural está muy arraigada. En ambos casos, las transformaciones en curso nacieron de fuertes movilizaciones sociales que adoptaron como bandera de lucha un nuevo proceso constituyente y una nueva Constitución, y en ambos países el movimiento indígena tuvo un papel central en estas movilizaciones. Las nuevas constituciones de Bolivia y Ecuador representan un nuevo tipo de constitucionalismo muy diferente del constitucionalismo moderno. Yo lo llamo constitucionalismo transformador. A diferencia del constitucionalismo moderno, no es un producto de élites, consagra el principio de la coexistencia entre la nación cívica y la nación étnico-cultural, rompe con el modelo monolítico de institucionalidad estatal y crea varios tipos de autonomías infraestatales. Entre otras muchas innovaciones, cabe destacar, en el caso de Bolivia, la consagración de los tres tipos de democracia indicados —representativa, participativa y comunitaria—, hecho que contiene un enorme potencial para la radicalización de la democracia; y, en el caso de Ecuador, la consagración del *sumak kawsay* —el buen vivir, en quechua— y de los derechos de la naturaleza —Pachamama— como principios de organización económico-social. Son procesos políticos muy tensos porque el proceso de democratización abierto gestiona los impulsos contradictorios de las fuerzas socialistas, que persiguen radicalizar la democracia, y los de las fuerzas fascistas, que buscan detener el proceso de democratización por medios antidemocráticos y violentos.

AJAB. *Para finalizar, ¿cuál es, para Boaventura de Sousa Santos, la gran "utopía concreta" —en los términos de Ernst Bloch— del siglo XXI?*

BSS. Dado que la comprensión del mundo excede, en mucho, la comprensión occidental del mundo, es posible que la transformación del mundo ocurra por caminos no previstos o imaginados en el catálogo de la emancipación social preparado para el mundo por las fuerzas progresistas de Occidente. Es, pues, muy posible que la utopía concreta se esté concretando sin que la gente se dé cuenta, porque no tenemos ojos para verla, ni emociones para sentirla, ni deseos para desearla. Tal vez no será lo suficientemente grande como para que la veamos, ni lo suficientemente concreta como para que la sintamos, ni lo suficientemente utópica como para que la deseemos. La utopía concreta es la que está siendo llevada a cabo por sujetos concretos con historias concretas. La utopía concreta es la experiencia encarnada de una apuesta concreta por un futuro por concretar. En realidad, cada uno de nosotros solo reconoce la utopía con la que está comprometido de manera concreta. Y, ciertamente, quien no está comprometido con ninguna no podrá responder a esta pregunta y además pensará que la pregunta es un disparate. La utopía concreta no se deja formular en abstracto. Está emergiendo de la gran creatividad moral y política de aquellos de los que nada creativo, moral o político se espera. Hoy se asoma en una remota aldea de Chiapas o de los Andes, mañana en un barrio popular de Caracas o de Johannesburgo, después en un gran suburbio popular de Río de Janeiro o Mumbai. Si puedo identificar esta emergencia es precisamente porque estoy personalmente comprometido con el *todavía no* que esta expresa.

BIBLIOGRAFÍA

Boaventura de Sousa Santos es autor de una densa y extensa obra académica que, desde la década de 1960 y hasta la actualidad, incluye publicaciones en forma de libros, capítulos en libros, artículos en revistas especializadas, ponencias en cursos, congresos y seminarios, informes de investigación, *working papers* y crónicas de opinión en distintos medios de comunicación. La siguiente bibliografía no tiene por objeto presentar un listado exhaustivo de sus publicaciones, sino ofrecer una selección de títulos lo suficientemente amplia como para orientar al público interesado en los temas tratados en la entrevista y poder ampliar la información sobre aquellos temas objeto de su interés. La bibliografía, ordenada cronológicamente, refiere las contribuciones más relevantes del pensamiento jurídico, político y social del profesor Santos a las ciencias sociales con vocación crítica.

Santos, B. S. (1981), "A questão do socialismo", *Revista Crítica de Ciências Sociais*, n° 6, 149-173.

_____ (1984), "Para uma concepção marxista do marxismo", en Mozzicafreddo, J. (org.), *Os caminhos da liberdade: da idade da razão à idade da revolta*, Espaço Tempo, Lisboa, 115-125.

_____ (1989), "La transición postmoderna: derecho y política", *Doxa. Cuadernos de Filosofía y Derecho*, n° 6, 223-263.

_____ (1990), *O Estado e a Sociedade em Portugal* (1974-1988), Afrontamento, Porto.

_____ (1991), *Estado, derecho y luchas sociales*, Instituto Latinoamericano de Servicios Legales y Alternativos (ILSA), Bogotá.

_____ (1993), "Límites y posibilidades de la democracia", *Politeia*, n° 13, 78-83.

_____ (1995), *Toward a new common sense*: *law, science and politics in the paradigmatic transition*, Routledge, Londres-Nueva York.

_____ (1997), "Presupuestación participativa: hacia una democracia redistributiva", *Ruralter, Revista de Desarrollo Rural Alternativo*, núm. 16/17, 107-156.

_____ (1998a), *La globalización del derecho: los nuevos caminos de la regulación y la emancipación*, ILSA / Ediciones Universidad Nacional de Colombia, Bogotá.

_____ (1998b), *De la mano de Alicia: lo social y lo político en la postmodernidad*, Siglo del Hombre Editores / Facultad de Derecho Universidad de los Andes, Bogotá. (2ª ed. ampliada, 2012).

_____ (1999), *Reinventar la democracia, reinventar el Estado*, Sequitur, Madrid.

_____ (2000a). *Crítica de la razón indolente. Contra el desperdicio de la experiencia*, Desdée de Brouwer, Bilbao.

_____ (2000b), "Universalismo, contextualización cultural y cosmopolitismo", en Silveira Gorski, H. (ed.), *Identidades comunitarias y democracia*, Trotta, Madrid, 269-283.

_____ y García Villegas, M. (eds.) (2001a), *El caleidoscopio de las justicias en Colombia. Análisis sociojurídico* (tomos I y II), Siglo del Hombre Editores, Colciencias, Universidad de los Andes, Universidad de Coímbra-CES, Universidad Nacional de Colombia, ICANH, Bogotá.

_____ (2001b), "Los nuevos movimientos sociales", *Observatorio Social de América Latina (OSAL)*, 5, 177-188.

_____ (2001c), *A Cor do Tempo Quando Foge. Cronicas: 1985-2000*, Afrontamento, Porto.

_____ (2002a), "Para uma nova teoria da democracia", *O Direito Achado na Rua*, vol. 3, 77-86.

_____ (2002b), *Toward a new legal common sense: law, globalization, and emancipation*, Butterworths LexisNexis, Londres.

_____ (2002c), "El Estado y los modos de reproducción del poder social", *Nueva Época*, n° 2, 17-29.

_____ (2003a), *La caída del Angelus Novus: ensayos para una nueva teoría social y una nueva práctica política*, Universidad Nacional de Colombia / ILSA, Bogotá.

_____ (2003b), *Democracia y participación. El ejemplo del presupuesto participativo de Porto Alegre*, El Viejo Topo, Madrid.

_____ (2003c), *Crítica de la razón indolente. Contra el desperdicio de la experiencia. Para un nuevo sentido común: la ciencia, el derecho y la política en la transición paradigmática*, Desclée de Brouwer, Bilbao.

_____ (2003d), "Poderá o direito ser emancipatório?", *Revista Crítica de Ciências Sociais*, 65, 3-76.

_____ y Rodríguez, C. (2003e), "Introdução: para ampliar o câmone da produção", en SANTOS, B. S. (org.), *Produzir para viver: os caminhos da produção não capitalista*, Afrontamento, Porto, 21-63.

_____ (2003f), *Il Forum Sociale Mondiale. Verso una globalizzazione antiegemonica*, Città Aperta Edizioni, Troina.

_____ (2004a) (org.), *Democratizar la democracia: los caminos de la democracia participativa*, Fondo de Cultura Económica, México.

_____ (2004b), *Democracia de alta intensidad, Apuntes para democratizar la democracia, Cuadernos de Diálogo y Deliberación*, n° 5, Corte Nacional Electoral, La Paz.

_____ (2004c), "El Foro Social Mundial: hacia una globalización contra-hegemónica", en Sen, J. *et al.* (orgs.), *El Foro Social Mundial: desafiando Imperios*, El Viejo Topo / CEDMA, Málaga, 330-343.

_____ (2004d), "El Foro Social Mundial: hacia una globalización contra-hegemónica II", en Sen, J. *et al.* (orgs.), *El Foro Social Mundial: desafiando Imperios*, El Viejo Topo / CEDMA, Málaga, 459-467.

_____ y Nunes, J. (2004e), "Introdução: para ampliar o cânone da diferença e da igualdade", en Santos, B. S. (org.), *Reconhecer para libertar: os caminhos do cosmopolitismo cultural,* Porto, 19-51.

_____, Meneses, M. P. y Nunes, J. (2004f), "Introdução: para ampliar o cânone da ciência: a diversidade epistemológica do mundo", en Santos, B. S. (org.), *Semear outras soluções: os caminhos da biodiversidade e dos conhecimentos rivais*, Afrontamento, Porto, 23-101.

_____ (2004g), "O futuro do Fórum Social Mundial: o trabalho da tradução", OSAL, 15, 77-90.

_____ y Nunes J. (2004h), "Introduction: democracy, participation and grassroots movements in contemporary Portugal", *South European Society & Politics*, 9, 2, 1-15.

_____ (2004i), "Hacia una concepción multicultural de los derechos humanos", en Gómez Isa, F. y Pureza, J. M. (coord.), *La protección internacional de los derechos humanos en los albores del siglo XXI*, Universidad de Deusto, Bilbao, 95-122.

_____ (2005a), *El milenio huérfano. Ensayos para una nueva cultura política*, Trotta / ILSA, Madrid.

_____ (2005b), *Foro Social Mundial: manual de uso*, Icaria, Barcelona.

_____ (2005c), "A crítica da governação neoliberal: o Fórum Social Mundial como política e legalidade cosmopolita subalterna", *Revista Crítica de Ciências Sociais*, nº 72, 7-44.

_____ (2005d), "Una izquierda con futuro", en Rodríguez Garavito, C., Barret, P. y Chávez, D., *La nueva izquierda en América Latina. Sus orígenes y trayectoria futura*, Norma, Bogotá, 435-457.

_____ (2005e), "L'FSM: politica e diritto subalterni", *Filosofia e Questioni Pubbliche*, nº 3, 175-192.

_____ (2005f), *Reinventar la democracia. Reinventar el Estado*, CLACSO, Buenos Aires.

_____ (2005g), *La universidad popular del siglo XXI*, Miño y Dávila/ Laboratorio de Políticas Públicas, Buenos Aires.

_____ (2006a), *Conocer desde el Sur: para una cultura política emancipatoria*, Programa de Estudios sobre Democracia y Transformación Global / Universidad Nacional Mayor de San Marcos, Lima.

_____ (2006b), *A gramática do tempo: para uma nova cultura política*, Afrontamento, Porto.

_____ (2006c), *Renovar la teoría crítica y reinventar la emancipación social (encuentros en Buenos Aires)*, CLACSO, Buenos Aires.

_____ (2006d), *The rise of the global left: the World Social Forum and beyond*, Zed Books, Londres.

_____ (2007a), "Globalización y democracia", *Archipiélago*, nº 73-74, 111-125.

_____ (2007b), *La reinvención del Estado y el Estado plurinacional*, Alianza Interinstitucional CENDA, CEJIS, CEDIB, Santa Cruz de la Sierra, Bolivia.

_____ y Rodríguez Garavito, C. (eds.) (2007c), *El derecho y la globalización desde abajo: hacia una legalidad cosmopolita*, Universidad Autónoma Metropolitana, Unidad Cuajimalpa, Anthropos, Barcelona.

_____ (2007d), "El Foro Social Mundial y el autoaprendizaje: la Universidad Popular de los Movimientos Sociales", *Theomai. Estudios sobre Sociedad, Naturaleza y Desarrollo*, n° 15, 101-106.

_____ (2007e), "Para além do pensamento abissal: das linhas globais a uma ecologia de saberes", *Revista Crítica de Ciências Sociais*, n° 78, 3-46.

_____ (2007f) *La universidad en el siglo XXI. Para una reforma democrática y emancipatoria de la universidad*, Plural, La Paz.

_____ (2008a), *Diritto ed emancipazione sociale*, Città Aperta Edizioni, Troina.

_____ (2008b), "Bolivia y Ecuador. Estados nacionales y Constituyente", Agencia de Información (ALAI). Disponible en: <http://alainet.org/active/23957>.

_____ (2008c), "Quinze teses para aprofundar a democracia", Centro de Estudos Sociais (CES), Coimbra.

_____ (2008d) (coord.), *Pensar el Estado y la sociedad: desafíos actuales. Conferencias con Boaventura de Sousa Santos*, CLACSO, CIDES-UMSA, Muela del Diablo, Comunas, La Paz.

_____ (2008e), "A Esquerda no Século XXI: as lições do Fórum Social Mundial", Oficina del CES, n° 298, Centro de Estudos Sociais, Coimbra.

_____ (2008f), "El Foro Social Mundial y la izquierda global", *El Viejo Topo,* n° 240, 39-62.

_____ (2008g) (org.), *As vozes do mundo*, Afrontamento, Porto.

_____ (2008h), "A filosofia à venda, a douta ignorância e a aposta de Pascal", *Revista Crítica de Ciências Sociais*, n° 80, 11-43.

_____ (2009a), *Sociología jurídica crítica. Para un nuevo sentido común en el derecho,* Trotta, Madrid.

_____ (2009b) "¿Por qué Cuba se ha vuelto un problema difícil para la izquierda?", *El Viejo Topo*, n° 256, 28-37.

_____ (2009c), *Una epistemología del Sur: la reinvención del conocimiento y la emancipación social*, Siglo XXI-CLACSO, México.

_____ y Meneses, M. P. (orgs.) (2009d), *Epistemologias do Sul*, Almedina, CES, Coimbra.

_____ (2009e) *Pensar el Estado y la sociedad: desafíos actuales*, CLACSO / Waldhuter Editores, Buenos Aires.

_____ (2011a), "Los jóvenes en las calles y el secuestro de la democracia", *Rebelion.org* [http://rebelion.org/noticia. php?id=130087].

_____ (2011b), "Carta a las izquierdas", artículo publicado en *Rebelión.org* [http://rebelion.org/noticia.php?id=134729].

_____ (2011c), "Segunda carta a las izquierdas", artículo publicado en *Rebelión.org* [http://rebelion.org/noticia.php?id= 137277].

_____ (2011d), "Tercera carta a las izquierdas", artículo publicado en *Rebelión.org* [http://rebelion.org/noticia.php?id= 141811].

_____ (2011e), *Refundación del Estado en América Latina. Perspectivas desde una epistemología del sur*, Siglo del Hombre Editores/Universidad de los Andes / Siglo XXI Editores, Bogotá.

_____ (2011f), *Derecho y emancipación*, Corte Constitucional para el Periodo de Transición, Quito.

_____ (2012a), "Cuarta carta a las izquierdas", artículo publicado en *Rebelión.org* [http://rebelion.org/noticia.php?id= 143157].

_____ (2012b), *De las dualidades a las ecologías*, Red Boliviana de Mujeres Transformando la Economía, La Paz.

APÉNDICE DE REFERENCIAS BIBLIOGRÁFICAS

A efectos didácticos, la entrevista se ha estructurado en tres grandes bloques temáticos, para cada uno de los cuales se indica a continuación una serie de referencias bibliográficas. El primero tiene por finalidad tratar algunos aspectos de la teoría política crítica de Santos, en particular su interpretación de la democracia, su teoría del poder y su idea de la emancipación social. El segundo se centra en las aportaciones de los movimientos sociales por una globalización alternativa y en la concepción que Santos tiene del socialismo. El tercero se ocupa de los temas de la interculturalidad, la plurinacionalidad y la poscolonialidad.

BLOQUE TEMÁTICO 1 (PREGUNTAS 1-8)

Democracia, poder y emancipación social

1981, 1984, 1989, 1990, 1995, 1993, 1997, 1998a, 1999, 2001a, 2001c, 2002a, 2002b, 2002c, 2003a, 2003b, 2003c, 2003d, 2004a, 2004b, 2004h, 2005a, 2006a, 2006b, 2006c, 2007a, 2007b, 2007c, 2008a, 2008b, 2008c, 2008d, 2009a, 2009b, 2001a.

BLOQUE TEMÁTICO 2 (PREGUNTAS 9-12)

Globalización contrahegemónica e idea del socialismo

1981, 1998a, 1999, 2001b, 2001c, 2002a, 2002b, 2003a, 2003b, 2003c, 2003d, 2003f, 2004a, 2004c, 2004d, 2005a, 2005b, 2005c, 2005e, 2006a, 2006b, 2006c, 2006d, 2007a, 2007c, 2007d, 2008a, 2008d, 2008e, 2008f, 2009a, 2009b, 2011b, 2011c, 2011d, 2012.

BLOQUE TEMÁTICO 3 (PREGUNTAS 13-17)

Interculturalidad, plurinacionalidad y poscolonialidad

1995, 1998b, 2000b, 2001c, 2002b, 2003a, 2003c, 2003e, 2004e, 2004f, 2004g, 2004i, 2005a, 2006a, 2006b, 2007b, 2007e, 2008g, 2008h, 2009a, 2009c, 2009d.

Parte IV
ONCE CARTAS A LAS IZQUIERDAS[1]

---

[1] Las "Once cartas a las izquierdas" fueron publicadas entre agosto del 2011 y agosto del 2013. La primera, segunda y octava cartas fueron traducidas por Javier Lorca; la tercera, cuarta, quinta y sexta por Antoni Jesús Aguiló y revisadas por Àlex Tarradellas; la séptima y novena por Antoni Jesús Aguiló y José Luis Exeni Rodríguez. La décima y la undécima primera fueron traducidas por Antoni Jesús Aguiló.

PRIMERA CARTA A LAS IZQUIERDAS

IDEAS BÁSICAS PARA UN RECOMIENZO DE LAS IZQUIERDAS

No pongo en cuestión que exista un futuro para las izquierdas, pero su futuro no será una continuación lineal de su pasado. Definir lo que tienen en común equivale a responder la pregunta: ¿qué es la izquierda? La izquierda es un conjunto de posiciones políticas que comparten el ideal de que los seres humanos tienen todos el mismo valor, y que son el valor más alto. Ese ideal es puesto en cuestión siempre que hay relaciones sociales de poder desigual, esto es, de dominación. En este caso, algunos individuos o grupos satisfacen algunas de sus necesidades transformando a otros individuos o grupos en medios para sus fines. El capitalismo no es la única fuente de dominación, pero es una fuente importante.

Las diferentes comprensiones de este ideal produjeron diversas fracturas. Las principales fueron respuestas opuestas a las siguientes preguntas. ¿Puede el capitalismo ser reformado para mejorar la suerte de los dominados, o esto solo es posible más allá del capitalismo? ¿La lucha social debe ser conducida por una clase (la clase obrera) o por diferentes clases o grupos sociales? ¿Debe ser conducida dentro de las instituciones democráticas o fuera de ellas? ¿El Estado es, en sí mismo, una relación de dominación, o puede ser movilizado para combatir las relaciones de dominación?

Las respuestas opuestas a estas preguntas estuvieron en el origen de violentas fracturas. En nombre de la izquierda se cometieron atrocidades contra la izquierda; pero, en su conjunto, las izquierdas dominaron el siglo XX (a pesar del nazismo, el fascismo y el colonialismo) y el mundo se volvió más libre e igualitario gracias a ellas. Este siglo corto de las izquierdas terminó con la caída del Muro de Berlín. Los últimos treinta años fueron marcados, por un lado, por una gestión de ruinas y de inercias y, por el otro, por la emergencia de nuevas luchas contra la dominación, con otros actores y otros lenguajes que las izquierdas no pudieron entender.

Mientras tanto, liberado de las izquierdas, el capitalismo volvió a mostrar su vocación antisocial. Ahora vuelve a ser urgente reconstruir las izquierdas para evitar la barbarie. ¿Cómo recomenzar? Con la aceptación de las siguientes ideas:

- Primero, el mundo se diversificó y la diversidad se instaló en el interior de cada país. La comprensión del mundo es mucho más amplia que la comprensión occidental del mundo; no hay internacionalismo sin interculturalismo.
- Segundo, el capitalismo concibe a la democracia como un instrumento de acumulación; si es preciso, la reduce a la irrelevancia y, si encuentra otro instrumento más eficiente, prescinde de ella (el caso de China). La defensa de la democracia de alta intensidad debe ser la gran bandera de las izquierdas.
- Tercero, el capitalismo es amoral y no entiende el concepto de dignidad humana; defender esta dignidad es una lucha contra el capitalismo y nunca con el capitalismo (en el capitalismo, incluso las limosnas solo existen como relaciones públicas).
- Cuarto, la experiencia del mundo muestra que hay inmensas realidades no capitalistas, guiadas por la reciprocidad y el cooperativismo, a la espera de ser valoradas como el futuro dentro del presente.

- Quinto, el siglo pasado reveló que la relación de los humanos con la naturaleza es una relación de dominación contra la cual hay que luchar; el crecimiento económico no es infinito.
- Sexto, la propiedad privada solo es un bien social si es una entre varias formas de propiedad y si todas están protegidas; hay bienes comunes de la humanidad (como el agua y el aire).
- Séptimo, el siglo corto de las izquierdas fue suficiente para crear un espíritu igualitario entre los seres humanos que sobresale en todas las encuestas; este es un patrimonio de las izquierdas que ellas han estado dilapidando.
- Octavo, el capitalismo precisa otras formas de dominación para florecer, del racismo al sexismo y la guerra, y todas deben ser combatidas.
- Noveno, el Estado es un animal extraño, mitad ángel y mitad monstruo, pero, sin él, muchos otros monstruos andarían sueltos, insaciables, a la caza de ángeles indefensos. Mejor Estado, siempre; menos Estado, nunca.

Con estas ideas, las izquierdas seguirán siendo varias, aunque ya no es probable que se maten unas a otras y es posible que se unan para detener la barbarie que se aproxima.

SEGUNDA CARTA A LAS IZQUIERDAS

Ante el neoliberalismo

La democracia política presupone la existencia del Estado. Los problemas que se viven hoy en Europa al comienzo de la segunda década del siglo XXI muestran dramáticamente que no hay democracia europea porque no hay Estado europeo. Y porque muchas prerrogativas soberanas fueron transferidas a instituciones europeas, las democracias nacionales hoy son menos sólidas porque los Estados nacionales son postsoberanos. Los déficit de las democracias nacionales y el déficit democrático de Europa se retroalimentan y se agravan porque, mientras tanto, las instituciones europeas decidieron transferir a los mercados financieros (es decir, a media docena de grandes inversores, al frente de los cuales está el Deutsche Bank) parte de las prerrogativas transferidas a ellas por los Estados nacionales.

Al ciudadano común hoy le será fácil concluir (lamentablemente solo hoy) que fue una trama bien urdida con el fin de incapacitar a los Estados europeos para desempeñar tanto sus funciones de protección de la ciudadanía contra riesgos colectivos como de promoción del bienestar social. Esta trama neoliberal ha sido urdida en todo el mundo; Europa solo tuvo el privilegio de ser "tramada" a la europea. Veamos cómo sucedió.

Está en curso un proceso global de desorganización del Estado democrático. La organización de este tipo de Estado se basa en tres funciones: la función de confianza, por medio de la cual el Estado protege a los ciudadanos contra fuerzas extranjeras, crímenes y riesgos colectivos; la función de legitimidad, a través de la cual el Estado garantiza la promoción del bienestar; y la función de acumulación, con la cual el Estado garantiza la reproducción del capital a cambio de recursos (tributación, control de sectores estratégicos) que le permitan desempeñar las otras dos funciones.

Los neoliberales pretenden desorganizar el Estado democrático a través de la inculcación en la opinión pública de la supuesta necesidad de varias transiciones.

Primera transición: de la responsabilidad colectiva a la responsabilidad individual. Según los neoliberales, las expectativas de la vida de los ciudadanos derivan de lo que ellos hacen por sí mismos y no de lo que la sociedad puede hacer por ellos. En la vida tiene éxito quien toma buenas decisiones o tiene suerte, y fracasa quien toma malas decisiones o tiene poca suerte. Las condiciones diferenciadas de nacimiento o de país no deben ser significativamente alteradas por el Estado.

Segunda transición: de la acción del Estado basada en la tributación a la acción del Estado basada en el crédito. La lógica distributiva de la tributación le permite al Estado expandirse a costa de las ganancias más altas, lo que, según los neoliberales, es injusto, mientras que la lógica distributiva del crédito obliga al Estado a restringirse y a pagar todo a sus acreedores. Esta transición garantiza la asfixia financiera del Estado, la única medida eficaz contra las políticas sociales.

Tercera transición: del reconocimiento de la existencia de bienes públicos (educación, salud) e intereses estratégicos (agua, telecomunicaciones, correos) que deben ser cuidados por el Estado a la idea de que cada intervención del Estado en un área potencialmente rentable es una limitación ilegítima de las oportunidades para el lucro privado.

Cuarta transición: del principio de la primacía del Estado al principio de la primacía de la sociedad civil y del mercado. El

Estado es siempre ineficiente y autoritario. La fuerza coercitiva del Estado es hostil al consenso y a la coordinación de los intereses y limita la libertad de los empresarios, que son quienes crean riqueza (a los trabajadores no se los menciona). La lógica imperativa de gobierno debe ser sustituida, en la medida de lo posible, por la lógica cooperativa de gobierno entre intereses sectoriales, entre ellos el Estado.

Quinta transición: de los derechos sociales a la filantropía y a las ayudas en situaciones extremas de pobreza o incapacidad. El Estado social exageró la solidaridad entre ciudadanos y transformó la desigualdad social en un mal cuando, de hecho, es un bien. Entre quien da limosna y quien la recibe no hay igualdad posible, uno es sujeto de la caridad y el otro es objeto de ella.

Ante este perturbador recetario neoliberal, es difícil imaginar que las diferentes izquierdas no estén de acuerdo sobre el principio "mejor Estado, siempre; menos Estado, nunca", y que de eso no saquen conclusiones.

TERCERA CARTA A LAS IZQUIERDAS

LA URGENCIA DE IZQUIERDAS REFLEXIVAS

Cuando están en el poder, las izquierdas no tienen tiempo para reflexionar sobre las transformaciones que se producen en las sociedades, y cuando lo hacen es siempre como reacción a un suceso que perturba el ejercicio del poder. La respuesta es siempre defensiva. Cuando no están en el poder, las izquierdas se dividen internamente para definir quién será el líder en las próximas elecciones, y las reflexiones y las evaluaciones quedan ligadas a ese objetivo.

Esta indisponibilidad para la reflexión siempre fue perniciosa; ahora es suicida. Por dos razones. La derecha tiene a su disposición a todos los intelectuales orgánicos del capital financiero, las asociaciones empresarias, los organismos multilaterales, los *think tanks*, los lobbistas, quienes diariamente le proporcionan datos e interpretaciones, que no siempre son faltos de rigor y que siempre interpretan la realidad para llevar agua a su molino. En cambio, la izquierda está desprovista de instrumentos de reflexión abiertos a los no militantes y, hacia dentro, la reflexión sigue la línea estéril de las facciones. En el mundo actual circulan una inmensidad de informaciones y análisis que podrían tener una importancia decisiva para repensar y refundar las izquierdas, después del doble colapso de la socialdemocracia y del socialismo real. El desequilibrio entre las izquierdas y la derecha, en lo que respecta al conocimiento estratégico del mundo, es hoy mayor que nunca.

La segunda razón es que las nuevas movilizaciones y militancias políticas, por causas que históricamente pertenecieron a las izquierdas, se están realizando sin ninguna referencia a ellas (salvo, tal vez, a la tradición anarquista) y, muchas veces, en oposición a ellas. Esto no puede dejar de suscitar una profunda reflexión. ¿Se está haciendo esta reflexión? Tengo razones para creer que no, y la prueba está en las tentativas de cooptar, aleccionar, minimizar e ignorar a la nueva militancia. Propongo algunas líneas de reflexión. La primera se refiere a la polarización social que está emergiendo de las enormes desigualdades sociales. Vivimos un tiempo que tiene algunas semejanzas con el de las revoluciones democráticas que avasallaron Europa en 1848. La polarización social era enorme, porque el proletariado (en ese entonces una clase joven) dependía del trabajo para sobrevivir, pero (a diferencia de la época de sus padres y abuelos) el trabajo no dependía del obrero, sino de quien lo daba o quitaba a su antojo: el patrón; si tenía empleo, los salarios eran tan bajos y la jornada tan larga que la salud peligraba y la familia vivía siempre al borde del hambre; si era despedido, no tenía ningún sustento, excepto alguna economía solidaria o el recurso del delito. No sorprende que, en aquellas revoluciones, las dos banderas de lucha hayan sido el derecho al trabajo y el derecho a una jornada de trabajo más corta. Un siglo y medio después, la situación no es exactamente la misma, pero esas banderas siguen siendo actuales. Y tal vez lo sean más hoy que hace treinta años. Las revoluciones fueron sangrientas y fracasaron, pero los propios gobiernos conservadores que siguieron tuvieron que hacer concesiones para que la cuestión social no llevase a una catástrofe. ¿A qué distancia estamos nosotros de una catástrofe? Por ahora, la movilización contra la escandalosa desigualdad social (similar a la de 1848) es pacífica y tiene una fuerte inclinación a la denuncia moralista. Esto no atemoriza al sistema financiero-democrático. ¿Quién puede garantizar que esto seguirá así? La derecha está preparada para dar una respuesta represiva a cualquier alteración que se torne amenazadora. ¿Cuáles son los planes de las izquierdas? ¿Van a volver a dividirse como en el pasado, unas tomando la posición de la represión, y otras, la de la lucha contra la represión?

La segunda línea de reflexión tiene también mucho que ver con las revoluciones de 1848 y consiste en cómo volver a conectar la democracia con las aspiraciones y las decisiones de los ciudadanos. Entre las consignas de 1848 se destacaban el liberalismo y la democracia. El liberalismo significaba el gobierno republicano, la separación entre Estado y religión, la libertad de prensa, el sufragio "universal" para los hombres. En esta área se ha avanzado mucho en los últimos 150 años. Sin embargo, esas conquistas vienen siendo cuestionadas desde hace 30 años y, en los últimos tiempos, la democracia se parece más a una casa cerrada, ocupada por un grupo de extraterrestres que decide democráticamente por sus intereses y dictatorialmente por los intereses de las grandes mayorías. Un régimen mixto, una "democradura". El movimiento de los indignados y los *okupas* rechaza la expropiación de la democracia y opta por tomar decisiones por consenso en sus asambleas. ¿Están locos o son un signo de las exigencias que se vienen? Las izquierdas, ¿ya habrán pensado que si no se sienten cómodas con formas de democracia de alta intensidad (en el interior de los partidos y en la república), esa será la señal de que deben retirarse o refundarse?

CUARTA CARTA A LAS IZQUIERDAS

COLONIALISMO, DEMOCRACIA E IZQUIERDAS

Las divisiones históricas entre las izquierdas estuvieron justificadas por una imponente construcción ideológica pero, en realidad, su sostenibilidad práctica —es decir, la credibilidad de las propuestas políticas que les permitieron atraer seguidores— se basó en tres factores: el colonialismo, que permitió el desplazamiento de la acumulación primitiva del capital (a través del despojo violento, con incontable sacrificio humano, muchas veces ilegal y siempre impune) hacia fuera de los países capitalistas centrales donde se libraban las luchas sociales consideradas decisivas; la emergencia de capitalismos nacionales con características tan diferentes (capitalismo de Estado, corporativo, liberal, socialdemocrático) que daban verosimilitud a la idea de que habría alternativas para superar el capitalismo; y, finalmente, las transformaciones que las luchas sociales fueron produciendo en la democracia liberal, permitiendo alguna redistribución social y separando, hasta cierto punto, el mercado de las mercancías (los valores que tienen precio y se compran y venden) del mercado de las convicciones (las opciones y los valores políticos que, al no tener precio, no se compran ni se venden). Si para algunas izquierdas esa separación era un hecho nuevo, para otras era un engaño peligroso.

Los últimos años alteraron tan profundamente cualquiera de esos factores que nada será como antes para las izquierdas tal como las conocimos. En lo que respecta al colonialismo, los cambios radicales son de dos tipos. Por un lado, la acumulación de capital a través del despojo violento volvió a las ex metrópolis (hurto de salarios y pensiones, transferencias ilegales de fondos colectivos para rescatar bancos privados, total impunidad de la mafia financiera), por lo que una lucha de tipo anticolonial ahora deberá librarse también en las metrópolis, una lucha que, como sabemos, nunca fue pautada por las cortesías parlamentarias. Por otro lado, pese a que el neocolonialismo (la continuación de las relaciones de tipo colonial entre las ex colonias y las ex metrópolis o sus sustitutos, el caso de los EE.UU.) ha permitido que la acumulación a través del despojo haya proseguido desde el antiguo mundo colonial hasta hoy, parte de ese mundo está asumiendo un nuevo protagonismo (India, Brasil, Sudáfrica y el caso especial de China, humillada por el imperialismo occidental durante el siglo XIX), hasta tal punto que no sabemos si en el futuro habrá nuevas metrópolis y, por ende, si habrá nuevas colonias. Las izquierdas del Norte global (y, con excepciones, también las de América Latina) empezaron por ser colonialistas y más tarde aceptaron acríticamente que la independencia de las colonias terminaba con el colonialismo, desvalorizando la emergencia del neocolonialismo y del colonialismo interno. ¿Serán capaces de imaginarse como izquierdas colonizadas y de prepararse para luchas anticoloniales de nuevo tipo?

En cuanto a los capitalismos nacionales, su final parece marcado por la máquina trituradora del neoliberalismo. Es cierto que en América Latina y en China parecen emerger nuevas versiones de dominación capitalista, pero curiosamente todas ellas se aprovechan de las oportunidades que el neoliberalismo les confiere. El 2011 demostró que la izquierda y el neoliberalismo son incompatibles. Basta ver cómo las cotizaciones bursátiles suben en la exacta medida en que aumenta la desigualdad social y se destruye la seguridad social. ¿Cuánto tiempo les llevará a las izquierdas extraer las consecuencias?

Finalmente, la democracia liberal agoniza bajo el peso de los poderes fácticos (las mafias, la masonería, el *Opus Dei*, las empresas transnacionales, el FMI, el Banco Mundial), la impunidad de la corrupción, el abuso de poder y el tráfico de influencias. El resultado es una creciente fusión entre el mercado político de las ideas y el mercado económico de los intereses. Todo está en venta y solo no se vende más porque no hay quien compre. En los últimos cincuenta años, las izquierdas (todas) hicieron una contribución fundamental para que la democracia liberal tuviese alguna credibilidad entre las clases populares y para que los conflictos sociales se pudiesen resolver en paz. Como la derecha solo se preocupa por la democracia en la medida en que esta sirve a sus intereses, hoy las izquierdas son la gran garantía de salvación para la democracia. ¿Estarán a la altura de la tarea? ¿Tendrán el coraje de refundar la democracia más allá del liberalismo? ¿Una democracia robusta que enfrente a la antidemocracia y que combine democracia representativa con democracia participativa y democracia directa? ¿Una democracia anticapitalista ante un capitalismo cada vez más antidemocrático?

QUINTA CARTA A LAS IZQUIERDAS

DEMOCRATIZAR, DESMERCANTILIZAR, DESCOLONIZAR

¿Por qué la actual crisis del capitalismo fortalece a quien la provocó? ¿Por qué la racionalidad de la "solución" a la crisis se basa en las previsiones que hace y no en las consecuencias que casi siempre las desmienten? ¿Por qué es tan fácil para el Estado cambiar el bienestar de los ciudadanos por el bienestar de los bancos? ¿Por qué la gran mayoría de los ciudadanos asiste a su empobrecimento como si fuese inevitable y al escandaloso enriquecimiento de una minoría como si fuese necesario para que su situación no empeorara aún más? ¿Por qué la estabilidad de los mercados financieros solo es posible a costa de la inestabilidad de la vida de la gran mayoría de la población? ¿Por qué los capitalistas individualmente son, en general, gente de bien, y el capitalismo, como un todo, es amoral? ¿Por qué el crecimiento económico parece hoy la panacea para todos los males económicos y sociales, sin que nadie se pregunte si los costos sociales y ambientales son o no sostenibles? ¿Por qué Malcolm X tenía plena razón cuando advirtió: "Si no tienes cuidado, los periódicos te convencerán de que la culpa de los problemas sociales es de los oprimidos y no de quien los oprime"? ¿Por qué las críticas que las izquierdas le hacen al neoliberalismo entran en los noticieros con la misma rapidez e irrelevancia con que salen? ¿Por qué las propuestas alternativas escasean cuando son más necesarias?

Estas preguntas deben estar en la agenda de reflexión política de las izquierdas o pronto serán remitidas al museo de las felicidades pasadas. Eso no sería grave si no significara, como significa, el fin de la felicidad futura de las clases populares. La reflexión debe comenzar por aquí: el neoliberalismo es, ante todo, una cultura del miedo, del sufrimiento y de la muerte para las grandes mayorías; no se lo combate con eficacia si no se le opone una cultura de la esperanza, la felicidad y la vida. La dificultad que tienen las izquierdas para asumirse como portadoras de esa otra cultura deriva de haber caído durante demasiado tiempo en la trampa con que las derechas siempre se mantuvieron en el poder: reducir la realidad a lo que existe, por más injusto y cruel que sea, para que la esperanza de las mayorías parezca irreal. El miedo en la espera mata la esperanza de felicidad. Contra esta trampa es preciso partir de la idea de que la realidad es la suma de lo que existe y de todo lo que en ella emerge como posibilidad y como lucha por concretarse. Si las izquierdas no saben detectar las emergencias, se sumergirán o irán a parar a los museos, lo que es lo mismo.

Este es el nuevo punto de partida de las izquierdas, la nueva base común que les permitirá después divergir fraternalmente en las respuestas que den a las preguntas formuladas más arriba. Una vez ampliada la realidad sobre la que se debe actuar políticamente, las propuestas de las izquierdas deben ser percibidas como creíbles por las grandes mayorías, como prueba de que es posible luchar contra la supuesta fatalidad del miedo, del sufrimiento y de la muerte en nombre del derecho a la esperanza, a la felicidad y a la vida. Esa lucha debe ser conducida por tres palabras-guía: democratizar, desmercantilizar, descolonizar. Democratizar la propia democracia, ya que la actual se dejó secuestrar por poderes antidemocráticos. Es preciso hacer evidente que una decisión tomada en forma democrática no puede ser destruida al día siguiente por una agencia calificadora de riesgos o por una baja en la cotización en las Bolsas (como puede suceder próximamente en Francia). Desmercantilizar significa mostrar que usamos, producimos e intercambiamos mercancías, pero que no somos mercancías ni aceptamos relacionarnos con los otros y con la naturaleza como si fuesen una mercancía más. Somos ciudadanos antes de ser emprendedores o consumidores y, para que lo seamos, es imperativo que ni todo se compre ni todo se venda, que haya bienes públicos y bienes comunes como el agua, la salud, la educación. Descolonizar significa erradicar de las relaciones sociales la autorización para dominar a los otros bajo el pretexto de que son inferiores: porque son mujeres, porque tienen un color de piel diferente o porque pertenecen a una religión extraña.

SEXTA CARTA A LAS IZQUIERDAS

A LA IZQUIERDA DE LO POSIBLE

Históricamente, las izquierdas se dividían a partir de los modelos de socialismo y las vías para realizarlos. Al no estar el socialismo, por ahora, en la agenda política —incluso en América Latina pierde aliento la discusión del "socialismo del siglo XXI"—, las izquierdas parecen dividirse a partir de los modelos de capitalismo. A primera vista, esta división tiene poco sentido pues, por un lado, en la actualidad hay un modelo global del capitalismo, de lejos hegemónico, dominado por la lógica del capital financiero, basado en la búsqueda del máximo lucro en el menor tiempo posible, cualesquiera sean los costos sociales o el grado de destrucción de la naturaleza. Por otro lado, la disputa por los modelos de capitalismo debería ser más una disputa entre las derechas que entre las izquierdas. Pero no es así. A pesar de su globalidad, el modelo de capitalismo ahora dominante asume características distintas en diferentes países y regiones, y las izquierdas tienen un interés vital en debatirlas, no solo porque están en cuestión las condiciones de vida, aquí y ahora, de las clases populares, que son el soporte político de las izquierdas, sino también porque la lucha por horizontes poscapitalistas —a los que algunas izquierdas todavía no renunciaron— depende mucho del capitalismo real del que se parta.

Como el capitalismo es global, el análisis de los diferentes contextos debe tener en cuenta que, a pesar de sus diferencias, son parte del mismo texto. Siendo así, es perturbadora la actual disyuntiva entre las izquierdas europeas y las izquierdas de otros continentes, sobre todo las izquierdas latinoamericanas. Mientras las izquierdas europeas parecen estar de acuerdo en que el crecimiento es la solución para los males de Europa, las izquierdas latinoamericanas están profundamente divididas respecto del crecimiento y el modelo de desarrollo sobre el que se asienta. Veamos el contraste. Las izquierdas europeas parecen haber descubierto que la apuesta por el crecimiento económico es lo que las distingue de las derechas, que apuestan por la consolidación presupuestaria y la austeridad. El crecimiento significa empleo, y este, una mejora en las condiciones de vida de las mayorías. Sin embargo, no problematizarlo implica la idea de que cualquier crecimiento es bueno. Y eso es un pensamiento suicida para las izquierdas. Por un lado, las derechas lo aceptan fácilmente (como ya lo están aceptando, porque están convencidas de que será el crecimiento que ellas proponen el que prevalezca). Por otro lado, significa un retroceso histórico grave en relación con los avances en las luchas ecológicas de las últimas décadas, en los que algunas izquierdas del Sur y del Norte tuvieron un papel determinante. O sea, se omite que el modelo de crecimiento dominante es insostenible. En pleno periodo preparatorio de la Conferencia de la ONU Río+20 (Junio 2012) no se hablaba de sostenibilidad, no se cuestionaba el concepto de economía verde, aun cuando más allá del color de los dólares sea difícil imaginar un capitalismo verde.

En contraste, en América Latina las izquierdas están polarizadas como nunca con respecto al modelo de crecimiento y desarrollo. La voracidad de China, el consumo digital sediento de metales raros y la especulación financiera sobre la tierra, las materias primas y los bienes alimentarios están provocando una carrera sin precedentes por los recursos naturales: la exploración y explotación megaminera a cielo abierto, la exploración petrolífera y la expansión de la frontera agrícola por el agro-negocio. El crecimiento económico que propicia esta carrera choca con el aumento exponencial de la deuda socio-ambiental: la apropiación y la contaminación del agua, la expulsión de muchos miles de campesinos pobres y de pueblos indígenas de sus tierras ancestrales, la deforestación, la destrucción de la biodiversidad, la ruina de los modos de vida y las economías que hasta ahora garantizaron la sostenibilidad. Frente a esta contradicción, una parte de las izquierdas —que están en la coalición gobernante en varios países— apoya la oportunidad extractivista, ya que los ingresos que genera se canalizan para reducir la pobreza y construir infraestructura. Otra parte —que de un modo más o menos radical se opone a las coaliciones gobernantes— ve el nuevo extractivismo como la fase más reciente de la condena colonial de América Latina a ser exportadora de naturaleza para los centros imperiales que están saqueando inmensas riquezas y destruyendo los modos de vida y las culturas de los pueblos. La confrontación es tan intensa que pone en cuestión la estabilidad política de países como Bolivia o Ecuador.

El contraste entre las izquierdas europeas y latinoamericanas reside en que solo las primeras suscribieron incondicionalmente el "pacto colonial", según el cual los avances del capitalismo valen por sí, aunque hayan sido (y continúen siendo) obtenidos a costa de la opresión colonial de los pueblos no europeos. Nada nuevo en el frente occidental mientras sea posible la exportación de la miseria humana y la destrucción de la naturaleza.

Para superar este contraste e iniciar la construcción de alianzas transcontinentales son necesarias dos condiciones. Las izquierdas europeas deberían poner en cuestión el consenso del crecimiento, que o es falso o significa una complicidad repugnante con una injusticia histórica demasiado larga. Deberían discutir el tema de la insostenibilidad, cuestionar el mito del crecimiento infinito y la idea de la inagotable disponibilidad de la naturaleza sobre la que se asienta, asumir que los crecientes costos socio-ambientales del capitalismo no se pueden superar con imaginarias economías verdes, defender que la prosperidad y la felicidad de la sociedad dependen menos del crecimiento que de la justicia social y la racionalidad ambiental, tener el coraje de afirmar que la lucha por la reducción de la pobreza es una burla para encubrir la lucha que no se quiere librar contra la concentración de la riqueza.

A su vez, las izquierdas latinoamericanas deberían discutir las antinomias entre el corto y el largo plazo, tener en mente que el futuro de las rentas diferenciales generadas actualmente por la explotación de los recursos naturales está en manos de unas pocas empresas multinacionales, y que, al final de este ciclo extractivista, los países pueden ser más pobres y dependientes que nunca; reconocer que el nacionalismo extractivista le garantiza al Estado ingresos que pueden tener una importante utilidad social si, en parte, por lo menos, son utilizados para financiar una política de transición, que debe comenzar desde ya, desde el extractivismo depredador hacia una economía plural en la que esas actividades extractivas solo serán útiles en la medida en que sean indispensables.

Las condiciones para desarrollar políticas de convergencia global son exigentes, pero no inviables, y apuntan a opciones que no deben ser descartadas bajo el pretexto de ser políticas de lo imposible. La cuestión no está en tener que optar entre la política de lo posible y la política de lo imposible. Está en saber estar siempre a la izquierda de lo posible.

SÉPTIMA CARTA A LAS IZQUIERDAS

EL CAMBIO DE PARADIGMA

¿A qué izquierdas me dirijo? A los partidos y movimientos sociales que luchan contra el capitalismo, el colonialismo, el racismo, el sexismo y la homofobia, y a toda la ciudadanía que, sin estar organizada, comparte los objetivos y aspiraciones de quienes se organizan para luchar contra estos fenómenos. Es un público muy amplio, sobre todo porque incluye a quienes llevan a cabo prácticas de izquierda sin considerarse de izquierda. Y, sin embargo, parece tan pequeño.

Ante la Conferencia de Naciones Unidas Río+20 y la Cumbre de los Pueblos celebradas en Río de Janeiro del 20 al 22 de junio de 2012, las izquierdas tuvieron la oportunidad de experimentar la riqueza global de las alternativas que ofrecen y de identificar bien las fuerzas de derecha a las que se oponen. Por desgracia, esta oportunidad ha sido desperdiciada. En Europa, las izquierdas estaban avasalladas por las crisis y urgencias de lo inmediato y, en otros continentes, los medios de comunicación ocultaban lo novedoso y de izquierda que flotaba en el ambiente.

Me refiero a la Conferencia que tuvo lugar en Barra de Tijuca y a la Cumbre, en el parque de Flamengo. Eran pocos los kilómetros que separaban ambos eventos, pero había un océano de distancia política entre ellos. En Barra, se encontraban los gobiernos y la sociedad civil obediente, incluyendo las empresas multinacionales, que cocinaban los discursos y organizaban el cerco a los negociadores oficiales. Allí la derecha mundial dio un espectáculo macabro de arrogancia y cinismo ante los desafíos ineludibles que plantea la sostenibilidad de la vida en el planeta. Ningún compromiso vinculante para reducir los gases del efecto invernadero, ninguna responsabilidad diferenciada para los países que más contaminan, ningún fondo para el desarrollo sostenible, ningún derecho de acceso universal a la salud, ninguna suspensión de patentes farmacéuticas en situaciones de emergencia y pandemias. En lugar de ello, la "economía verde", el caballo de Troya del capital financiero para gestionar los bienes globales y los servicios que la naturaleza nos presta gratuitamente. Cualquier ciudadano con conciencia ecológica entiende que la manera de defender la naturaleza no es venderla y no cree que los problemas del capitalismo puedan resolverse con más capitalismo. Pero eso fue lo que los medios de comunicación llevaron al mundo.

Por el contrario, la Cumbre de los Pueblos fue la expresión de la riqueza del pensamiento y las prácticas impulsadas por movimientos sociales de todo el mundo para lograr que las generaciones futuras disfruten del planeta en, al menos, las mismas condiciones de las que disponemos.

Hubo millares de personas, centenares de eventos, un conjunto inagotable de prácticas y de propuestas de sostenibilidad. Algunos ejemplos: defensa de los espacios públicos en las ciudades que prioricen lo peatonal, la convivencia social, la vida asociativa, con gestión democrática y participación popular; transportes colectivos, huertos comunitarios y plazas sensoriales;[2] economía cooperativa y solidaria; soberanía alimentaria, agricultura familiar y educación para la alimentación sin el uso de agro-tóxicos;

---

[2] Se trata de un proyecto innovador, cuya finalidad principal es atender a personas ciegas o con necesidades visuales especiales para promover, más allá de la visión, el aprendizaje a través de experiencias sonoras, táctiles y olfativas.

nuevo paradigma de producción-consumo que fortalezca las economías locales articuladas translocalmente; sustitución del PIB (Producto Interno Bruto) por indicadores que incluyan la economía del cuidado, la salud colectiva, la sociedad decente y la prosperidad no asentada en el consumo compulsivo; cambio en la matriz energética basada en las energías renovables descentralizadas; sustitución del concepto de capital natural por la naturaleza como sujeto de derechos; defensa de los bienes comunes, como el agua y la biodiversidad, que solo permiten derechos de uso temporal; garantía del derecho a la tierra y al territorio de las poblaciones campesinas e indígenas; democratización de los medios de comunicación; tributación que penalice las actividades extractivas y a las industrias contaminantes; derecho a la salud sexual y reproductiva de las mujeres; reforma democrática del Estado que elimine la pandemia de la corrupción e impida la transformación en curso del Estado protector en Estado depredador; transferencias de tecnología que atenúen la deuda ecológica.

Si quieren tener futuro, las izquierdas deben adoptar el futuro contenido en estas propuestas y transformarlas en políticas públicas.

OCTAVA CARTA A LAS IZQUIERDAS

LOS DERECHOS HUMANOS: LAS ÚLTIMAS TRINCHERAS

¿Quién podría haber imaginado hace unos años que partidos y gobiernos considerados progresistas o de izquierda abandonarían la defensa de los derechos humanos más básicos, por ejemplo, el derecho a la vida, al trabajo y a la libertad de expresión y de asociación, en nombre de los imperativos del "desarrollo"? ¿Acaso no fue a través de la defensa de esos derechos que consiguieron el apoyo popular y llegaron al poder? ¿Qué ocurre para que el poder, una vez conquistado, vire tan fácil y violentamente en contra de quienes lucharon por encumbrar ese poder? ¿Por qué razón, siendo el poder de las mayorías más pobres, es ejercido en favor de las minorías más ricas? ¿Por qué, en este aspecto, es cada vez más difícil distinguir entre los países del Norte y los países del Sur?

LOS HECHOS

En lo que va del siglo XXI, los partidos socialistas de varios países europeos (Grecia, Portugal y España) mostraron que podían cuidar tan bien los intereses de los acreedores y los especuladores internacionales como cualquier partido de derecha, haciendo

347

aparecer como algo normal que los derechos de los trabajadores fuesen expuestos a la cotización de las Bolsas de Valores y, por lo tanto, devorados por ellos. En Sudáfrica, la policía al servicio del gobierno del Congreso Nacional Africano (ANC), que luchó contra el *apartheid* en nombre de las mayorías negras, mata a 34 mineros en huelga para defender los intereses de una empresa minera inglesa. Cerca de allí, en Mozambique, el gobierno del Frente de Liberación (Frelimo), que condujo la lucha contra el colonialismo portugués, atrae la inversión de empresas extractivistas con la exención de impuestos y la oferta de docilidad (por las buenas o por las malas) de las poblaciones que están siendo afectadas por la minería a cielo abierto. En la India, el gobierno del Partido del Congreso, que luchó contra el colonialismo inglés, concede tierras a empresas nacionales y extranjeras y ordena la expulsión de miles y miles de campesinos pobres, destruyendo sus medios de subsistencia y provocando un enfrentamiento armado. En Bolivia, el gobierno de Evo Morales, un indígena llevado al poder por el movimiento indígena, impone sin consulta previa y con una sucesión rocambolesca de medidas y contramedidas la construcción de una ruta en un territorio indígena (parque nacional TIPNIS) para explotar recursos naturales. En Ecuador, el gobierno de Rafael Correa, que con coraje concede asilo político a Julián Assange, acaba de ser condenado por la Corte Interamericana de Derechos Humanos por no garantizar los derechos del pueblo indígena Sarayaku, en lucha contra la exploración petrolera en sus territorios. Ya en mayo de 2003 la Comisión Interamericana de Derechos Humanos (CIDH) le había solicitado a Ecuador medidas cautelares en favor del pueblo Sarayaku, que no fueron atendidas.

En 2011, la CIDH le solicitó a Brasil, mediante una medida cautelar, que suspendiera inmediatamente la construcción de la represa de Belo Monte (que, de completarse, será la tercera más grande del mundo) hasta que fueran adecuadamente consultados los pueblos indígenas afectados. Brasil protestó contra la decisión, retiró a su embajador en la OEA y suspendió el pago de su cuota anual en la organización, retiró a su candidato a la CIDH y tuvo la iniciativa de crear un grupo de trabajo para proponer una reforma de la Comisión, en el sentido de disminuir sus poderes para cuestionar a los gobiernos respecto de violaciones a los derechos humanos. Curiosamente, la suspensión de la construcción de la represa acaba de ser resuelta por el Tribunal Regional Federal de la 1.ª Región (Brasilia), por la falta de estudios de impacto ambiental.

LOS RIESGOS

Para responder las preguntas con que comencé esta carta, veamos lo que comparten todos estos casos. Todas estas violaciones a los derechos humanos están relacionadas con el neoliberalismo, la versión más antisocial del capitalismo en los últimos 50 años. En el Norte, el neoliberalismo impone la austeridad a las grandes mayorías y el rescate de los banqueros, sustituyendo la protección social de los ciudadanos por la protección social del capital financiero. En el Sur, el neoliberalismo impone su avidez por los recursos naturales, sean los minerales, el petróleo, el gas natural, el agua o la agroindustria. Los territorios pasan a ser solo tierra y las poblaciones que los habitan, obstáculos para el desarrollo, que es necesario remover cuanto más rápido mejor. Para el capitalismo extractivista, la única regulación verdaderamente aceptable es la autorregulación, la cual incluye, casi siempre, la autorregulación de la corrupción de los gobiernos. Honduras ha ofrecido uno de los ejemplos más extremos de autorregulación de la actividad minera, donde todo queda entre la Fundación Hondureña de Responsabilidad Social Empresarial y la embajada de Canadá. Si Canadá parecía una fuerza benévola en las relaciones internacionales ha pasado a ser uno de los más agresivos promotores del imperialismo minero.

Cuando la democracia concluya que no es compatible con este tipo de capitalismo y decida resistírsele, quizá sea demasiado tarde. Puede que, entre tanto, el capitalismo haya concluido que la democracia no es compatible con él.

¿QUÉ HACER?

Al contrario de lo que pretende el neoliberalismo, el mundo solo es lo que es porque nosotros queremos. Puede ser de otra manera, si nos lo proponemos. La situación actual es tan grave que es necesario tomar medidas urgentes, aunque sea pequeños pasos. Esas medidas varían de país a país y de continente a continente, pese a que es indispensable articularlas cuando sea posible. En el continente americano, al momento de escribir esta carta, la medida más urgente es trabar el avance de la reforma de la CIDH. En esa reforma están siendo particularmente activos países con los que soy solidario en múltiples aspectos de sus gobiernos: Brasil, Ecuador, Venezuela y Argentina. Pero en el caso de la reforma de la CIDH estoy firmemente del lado de los que luchan contra la iniciativa de estos gobiernos y por el mantenimiento del estatuto actual de la Comisión. No deja de ser irónico que los gobiernos de derecha que más han hostilizado al sistema interamericano de derechos humanos, como el caso de Colombia, asistan deleitados al servicio que, objetivamente, les están prestando los gobiernos progresistas.

Mi primer llamado es a los gobiernos de Brasil, Ecuador, Venezuela y Argentina para que abandonen el proyecto de reforma. Y especialmente a Brasil, debido a la influencia que tiene en la región. Si tienen una mirada política de largo plazo, no les será difícil concluir que serán ellos y las fuerzas sociales que los han apoyado quienes, en el futuro, más podrían beneficiarse con el prestigio y la eficacia del sistema interamericano de derechos humanos. Por cierto, Argentina debe a la CIDH y a la Corte la doctrina que permitió llevar a la Justicia los crímenes de lesa humanidad cometidos por la dictadura, que con sumo acierto se convirtió en bandera de los gobiernos de los Kirchner en sus políticas de derechos humanos.

Pero, como la ceguera del corto plazo puede prevalecer, llamo también a todos los militantes de derechos humanos del continente y a todas las organizaciones y los movimientos sociales —que vuelcan en el Foro Social Mundial y en la lucha contra el ALCA la fuerza de la esperanza organizada— a unirse para enfrentar la reforma de la CIDH que está en curso. Sabemos que el sistema interamericano de derechos humanos está lejos de ser perfecto, sin ir más lejos porque los dos países más poderosos de la región (Estados Unidos y Canadá) ni siquiera firmaron la Convención Americana sobre Derechos Humanos. También sabemos que, en el pasado, tanto la Comisión como la Corte revelaron debilidades y selectividades políticamente sesgadas. Pero también sabemos que el sistema y sus instituciones se han fortalecido, actuando con mayor independencia y ganando prestigio a través de la eficacia con la que han condenado numerosas violaciones a los derechos humanos: desde los años setenta y ochenta, cuando la Comisión llevó a cabo misiones en países como Chile, Argentina y Guatemala, y publicó informes denunciando los crímenes cometidos por las dictaduras militares, hasta las misiones y denuncias después del golpe de Estado en Honduras en 2009; para no mencionar las reiteradas solicitudes para que se clausure el centro de detención de Guantánamo. A su vez, la reciente decisión de la Corte en el caso "Pueblo Indígena Kichwa de Sarayaku *versus* Ecuador", del 27 de julio pasado, marca un hito histórico para el derecho internacional, no solo a nivel continental, sino también mundial. Tal como la sentencia en el caso "Atala Riffo y niñas *versus* Chile", sobre discriminación por razones de orientación sexual. ¿Y cómo olvidar la intervención de la CIDH sobre la violencia doméstica en Brasil, que condujo a la promulgación de la Ley Maria da Penha?

Los dados están echados. A espaldas de la CIDH y con fuertes limitaciones a la participación de los organismos de derechos humanos, el Consejo Permanente de la OEA prepara una serie de recomendaciones para buscar su aprobación en la Asamblea General Extraordinaria, a más tardar en marzo de 2013 (hasta el 30 de septiembre los Estados presentarán sus propuestas). Por lo que se sabe, todas las recomendaciones apuntan a limitar el poder de la CIDH para interpelar a los Estados por violaciones a los derechos humanos. Por ejemplo: dedicar más recursos a la promoción de los derechos humanos y menos a la investigación de las violaciones; acortar los plazos de investigación para que se vuelva imposible realizar análisis cuidadosos; eliminar del informe anual la referencia a países cuya situación en materia de derechos humanos merezca una atención especial; limitar la emisión y la extensión de las medidas cautelares; terminar con el informe anual sobre libertad de expresión; impedir pronunciamientos sobre violaciones que parecen inminentes pero que aún no se han concretado.

A los militantes por los derechos humanos y a todos los ciudadanos preocupados por el futuro de la democracia en el continente les toca ahora detener este proceso.

NOVENA CARTA A LAS IZQUIERDAS

ANTE LA COYUNTURA: LAS IZQUIERDAS EUROPEAS

2013 en Europa será un desastre en el plano social e imprevisible en el plano político. ¿Lograrán los gobiernos europeos, en especial los del Sur, crear la estabilidad que les permita terminar el mandato o habrá crisis políticas que les obliguen a convocar elecciones anticipadas? Digamos que cada una de estas hipótesis tiene un 50% de probabilidad. Siendo así, es preciso que los ciudadanos tengan la certeza de que la inestabilidad política que pueda generarse es el precio a pagar para que surja una alternativa de poder y no solo una alternancia en el poder. ¿Podrán construir las izquierdas esta alternativa? Sí, pero únicamente si se transforman y unen, lo que es exigir mucho en poco tiempo.

Ofrezco mi contribución para la creación de dicha alternativa. En primer lugar, las izquierdas deben centrarse en el bienestar de la ciudadanía y no en las posibles reacciones de los acreedores. La historia muestra que el capital financiero y las instituciones multilaterales (FMI, BCE, BM, Comisión Europea) solo son rígidos en la medida en que las circunstancias no los obligan a ser flexibles. En segundo lugar, lo que históricamente une a las izquierdas es la defensa del Estado social fuerte: educación pública obligatoria y gratuita; servicio estatal de salud universal y tendencialmente gratuito; seguridad social sostenible con sistema de pensiones basado en el principio de repartición y no en el de capitalización; bienes estratégicos o monopolios naturales (agua, correos) nacionalizados.

Las diferencias entre las izquierdas son importantes, pero no impiden esta convergencia de base que siempre condicionó las preferencias electorales de las clases populares. Es cierto que la derecha también contribuyó al Estado social (basta recordar a Bismarck en Prusia), pero siempre presionada por las izquierdas, y reculó cuando la presión disminuyó, como es el caso, desde hace treinta años, en Europa. La defensa del Estado social fuerte debe ser la mayor prioridad y debe condicionar el resto. El Estado social no es sostenible sin desarrollo. En ese sentido, si bien habrá divergencias acerca del peso de la ecología, de la ciencia o de la flexiseguridad en el trabajo, el acuerdo de fondo sobre el desarrollo es inequívoco y constituye, por tanto, la segunda prioridad para unir a las izquierdas. Como la salvaguarda del Estado social es prioritaria, todo debe hacerse para garantizar la inversión y la creación de empleo.

Y aquí surge la tercera prioridad que deberá unir a las izquierdas. Si para garantizar el Estado social y el desarrollo es necesario renegociar con la troika y los otros acreedores, entonces esa renegociación debe ser hecha con determinación. Es decir, la jerarquía de las prioridades muestra con claridad que no es el Estado social el que debe adaptarse a las condiciones de la troika; al contrario, debe ser esta la que se adapte a la prioridad de mantener el Estado social. Este es un mensaje que tanto los ciudadanos como los acreedores entenderán bien, aunque por diferentes razones.

Para que la unidad entre las izquierdas tenga éxito político, hay que considerar tres factores: riesgo, credibilidad y oportunidad. En cuanto al riesgo, es importante mostrar que los riesgos no son superiores a los que los ciudadanos europeos ya están corriendo: los del Sur, un mayor empobrecimiento encadenado a la condición de periferia, abasteciendo con mano de obra barata a la Europa desarrollada; y todos en general, pérdida progresiva de derechos en nombre de la austeridad, mayor desempleo, privatizaciones, democracias rehenes del capital financiero. El riesgo de la alternativa es un riesgo calculado con el propósito de probar la convicción con la que está siendo salvaguardado el proyecto europeo.

La credibilidad radica, por un lado, en la convicción y la seriedad con las que se formula la alternativa y en el apoyo democrático con que se cuenta; y, por otro, en haber mostrado la capacidad de hacer sacrificios de buena fe (Grecia, Irlanda y Portugal son un ejemplo de ello). Únicamente no se aceptan sacrificios impuestos de mala fe, sacrificios impuestos como máximos apenas para abrir caminos a otros sacrificios mayores.

Y la oportunidad está ahí para ser aprovechada. La indignación generalizada y expresada masivamente en calles, plazas, redes sociales, centros de trabajo, salud y estudios, entre otros espacios, no se ha plasmado en un bloque social a la altura de los retos que plantean las circunstancias. El actual contexto de crisis requiere una nueva política de frentes populares a escala local, estatal y europea formados por una pluralidad heterogénea de sujetos, movimientos sociales, ONG, universidades, instituciones públicas, gobiernos, entre otros actores que, unidos en su diversidad, sean capaces, mediante formas de organización, articulación y acción flexibles, de lograr una notable unidad de acción y propósitos.

El objetivo es unir a las fuerzas de izquierdas en alianzas democráticas estructuralmente similares a las que constituyeron la base de los frentes antifascistas durante el período de entreguerras, con el que existen semejanzas perturbadoras. Dos de ellas deben ser mencionadas: la profunda crisis financiera y económica y las abrumadoras patologías de la representación (crisis generalizada de los partidos políticos y su incapacidad para representar los intereses de las clases populares) y de la participación (el sentimiento de que votar no cambia nada). El peligro del fascismo social y sus efectos, cada vez más sentidos, hace necesaria la formación de frentes capaces de luchar contra la amenaza fascista y movilizar las energías democráticas adormecidas de la sociedad.

Al inicio del siglo XXI, estos frentes deben emerger desde abajo, desde la politización más articulada de la indignación que fluye en nuestras calles.

Esperar sin esperanza es la peor maldición que puede caer sobre un pueblo. Y la esperanza no se inventa: se construye con inconformismo, rebeldía competente y alternativas reales a la situación presente.

DÉCIMA CARTA A LAS IZQUIERDAS

¿DEMOCRACIA O CAPITALISMO?

Al inicio del tercer milenio, las izquierdas se debaten entre dos desafíos principales: la relación entre democracia y capitalismo; y el crecimiento económico infinito (capitalista o socialista) como indicador básico de desarrollo y progreso. En este texto voy a centrarme en el primer desafío.

Contra lo que el sentido común de los últimos cincuenta años puede hacernos pensar, la relación entre democracia y capitalismo siempre fue una relación tensa, incluso de contradicción. Lo fue, ciertamente, en los países periféricos del sistema mundial, en lo que durante mucho tiempo se denominó Tercer Mundo y hoy se designa como Sur global. Pero también en los países centrales o desarrollados la misma tensión y la misma contradicción estuvieron siempre presentes. Basta recordar los largos años de nazismo y fascismo.

Un análisis más detallado de las relaciones entre capitalismo y democracia obligaría a distinguir entre diferentes tipos de capitalismo y su dominio en distintos períodos y regiones del mundo, y entre diferentes tipos y grados de intensidad de la democracia. En estas líneas concibo el capitalismo bajo su forma general de modo de producción y hago referencia al tipo que ha dominado en las últimas décadas: el capitalismo financiero. En lo que respecta a la democracia, me centro en la democracia representativa, tal como fue teorizada por el liberalismo.

El capitalismo solo se siente seguro si es gobernado por quien tiene capital o se identifica con sus "necesidades", mientras que la democracia es idealmente el gobierno de las mayorías que no tienen capital ni razones para identificarse con las "necesidades" del capitalismo, sino todo lo contrario. El conflicto es, en el fondo, un conflicto de clases, pues las clases que se identifican con las necesidades del capitalismo (básicamente, la burguesía) son minoritarias en relación con las clases que tienen otros intereses, cuya satisfacción colisiona con las necesidades del capitalismo (clases medias, trabajadores y clases populares en general). Al ser un conflicto de clases, se presenta social y políticamente como un conflicto distributivo: por un lado, la pulsión por la acumulación y la concentración de riqueza por parte de los capitalistas, y, por otro, la reivindicación de la redistribución de la riqueza generada en gran parte por los trabajadores y sus familias. La burguesía siempre ha tenido pavor a que las mayorías pobres tomen el poder y ha usado el poder político que le concedieron las revoluciones del siglo XIX para impedir que eso ocurra. Ha concebido la democracia liberal como el modo de garantizar eso mismo a través de medidas que cambiaron en el tiempo, pero mantuvieron su objetivo: restricciones al sufragio, primacía absoluta del derecho de propiedad individual, sistema político y electoral con múltiples válvulas de seguridad, represión violenta de la actividad política fuera de las instituciones, corrupción de los políticos, legalización del lobby... Y siempre que la democracia se mostró disfuncional, se mantuvo abierta la posibilidad del recurso a la dictadura, algo que sucedió muchas veces.

Después de la Segunda Guerra Mundial, muy pocos países tenían democracia, y vastas regiones del mundo estaban sometidas al colonialismo europeo, que servía para consolidar el capitalismo euro-norteamericano, Europa estaba devastada por una guerra que había sido provocada por la supremacía alemana, y en el Este se consolidaba el régimen comunista, que aparecía como alternativa al capitalismo y a la democracia liberal. En este contexto surgió en la Europa más desarrollada el llamado capitalismo democrático, un sistema de economía política basado en la idea de que, para ser compatible con la democracia, el capitalismo debería ser fuertemente regulado, lo que implicaba la nacionalización de sectores clave de la economía, un sistema tributario progresivo, la imposición de las negociaciones colectivas e incluso, como sucedió en la Alemania occidental de la época, la participación de los trabajadores en la gestión de empresas. En el plano científico, Keynes representaba entonces la ortodoxia económica y Hayek, la disidencia. En el plano político, los derechos económicos y sociales (derechos al trabajo, la educación, la salud y la seguridad social, garantizados por el Estado) habían sido el instrumento privilegiado para estabilizar las expectativas de los ciudadanos y para enfrentar las fluctuaciones constantes e imprevisibles de las "señales de los mercados". Este cambio alteraba los términos del conflicto distributivo, pero no lo eliminaba. Por el contrario, tenía todas las condiciones para instigarlo después de que el crecimiento económico de las tres décadas siguientes se atenuara. Y así sucedió.

Desde 1970, los Estados centrales han estado manejando el conflicto entre las exigencias de los ciudadanos y las exigencias del capital mediante el recurso a un conjunto de soluciones que gradualmente fueron dando más poder al capital. Primero fue la inflación (1970-1980); después, la lucha contra la inflación, acompañada del aumento del desempleo y del ataque al poder de los sindicatos (desde 1980), una medida complementada con el endeudamiento del Estado como resultado de la lucha del capital contra los impuestos, del estancamiento económico y del aumento de los gastos sociales originados en el aumento del desempleo (desde mediados de 1980), y luego con el endeudamiento de las familias, seducidas por las facilidades de crédito concedidas por un sector financiero finalmente libre de regulaciones estatales, para eludir el colapso de las expectativas respecto del consumo, la educación y la vivienda (desde mediados de 1990).

Hasta que la ingeniería de las soluciones ficticias llegó a su fin con la crisis de 2008 y se volvió claro quién había ganado en el conflicto distributivo: el capital. La prueba fue la conversión de la deuda privada en deuda pública, el incremento de las desigualdades sociales y el asalto final a las expectativas de una vida digna de las mayorías (los trabajadores, los jubilados, los desempleados, los inmigrantes, los jóvenes en busca de empleo) para garantizar las expectativas de rentabilidad de la minoría (el capital financiero y sus agentes). La democracia perdió la batalla y solo evitará ser derrotada en la guerra si las mayorías pierden el miedo, se rebelan dentro y fuera de las instituciones y fuerzan al capital a volver a tener miedo, como sucedió hace sesenta años.

En los países del Sur global que disponen de recursos naturales, la situación es, por ahora, diferente. En algunos casos, por ejemplo en varios países de América Latina, hasta puede decirse que la democracia se está imponiendo en el duelo con el capitalismo, y no es por casualidad que en países como Venezuela y Ecuador se comenzó a discutir el tema del socialismo del siglo XXI, aunque la realidad esté lejos de los discursos. Hay muchas razones detrás, pero tal vez la principal haya sido la conversión de China al neoliberalismo, lo que provocó, sobre todo a partir de la primera década del siglo XXI, una nueva carrera por los recursos naturales. El capital financiero encontró ahí y en la especulación con productos alimentarios una fuente extraordinaria de rentabilidad. Esto permitió que los gobiernos progresistas —llegados al poder como consecuencia de las luchas y los movimientos sociales de las décadas anteriores— pudieran desarrollar una redistribución de la riqueza muy significativa y, en algunos países, sin precedentes. Por esta vía, la democracia ganó nueva legitimidad en el imaginario popular. Sin embargo, por su propia naturaleza, la redistribución de la riqueza no puso en cuestión el modelo de acumulación basado en la explotación intensiva de los recursos naturales y, en cambio, la intensificó. Esto estuvo en el origen de conflictos —que se han ido agravando— con los grupos sociales ligados a la tierra y a los territorios donde se encuentran los recursos naturales, los pueblos indígenas y los campesinos.

En los países del Sur global con recursos naturales pero sin una democracia digna de ese nombre, el *boom* de los recursos no trajo ningún impulso a la democracia, pese a que, en teoría, condiciones más propicias para una resolución del conflicto distributivo deberían facilitar la solución democrática y viceversa. La verdad es que el capitalismo extractivista obtiene mejores condiciones de rentabilidad en sistemas políticos dictatoriales o con democracias de bajísima intensidad (sistemas casi de partido único), donde es más fácil corromper a las élites, a través de su involucramiento en la privatización de concesiones y las rentas del extractivismo. No es de esperar ninguna profesión de fe en la democracia por parte del capitalismo extractivista, incluso porque, siendo global, no reconoce problemas de legitimidad política. Por su parte, la reivindicación de la redistribución de la riqueza por parte de las mayorías no llega a ser oída por falta de canales democráticos y por no contar con la solidaridad de las reducidas clases medias urbanas que reciben las migajas del rendimiento extractivista. Las poblaciones más directamente afectadas por el extractivismo son los indígenas y campesinos, en cuyas tierras están los yacimientos mineros o donde se pretende instalar la nueva economía agroindustrial. Son expulsados de sus tierras y sometidos al exilio interno. Siempre que se resisten son violentamente reprimidos y su resistencia es tratada como un caso policial. En estos países, el conflicto distributivo no llega siquiera a existir como problema político.

De este análisis se concluye que la actual puesta en cuestión del futuro de la democracia en Europa del sur es la manifestación de un problema mucho más vasto que está aflorando en diferentes formas en varias regiones del mundo. Pero, así formulado, el problema puede ocultar una incertidumbre mucho mayor que la que expresa. No se trata solo de cuestionar el futuro de la democracia. Se trata, también, de cuestionar la democracia del futuro. La democracia liberal fue históricamente derrotada por el capitalismo y no parece que la derrota sea reversible. Por eso, no hay que tener esperanzas de que el capitalismo vuelva a tenerle miedo a la democracia liberal, si alguna vez lo tuvo. La democracia liberal sobrevivirá en la medida en que el capitalismo global se pueda servir de ella. La lucha de quienes ven en la derrota de la democracia liberal la emergencia de un mundo repugnantemente injusto y descontroladamente violento debe centrarse en buscar una concepción de la democracia más robusta, cuya marca genética sea el anticapitalismo. Tras un siglo de luchas populares que hicieron entrar el ideal democrático en el imaginario de la emancipación social, sería un grave error político desperdiciar esa experiencia y asumir que la lucha anticapitalista debe ser también una lucha antidemocrática. Por el contrario, es preciso convertir el ideal democrático en una realidad radical que no se rinda ante el capitalismo. Y como el capitalismo no ejerce su dominio sino sirviéndose de otras formas de opresión, principalmente del colonialismo y el patriarcado, esta democracia radical, además de anticapitalista, debe ser también anticolonialista y antipatriarcal. Puede llamarse revolución democrática o democracia revolucionaria —el nombre poco importa—, pero debe ser necesariamente una democracia posliberal, que no puede perder sus atributos para acomodarse a las exigencias del capitalismo. Al contrario, debe basarse en dos principios: la profundización de la democracia solo es posible a costa del capitalismo; y en caso de conflicto entre capitalismo y democracia, debe prevalecer la democracia real.

UNDÉCIMA CARTA A LAS IZQUIERDAS

¿ECOLOGÍA O EXTRACTIVISMO?

En la décima carta a las izquierdas afirmé que al inicio del tercer milenio las izquierdas se debaten entre dos desafíos principales: la relación entre democracia y capitalismo; y el crecimiento económico infinito (capitalista o socialista) como indicador básico de desarrollo y progreso. En este texto voy a centrarme en el segundo desafío.

Antes de la crisis financiera, Europa era la región del mundo donde los movimientos ambientalistas y ecológicos tenían más visibilidad política y donde la narrativa de la necesidad de complementar el pacto social con el pacto natural parecía gozar de una gran aceptación pública. Sorprendentemente o no, con el estallido de la crisis estos movimientos y esta narrativa desaparecieron de la escena política, y las fuerzas políticas más directamente opuestas a la austeridad financiera reclaman crecimiento económico como única solución, y excepcionalmente hacen alguna declaración algo ceremonial sobre la responsabilidad ambiental y la sostenibilidad. De hecho, las inversiones públicas en energías renovables fueron las primeras sacrificadas por las políticas de ajuste estructural. Antes de la crisis el modelo de crecimiento en vigor era el principal blanco de crítica de los movimientos ambientalistas y ecologistas, precisamente por insostenible y por producir cambios climáticos que, según los datos de la ONU, serían irreversibles a muy corto plazo, según algunos, a partir de 2015. Esta rápida desaparición de la narrativa ecológica muestra que el capitalismo no solo tiene prioridad sobre la democracia, sino también sobre la ecología y el ambientalismo.

Hoy, sin embargo, resulta evidente que, en el umbral del siglo XXI, el desarrollo capitalista toca los límites de carga del planeta Tierra. En los últimos meses se han batido varios récords de peligro climático en Estados Unidos, la India, el Ártico, y los fenómenos climáticos extremos se repiten cada vez con mayor frecuencia y gravedad. Prueba de ello son las sequías, las inundaciones, la crisis alimentaria, la especulación con productos agrícolas, la escasez creciente de agua potable, el uso de terrenos agrícolas para agrocombustibles, la deforestación de bosques. Poco a poco se va comprobando que los factores de la crisis están cada vez más articulados y son, en última instancia, manifestaciones de la misma crisis, que por sus dimensiones se presenta como crisis civilizatoria. Todo está relacionado: la crisis alimentaria, la ambiental, la energética, la especulación financiera sobre las *commodities* y los recursos naturales, la apropiación y concentración de tierra, la expansión desordenada de la frontera agrícola, la voracidad de la explotación de los recursos naturales, la escasez de agua potable y su privatización, la violencia en el campo, la expulsión de poblaciones de sus tierras ancestrales para dar paso a grandes infraestructuras y megaproyectos, las enfermedades inducidas por la dramática degradación ambiental, con mayor incidencia de cáncer en determinadas zonas rurales, los organismos modificados genéticamente, el consumo de agrotóxicos, etc. La Conferencia de Naciones Unidas sobre Desarrollo Sostenible, Rio+20, celebrada en junio de 2012, fue un fracaso rotundo debido a la complicidad mal disfrazada entre las élites del Norte global y las de los países emergentes para dar prioridad a los beneficios de sus empresas a costa del futuro de la humanidad.

La valoración internacional de los recursos financieros permitió en varios países de América Latina una negociación de nuevo tipo entre democracia y capitalismo. El fin (aparente) de la fatalidad del intercambio desigual (las materias primas siempre menos valoradas que los productos manufacturados) que encadenaba a los países de la periferia del sistema mundial al desarrollo dependiente permitió que las fuerzas progresistas, antes vistas como "enemigas del desarrollo", se liberasen de este fardo histórico, transformando el *boom* en una ocasión única para llevar a cabo políticas sociales y de redistribución de la renta. Las oligarquías y, en algunos países, sectores avanzados de la burguesía industrial y financiera altamente internacionalizados, perdieron buena parte del poder político gubernamental, pero a cambio vieron aumentado su poder económico. Los países cambiaron sociológica y políticamente, hasta el punto de que algunos analistas vieron el surgimiento de un nuevo régimen de acumulación, más nacionalista y estatista: el neodesarrollismo basado en el neoextractivismo.

Sea como sea, este neoextractivismo tiene como base la explotación intensiva de los recursos naturales, y plantea, en consecuencia, el problema de los límites ecológicos (por no hablar de los límites sociales y políticos) de esta nueva (vieja) fase del capitalismo. Esto resulta más preocupante en cuanto este modelo de "desarrollo" es flexible en la distribución social pero rígido en su estructura de acumulación. Las locomotoras de la minería, del petróleo, del gas natural, de la frontera agrícola son cada vez más potentes, y todo lo que interfiera en su camino y complique su trayecto tiende a ser aniquilado como obstáculo para el desarrollo. Su poder político crece más que su poder económico, la redistribución social de la renta les confiere una legitimidad política que el anterior modelo de desarrollo nunca tuvo, o solo tuvo en condiciones de dictadura.

Dado su atractivo, estas locomotoras son magníficas para convertir las señales cada vez más perturbadoras de la inmensa deuda ecológica y social que crean en un coste inevitable del "progreso". Por otro lado, privilegian una temporalidad afín a la de los gobiernos: el *boom* de los recursos no va a durar siempre, y eso hay que aprovecharlo al máximo en el menor espacio de tiempo. El brillo del corto plazo ofusca las sombras del largo plazo. Mientras que el *boom* configure un juego de suma positiva, cualquiera que se interponga en su camino es visto como ecologista infantil, campesino improductivo o indígena atrasado, de los que a menudo se sospecha que se trata de "poblaciones fácilmente manipulables por Organizaciones No Gubernamentales a saber al servicio de quién".

En estas condiciones, resulta difícil activar principios de precaución o lógicas a largo plazo. ¿Qué sucederá cuando termine el *boom* de los recursos? ¿Cuando sea evidente que la inversión en "recursos naturales" no fue debidamente compensada por la inversión en "recursos humanos"? ¿Cuando no haya dinero para generosas políticas compensatorias y el empobrecimiento súbito cree un resentimiento difícil de manejar en democracia? ¿Cuando los niveles de enfermedades ambientales sean inaceptables y sobrecarguen los sistemas públicos de salud hasta volverlos insostenibles? ¿Cuando la contaminación de las aguas, el empobrecimiento de las tierras y la destrucción de los bosques sean irreversibles? ¿Cuando las poblaciones indígenas, quilombolas y ribereñas expulsadas de sus tierras cometan suicidios colectivos o deambulen por las periferias urbanas reclamando un derecho a la ciudad que siempre les será negado? La ideología económica y política dominante considera estas preguntas escenarios distópicos exagerados o irrelevantes, fruto del pensamiento crítico entrenado para pronosticar malos augurios. En suma, un pensamiento muy poco convincente y en absoluto atractivo para los grandes medios.

En este contexto, solo es posible perturbar el automatismo político y económico de este modelo mediante la acción de movimientos sociales y organizaciones lo suficientemente valientes para dar a conocer el lado destructivo sistemáticamente ocultado de este modelo, dramatizar su negatividad y forzar la entrada de esta denuncia en la agenda política. La articulación entre los diferentes factores de la crisis deberá llevar urgentemente a la articulación entre los movimientos sociales que luchan contra ellos. Es un proceso lento en que la historia particular de cada movimiento todavía pesa más de lo que debería, aunque ya son visibles articulaciones entre luchas por los derechos humanos, la soberanía alimentaria, contra los agrotóxicos, los transgénicos, la impunidad de la violencia en el campo, la especulación financiera con los alimentos, luchas por la reforma agraria, los derechos de la naturaleza, los derechos ambientales, los derechos indígenas y quilombolas, el derecho a la ciudad, el derecho a la salud, luchas por la economía solidaria, la agroecología, la gravación de las transacciones financieras internacionales, la educación popular, la salud colectiva, la regulación de los mercados financieros, etc.

Al igual que ocurre con la democracia, solo una conciencia y una acción ecológica robusta y anticapitalista pueden enfrentar con éxito la vorágine del capitalismo extractivista. Al "ecologismo de los ricos" hay que contraponer el "ecologismo de los pobres", basado en una economía política no dominada por el fetichismo del crecimiento infinito y del consumismo individualista, sino en las ideas de reciprocidad, solidaridad y complementariedad, vigentes tanto en las relaciones entre los seres humanos como en las relaciones entre los humanos y la naturaleza.

www.ingramcontent.com/pod-product-compliance
Lightning Source LLC
Chambersburg PA
CBHW050643270326
41927CB00012B/2848